CB076332

ANDRE GUSHURST-MOORE

A MENTE COMUM

POLÍTICA, SOCIEDADE & HUMANISMO CRISTÃO
DE THOMAS MORE A RUSSELL KIRK

… ANDRE GUSHURST-MOORE

A MENTE COMUM

POLÍTICA, SOCIEDADE & HUMANISMO CRISTÃO
DE THOMAS MORE A RUSSELL KIRK

TRADUÇÃO:
FERNANDO SILVA

SÃO PAULO | 2021

Ludovico
CLUBE DO LIVRO

Título Original: The Commom Mind: Politics, Society and Christian Humanism from Thomas More to Russell Kirk

Copyright © 2013 – Andre Gushurst-Moore

Os direitos desta edição pertencem à LVM Editora, sediada na
Rua Leopoldo Couto de Magalhães Júnior, 1098, Cj. 46
04.542-001 • São Paulo, SP, Brasil
Telefax: 55 (11) 3704-3782
contato@lvmeditora.com.br

Gerente Editorial | Giovanna Zago
Editor-Chefe | Pedro Henrique Alves
Tradutor(a) | Fernando Silva
Copidesque | Chiara Di Axox
Revisão ortográfica e gramatical | Mariana Diniz Lion
Preparação dos originais | Pedro Henrique Alves & Chiara Di Axox
Produção editorial | Pedro Henrique Alves
Projeto gráfico | Mariangela Ghizellini
Diagramação | Rogério Salgado / Spress
Impressão | Lis Gráfica

Impresso no Brasil, 2021

Dados Internacionais de Catalogação na Publicação (CIP)
Angélica Ilacqua CRB-8/7057

G989m Gushurst-Moore, Andre
  A mente comum : política, sociedade e humanismo cristão : De Thomas More a Russell Kirk / Andre Gushurst-Moore ; tradução de Fernando Silva. -- São Paulo: LVM Editora, 2021.
  280 p.

  Bibliografia
  ISBN 978-65-86029-59-8
  Título original: The Common Mind

  1. Cristianismo e política 2. Conservantismo cristão 3. Humanismo 4. Filosofia I. Título II. Silva, Fernando

21-4858   CDD 261.7

Índices para catálogo sistemático:
1. Cristianismo e política

Reservados todos os direitos desta obra.
Proibida a reprodução integral desta edição por qualquer meio ou forma, seja eletrônica ou mecânica, fotocópia, gravação ou qualquer outro meio sem a permissão expressa do editor. A reprodução parcial é permitida, desde que citada a fonte.

Esta editora se empenhou em contatar os responsáveis pelos direitos autorais de todas as imagens e de outros materiais utilizados neste livro. Se porventura for constatada a omissão involuntária na identificação de algum deles, dispomo-nos a efetuar, futuramente, as devidas correções.

Pois bem, estimados leitores. Chegamos em novembro, e desta vez eu quis supreendê-los profundamente.

Uma leitura que muito me impressionou e que, confesso, comecei com baixas expectativas – porém terminei-a com uma imensa vontade de aplaudi-la – foi o tal de *The Commom Mind,* livro que aqui traduzimos para vocês como *A Mente Comum.*

O nome é sugestivo, eu sei, mas peço que vejam além do que ele parece ser – um livro para "conservas" católicos. Mais do que uma apresentação mofada de tradições e dogmas da idade média, Andre Gushurst-Moore nos apresenta antes uma perspectiva do humanismo cristão, tese conservadora que nasce no fim da Idade Média e que sobreviveu, por méritos, até os dias atuais. Fundamentalmente, ela nos lembra de uma coisa: o ser humano é mais do que mero animal evoluído, deve buscar o sublime como uma necessidade intríseca do seu ser e, nesse caminho, superar as misérias, a indiferença e a arrogância típicas de nossa veia decaída; bem como nos recorda que somos terrivelmente falhos e tendentes ao erro, que nossas investidas são sempre investidas de homens falhos, que podemos, sim, evoluir e nos aperfeiçoar, mas nunca sermos perfeitos. Como tal, qualquer plano de perfeição política e social não passa de engodo e desculpa para tiranos. E aqui está o ponto filosófico que nos une – liberais e conservadores –, a cruzada eterna contra os ideólogos, os mentirosos, os utopistas.

Gushurst-Moore faz um trabalho genial ao pinçar doze unanimidades da modernidade no quesito maturidade filosófica e análise social, e deles destrincha ideias e princípios esquecidos, mostrando que aqueles velhos e empoeirados conceitos de "senso comum", "direito natural" e "valores inegociáveis", são manifestações de uma razão coletiva que sobrevive ao tempo através das diversas tradições intelectuais, experiências populares e também através do reservatório humanístico advindo especialmente do cristianismo.

É preciso louvar, realmente tirar o chapéu, para a eloquência e capacidade de síntese do autor; bem como admirar a sua coragem em trazer à tona aquelas ideias de vários outros autores que hoje são chamados de "fundadores do liberalismo", ou até "doutores da Liberdade", mas que tiveram seus pensamentos originais sequestrados por ideologias e grupos modernos geralmente pouco comprometidos com a civilização Ocidental.

Um livro de alto teor filosófico, um real clássico nada conhecido por essas bandas. Sua edição pelo Clube Ludovico só evidencia o que para mim sempre foi "senso comum" e regra estabelecida: a liberdade de pensamento e expressão tem de ser o ponto inicial do debate liberal.

Como um confesso liberal, trago agora um livro maravilhosamente conservador. É impossível terminar de lê-lo sem ao menos passar a considerar os seus argumentos.

Ludovico
22 de outubro de 2021.

Sumário

Prefácio 11

Agradecimentos 13

Introdução | *A Mente Comum e o Humanismo Cristão* 17

Capítulo 1 | Thomas More *e o Contexto Cristão da Autoridade Temporal* ... 37

Capítulo 2 | Boa Companhia: *Jonathan Swift contra o Iluminismo* 61

Capítulo 3 | Da Primeira Desobediência do Homem":
                Samuel Johnson e os Whigs 81

Capítulo 4 | "A Cortina Decente da Vida": *A União de Natureza
                e Arte em Edmund Burke* 101

Capítulo 5 | A Imaginação Integradora *de Samuel Taylor Coleridge* 117

Capítulo 6 | John Henry Newman *e a Unidade da Verdade* 137

Capítulo 7 | Orestes Brownson *sobre Comunhão e Constituição* 155

Capítulo 8 | Benjamin Disraeli: *Uma Nação* 173

Capítulo 9 | G. K. Chesterton *e a Autoridade do Senso Comum* 191

Capítulo 10 | T. S. Eliot: *Da Fragmentação à Unidade* 209

Capítulo 11 | C. S. Lewis *e a Natureza do Homem* 225

Capítulo 12 | Russell Kirk *e as Aventuras na Normalidade* 243

Conclusão | *Perspectivas para a Mente Comum e uma Política de Humanismo Cristão* 257

Bibliografia. 273

*Por que um homem deveria desejar, de qualquer forma
Diferir da raça gentil dos homens,
Ou ir além do objetivo da ordenança
Onde tudo deve pausar, como lhe é devido?*

Alfred Tennyson, "Titônio"

*Quod ubique,
quod semper, quod ab omnibus creditum est*

São Vicente de Lérins

Prefácio

Este livro explora aspectos do humanismo cristão que são essencialmente tradicionalistas e conservadores em sua natureza. Estes dois adjetivos são, obviamente, problemáticos. Contudo, creio serem inevitáveis, dada a intenção do livro: considerar as maneiras escolhidas pelos escritores — em suas várias formas e em seus diferentes pontos de vista políticos — para conservar a tradição da cristandade medieval, levando-a para o período moderno e, assim, fornecerem uma base intelectual na religião, filosofia, história e literatura para o conservadorismo cristão moderno. Minha esperança é que meus leitores, também de visões políticas divergentes, busquem este livro com uma mente aberta, dispostos a considerar amplamente quais poderiam ser os princípios de uma política cristã. Este livro procura desafiar certas noções sobre o assunto, sugerindo perspectivas possivelmente úteis para os desafios políticos e sociais do século XXI. Outro objetivo é desafiar a imagem pós-romântica e byrônica[1], bem consolidada na academia, a do escritor como rebelde cuja intenção é a subversão de toda autoridade. As figuras aqui são pilares da ortodoxia ao arti-

---
[1] Trata-se de neologismo relativo a Lord Byron (1788-1824), poeta inglês, ou à sua obra ou ao seu estilo byrônico. (N. E)

cular e enriquecer uma tradição vital contra o espírito desintegrador de sua época.

A Mente Comum é dirigido aos leitores comuns, grupo ao qual o presente escritor pertence. Cada capítulo pode ser lido como um ensaio separado, porém espero construir uma narrativa maior, amplificando os temas centrais à medida que o livro avança até o final. Na seleção de citações, dou exemplos amplos e memoráveis na esperança de não somente ilustrar temas, mas atrair o leitor para uma leitura mais aprofundada dos originais.

Resumidamente, pode-se dizer que o livro é sobre escritores e leitores, livros e sociedade, fé e esperança — a luta contínua pelas coisas que fazem a vida valer a pena.

Stratton-on-the-Fosse
Agosto, 2011

Agradecimentos

Partes dos seguintes capítulos apareceram em um formato preliminar nos seguintes artigos:

Capítulo 1: "A Mente Comum", *Salisbury Review*, primavera de 1999; reimpresso na *The Chesterton Review*, 2/2001;

Capítulo 2: "Um Homem Para Todas as Eras: Livros Recentes Sobre Thomas More", *Political Science Reviewer*, 2003;

Capítulo 3: "Jonathan Swift Contra o Iluminismo", *Salisbury Review*, outono de 2001;

Capítulo 4: "'Da Primeira Desobediência do Homem: Samuel Johnson e os *Whigs*", *Salisbury Review*, inverno de 2002;

Capítulo 5: "A Cortina Decente da Vida: A Unidade de Arte e Natureza em Edmund Burke", *American Arts Quarterly*, verão de 2002;

Capítulo 11: "Uma Visão Integrada", *University Bookman*, outono de 1999.

Sou especialmente grato às Fundações Wilbur e Earhart pelas doações, permitindo-me prosseguir com algumas das pesquisas e com a escrita deste livro.

Também sou muito grato pela hospitalidade, incentivo e apoio de Annette Kirk e do Russel Kirk Center, onde algumas partes do livro foram apresentadas como artigos de seminário.

Também a Ian Crowe, Bruce Frohnen, Jeff Nelson, Ben Lockerd, Jim Cooper, Sandra Sanderson, Dale Ahlquist e Stratford Caldecott, por me oferecerem um enorme incentivo, em diferentes momentos, durante um período prolongado, após o qual este livro, finalmente, viu a luz do dia.

Sou grato porque, ao ensinar em um lugar como Downside, pude seguir as ideias do livro em sala de aula e em conversas com muitos alunos, colegas e membros da comunidade monástica de São Gregório Magno, em particular dom Leo Maidlow Davis, O.S.B., diretor da escola.

Sou enormemente grato a meu editor na Angelico Press, John Riess, e a toda a sua equipe por seu trabalho esplêndido.

Minha esposa Bruna e filhos, Alexandra (que ajudou a digitar o manuscrito), Christian e Josephine, que têm sido uma inspiração e tolerantes além da medida.

Dedico esse livro a meus pais, Edwin e Floria, meus primeiros e melhores professores.

A MENTE COMUM

Introdução

A Mente Comum e o Humanismo Cristão

O Sentimento de Perda

Se fosse julgar pela tradição inglesa, uma emoção característica da Modernidade seria o sentimento de perda, muitas vezes expresso na nostalgia que lhe é consequente e, frequentemente, visto em imagens com formas medievais. A frase de William Shakespeare (1564-1616), "Coros em ruínas, onde tarde os doces pássaros cantaram"[2], aludindo talvez à dissolução dos mosteiros, é um dos primeiros exemplos modernos dessa nostalgia. Nas palavras de Shakespeare, o sentimento do poeta, de idade e decadência iminentes, é expresso em uma imagem que lembra uma imensa agitação social e a ruína de uma ordem social familiar mais antiga e mais gentil. Essa compreensão da Idade Média reaparece na literatura inglesa do período romântico, ao se contrapôr ao racionalismo pós-iluminista, que estava dando origem ao industrialismo e forma, por exemplo, ao poema "The Deserted Village" ["O Vilarejo Deserto"] (1770), de Oliver Goldsmith (1728-1774). William Cobbett (1763-1835), outra testemunha e

---

[2] SHAKESPEARE, William. "Soneto 73". *In:* WILSON, John Dover (Ed.). *The Sonnets*. Cambridge: CUP, 1966, p. 39.

crítico do industrialismo incipiente, identificou, em seu *Uma História da Reforma Protestante na Inglaterra e Irlanda* (1824), a maioria dos males sociais como provenientes da Reforma. No período vitoriano, com os renascimentos gótico e católico, o medievalismo romântico deu frutos em um projeto de recuperação em larga escala das formas medievais — ainda que seus opostos, na forma do materialismo utilitarista, também estivessem ganhando força. Com o século XX, temos um declínio em direção à guerra total, "a Era Moderna nas armas", como Evelyn Waugh (1903-1966) colocou, e o sentimento de perda também envolveu o retorno de muitos escritores às formas religiosas medievais. Esse sentimento tão característico da Modernidade parece, ao menos na Inglaterra, inextricavelmente[3] ligado à perda do mundo medieval, seja na forma, em um extremo, da conversão católica de *literati*[4] do início do século XX, ou em outro, de quebra-cabeças de duvidosa qualidade estética, retratando cenas idílicas de vilarejos ingleses, onde pouco mudou desde a construção dos casarios. Entretanto, até que ponto essa conexão com o mundo pré-moderno e pré-industrial da Idade Média, vai além da mera nostalgia, o arrependimento por uma juventude, digamos, passada à imaginária "terra do conteúdo perdido"[5]?

Um exame do poema de Philip Larkin (1922-1985), "Going, Going", de 1972, pode ser útil neste ponto. Os "coros em ruínas" de Shakespeare, do princípio da Modernidade, reaparecem aqui, na Modernidade tardia, em um poema no qual a nostalgia, sem dúvida, informa a visão social de desintegração:

> Eu pensei que duraria pelo meu tempo —
> A sensação de, além da cidade,
> Sempre haver campos e fazendas,
> Onde os brutamontes da vila poderiam subir
> Árvores que não foram cortadas;
> Eu sabia que haveria alarmes falsos

---

[3] Isto é, ligado de forma profunda, conectada de maneira elementar. Na linguagem popular, pode aparecer como sinônimo de "enroscado", algo "impossível de desembaraçar". (N. E.)
[4] Pessoas de capacidade intelectual elevada, algo como "letrados" em linguagem comum. (N. E.)
[5] HOUSMAN, A.E. "Into my heart an air that kill". *In: A Shropshire Lad*. Londres: The Folio Society, 1986, p. 64.

Nos jornais, sobre ruas antigas
E *shoppings* de dois andares, mas alguns
Têm sido preservados até agora;
É quando a parte antiga recua
À medida que os arranha-céus sombrios chegam
Sempre podemos escapar no carro.

As coisas são mais duras do que nós, assim
Como a terra sempre responderá
Não importando o quanto a estraguemos;
Jogue sujeira no mar, caso precise:
As marés estarão limpas, além.
— Mas o que sinto agora? Dúvida?

Ou idade, simplesmente? A multidão
É jovem no café da M1;
Seus filhos gritam por mais —
Mais casas, mais estacionamento permitido,
Mais espaço para *trailers*, mais salário.
Na Página de Negócios, uma pontuação

De óculos, aprovam, sorridentes
Alguns lances de aquisição trazendo
Cinco por cento de lucro (e dez
Por cento mais nos estuários): leve
Suas obras para os vales intactos
(Concessões de zona cinza)! E quando

Você tenta chegar perto do mar
No verão...
Parece, só agora,
Estar acontecendo tão rápido;
Apesar de tanta terra ainda livre
Pela primeira vez sinto, de alguma forma

Que isso não irá durar,
Que antes de eu apagar, a coisa
Toda será murada
Exceto as partes turísticas —
Primeira favela da Europa: um papel
Que não será difícil conseguir,

Com um elenco de vigaristas e vadias.
E isso será o fim da Inglaterra,
As sombras, os prados, as vielas,
As corporações, os coros entalhados.
Haverá livros; eles persistirão
Em galerias; mas todo o restante

Para nós serão concreto e pneus.
A maioria das coisas não está destinada a ser.
Provavelmente, essa também não; mas a ganância
E o lixo estão muito espalhados
Para serem varridos agora, ou inventarem
Desculpas para tornar tudo necessidade.
Eu só acho que irá acontecer, em breve[6].

A imagem medieval dos "coros esculpidos", expressando uma beleza evanescente, graciosa, etérea e uma visão comum (tanto familiar quanto compartilhada) na Inglaterra, expressa muito do que está sendo perdido para os males contemporâneos, catalogados por Larkin com força cumulativa: a espoliação do comum; a ganância comercial; a falta de graça na construção, nos modos e na vida pública em geral; a poluição ambiental, seja de nossos espaços verdes, seja no barulho dos jovens inconstantes. Será a "natureza" ("coisas") resistente o suficiente para aguentar o desaforo do homem? Pode a sua própria natureza suportar a poluição de si mesmo? Em última análise, Larkin tem dúvidas. Seu poema não é apenas sobre os anos 1970, mas sobre a realidade social

---

[6] LARKIN, Philip. "Going, Going". *In:* THWAITE, A. (Ed.). *Collected Poems*. Londres: Faber, 2003, p. 133.

da vida ocidental contemporânea, contrastada com uma época melhor, vista vagamente e pré-racional no trecho "As sombras, os prados, as vielas,/ As corporações, os coros esculpidos". O sentimento de afastamento, em algum momento, de uma Inglaterra melhor é visível em todos os cantos, e inevitavelmente surgem questionamentos: como chegamos a viver assim? Por que isso parece errado? "Onde está o ultraje?" "Por que eles não estão gritando?" (como Larkin escreve em outro lugar)[7]. Onde estão as raízes de uma sociedade de gentileza, ordem, polidez e moderação, e como nós as perdemos? E se não sou apenas eu desejando essas coisas, e se há uma necessidade humana geral delas, por que nossos desejos não são atendidos, ou nossas vozes ouvidas? Quem autoriza o que a maioria de nós não deseja? Mesmo admitindo que a nostalgia não foi inventada na Modernidade, o descontentamento com o presente parece mais do que uma nostalgia perene, quanto mais o examinamos. A imagem descartada, como disse C.S. Lewis (1898-1963), do mundo medieval, continua a nos assombrar na Modernidade, mesmo com o "medieval" persistindo, com ironia infinita, como sinônimo de "bárbaro". *Pace* Larkin e, como veremos, o medieval se mostra surpreendentemente duradouro, não apenas nos edifícios religiosos de mil anos, ou nas instituições da lei e do governo, ou em locais de aprendizagem, mas em sua visão peculiar. Não permanecem apenas os "coros esculpidos". Este livro procura mostrar a visão, que os criou, como recuperável, tendo sido reiterada continuamente na Modernidade.

Desintegração

A visão de Larkin do final do século XX é uma reiteração muda do que possuiu nossa cultura de forma mais completa, desde o final da Grande Guerra. Em "MCMXIV", escrito em 1960, Larkin diz retrospectivamente, ao imaginar os homens se juntando, "Nunca mais tal inocência"[8]. Em 1919, William Butler Yeats (1865-1939) escreveu profeticamente, em "A Segunda Vinda", e em frases que ecoaram ao longo do século XX:

---

[7] "The Old Fools", *ibid.*, p. 131.
[8] "MCMXIV", *ibid.*, p. 99.

> Girando e girando no giro que se alarga
> O falcão não consegue ouvir o falcoeiro;
> As coisas desmoronam; o centro não pode segurar;
> Mera anarquia é lançada sobre o mundo,
> A maré turva de sangue é liberada, e em toda parte
> A cerimônia da inocência é afogada;
> Os melhores carecem de convicção, enquanto os piores
> Estão cheios de intensidade apaixonada.

Muitos, e não apenas os religiosos ou os com inclinações conservadoras, estavam cientes de que, no final da Era Moderna e na Pós-Modernidade, este poema resume seus temores para o futuro, quando:

> Certamente alguma revelação está próxima;
> Certamente a Segunda Vinda está próxima.
> A Segunda Vinda! Mal essas palavras saem
> Quando uma vasta imagem do *Spiritus Mundi*
> Perturba minha visão: em algum lugar nas areias do deserto
> Uma forma com corpo de leão e cabeça de homem,
> Um olhar vazio e impiedoso como o sol,
> Está movendo suas coxas lentas, tendo ao redor
> Sombras de iradas aves do deserto.
> A escuridão cai novamente; mas agora eu sei
> Que vinte séculos de sono pétreo
> Atormentados pelo pesadelo por um berço,
> Que besta rude, sua hora finalmente chegou,
> Rasteja em direção a Belém para nascer?[9]

Certamente, de um ponto de vista religioso e conservador, nos séculos XX e XXI, sentimos uma crescente sensação de desintegração e separação — do passado, dentro dos indivíduos e dentro das comunidades, que cada vez mais parecem ter pouco em comum, exceto a vontade diferirem tanto quanto quiserem de qualquer sentido de normalidade (paradoxalmente, isso leva a uma

---

[9] YEATS, W.B. "A Segunda Vinda". *In*: *Collected Poems*. Londres: Macmillan, 1982, p. 210.

uniformidade maçante, pelo menor denominador comum). Há separação da prática religiosa, conforme diminui a frequência à igreja; há separação da família, pois mais pessoas moram sozinhas; há a sensação de que as escolas não transmitem mais o aprendizado herdado e os padrões aprovados, existindo para fins de engenharia social. Vemos o declínio da civilidade e dos modos e a celebração e exibição do violento, do cruel e do bizarro. Na arte e na literatura existem temas constantes de invasão, crime, transgressão e negação da beleza e do decoro. A imagem de Yeats da "besta rude", a personificação de alguma nova revelação, também nos assombra, junto com o fantasma da cristandade. O século seguinte ao poema de Yeats forneceu, repetidamente, evidências do bestial na vida humana, com guerra sucedendo guerra, ideologia sobre ideologia.

"O tempo está descompassado", conclui a mente religiosa, acompanhada de Hamlet. Nos primeiros anos do século XXI, estamos convencidos de não sermos loucos, mas sim de que alguma desintegração coletiva está acontecendo ao nosso redor, celebrada por muitos por sua liberdade, vitalidade e novidade, de forma que nos convencemos, em nossos momentos sanguíneos, de uma loucura coletiva da qual não compartilhamos. Temos consciência da fragmentação, da atomização, do paradoxo da "privatização" da verdade e do desaparecimento da privacidade. Vemos o desaparecimento do respeito ao poder público e o aumento do poder público exercido pelo Estado. Estamos cientes da alienação de nossos vizinhos e bairros e da expansão de comunidades virtuais de interesses únicos similares e de grupos de amizade eletrônica. Vemos uma fragmentação na cultura e uma fragmentação nas línguas, um balbuciar onde uma gíria, ou jargão, substitui uma linguagem comum de pensamento, sentimento e compreensão. A maioria das pessoas desejosas do normal, podemos argumentar, o veem como indispensável para seu florescimento e o de suas famílias. A pessoa normal, que busca um relacionamento estável, principalmente no casamento, e filhos, vê o papel essencial das instituições para esse desenvolvimento. Escolas, igrejas, bairros são vistos como parte da ordem da sociedade, que dá sustentação às ideias de lar. Entretanto, estamos cientes de coisas dentro de nós ameaçando esse florescimento e vemos forças poderosas em ação na sociedade, ameaçando separá-las. Estranhamente, essas forças são parte do próprio *establishment* político. Contudo, por quais avenidas chegamos à Nova Sodoma? A tentativa de rastrear o ponto em que as coisas deram errado pode significar embarcar em uma longa trilha: até os anos 1960, a Segunda Guerra Mundial (1939-1945), a Primeira Guerra Mundial (1914-1918), Charles Darwin (1809-1882), a Revolução Francesa (1789-1799), Jean-Jacques Rousseau (1712-1778), Francis Bacon (1561-1626), a Reforma (século XVI). Talvez possamos concordar sobre a perda do Éden como um momento definitivo, embora até mesmo a Queda dos Anjos tenha precedido a Queda do Homem.

A Mente Comum

Uma análise histórica ampla e razoavelmente imparcial, portanto, sugeriria que as forças da desintegração sempre estiveram conosco, assim como as forças da integração. G.K. Chesterton (1874-1936) articulou um sentimento da tendência integradora na tradição humana, chamando-a de "a mente comum", em uma passagem na sua biografia de Charles Dickens, de 1906:

> O poder [de Dickens], então, reside no fato dele ter expressado com uma energia e brilho bastante incomuns às coisas próximas à mente comum. Porém, com essa mera frase, a mente comum, colidimos com um erro corrente. O comum e a mente comum são geralmente considerados como significando, de alguma maneira, inferioridade e a mente inferior, a mente da mera turba. Porém, a mente comum significa a mente de todos os artistas e heróis; do contrário, não seria comum. Platão tinha uma mente comum; Dante tinha uma mente comum; ou essa mente não era comum. O comum significa a qualidade comum ao santo e ao pecador, ao filósofo e ao tolo, e foi isso que Dickens compreendeu e desenvolveu. Todo mundo possui algo dentro de si que ama bebês, que teme a morte, que gosta da luz do sol: esse algo gosta de Dickens. E todo mundo não significa multidões sem educação; todo mundo significa todo mundo[10].

Aqui, Chesterton se refere a um princípio de integração e integridade na natureza da pessoa humana e na natureza da sociedade humana. É cognato com a lei natural no sentido aristotélico e tomista, e uma ideia da natureza humana como perene, tendo uma realidade objetiva. Dickens (1812-1870), na

---

[10] CHESTERTON, G.K. *Charles Dickens*. Londres: House of Stratus, 2001, p. 46-47.

medida em que era, nas palavras de Chesterton, não tanto um romancista quanto um mitólogo, explorou essa mina subterrânea de arquétipos.

Essa realidade da natureza humana transcende períodos, classes, circunstâncias e indivíduos — embora, ao mesmo tempo, sempre e apenas, exista neles. Isso é evidenciado pela continuidade e semelhanças na grande literatura (ou nas ciências humanas), assim como em sua enorme variedade. O grande escritor, para usar as palavras de Alexander Pope (1688-1744), articula "o que muitas vezes foi pensado, mas nunca foi tão bem expresso"[11]. Ele não fala tanto conosco quanto fala por nós, das realidades comuns e duradouras da vida humana. Reconhecemos a vida, por exemplo, nas histórias de Dickens, em vez de aprender sobre ela, porque também possuímos algo da mente do autor. A grande arte (como em Dante), ou a verdadeira filosofia (como em Platão), mostram-nos o que já sentimos inconscientemente e desejamos saber conscientemente, ter "imaginado" ou trazido à luz do dia comum. Compreender a existência de uma ordem natural objetiva e um espírito eterno no centro dela, isto é a verdade para toda grande arte e filosofia (incluindo a filosofia política). A noção da natureza humana como essencialmente imutável (por mais que as maneiras, costumes e até mesmo as leis possam variar, em tempo e lugar) é uma premissa essencial desta visão do mundo e é provada pela contínua relevância dos grandes filósofos e artistas, talvez, quintessencialmente, por Shakespeare.

Esta é, então, a primeira maneira pela qual podemos falar de uma "mente comum": a mente que, em vários níveis de pensamento, sentimento e compreensão, abrangendo a pessoa comum e o homem de gênio — em quem o ser humano pode ser visto em um grau extraordinariamente rico ou desenvolvido — reconhece uma natureza humana comum, subsistindo em todos os caprichos do tempo e lugar. Esse senso da mente comum nos leva ao chamado "senso comum". Esta é uma ideia à qual muitos pensadores e escritores retornam, contudo, não encontra ampla aceitação na Pós-Modernidade, pois as ideias de desintegração (o original, o romance, o transgressivo) não combinam com ela. Pode-se argumentar que o senso comum está em declínio desde a Idade Média, e Chesterton expressa sua vulnerabilidade às vicissitudes da mudança histórica quando o descreve como "um fio de fada, tênue e sutil, e tão fácil de

---

[11] POPE, Alexander. "Ensaio Sobre a Crítica". *In*: DAVIS, H. (Ed.). *Pope: Poetical Works*. Oxford: OUP, 1978, p. 72.

perder quanto um fio de teia de aranha"[12]. No entanto, é difícil ver como qualquer uma das grandes conquistas culturais medievais, e aquelas sobre as quais foram construídas e ainda dependem delas, como *"commonwealth"* [comunidade] e *"common law"* [direito comum], possam perdurar sem alguma crença no senso comum. O *sensus communis* medieval é parte integrante da autoridade, tanto da ortodoxia quanto dos parlamentos. Mesmo o radicalismo pode frequentemente apelar para normas abandonadas pela autoridade errante. Chesterton viu a Revolução Francesa nestes termos, assim como William Cobbett, que "não sentia exatamente estar 'em revolta', mas sim que várias instituições idiotas haviam se revoltado contra a razão e contra ele"[13]. O senso comum é sanidade e, em uma sociedade saudável, estável, possuidora dos meios de mudança à luz da experiência e das circunstâncias, é a mente comum que governa. Por outro lado, quando uma sociedade se afasta das normas sãs, um pesado acerto de contas deverá ser feito, antes do senso comum ser devolvido a ela.

Para Chesterton, a mente comum alcançou sua mais alta expressão filosófica na obra de São Tomás de Aquino (1225-1274), o grande filósofo do senso comum:

> Desde o começo do mundo moderno no século XIX, o sistema de filosofia de ninguém realmente correspondeu ao senso de realidade de todos; o qual, se deixado por conta própria, os homens comuns chamariam de senso comum. Cada um começou com um paradoxo; um ponto de vista peculiar, exigindo o sacrifício do que eles chamariam de ponto de vista são. Essa é a única coisa comum a Hobbes e Hegel, a Kant e Bergson, a Berkeley e William James. Um homem deveria acreditar em algo em que nenhum homem normal acreditaria, se de repente fosse proposto para sua simplicidade; como essa lei está acima do direito, ou o direito está fora da razão, ou as coisas são apenas como pensamos, ou tudo é relativo a uma realidade não existente. O filósofo moderno afirma, como uma espécie de homem de confiança, que ao lhe concedermos isso, o resto será fácil; ele endireitará o mundo, se lhe for permitido, dar uma guinada em sua mente[14].

---

[12] Chesterton, *op. cit.*, p. 56.
[13] *Ibid.*, p. 101.
[14] CHESTERTON, G.K. *São Tomás de Aquino.* Teddington, Middx: Echo Library, 2007, p.70. No Brasil destacamos a seguinte edição: CHESTERTON, G. K. São Tomás de Aquino. Rio de Janeiro: Petra, 2021. (N. E.)

Assim como uma heresia, como parte da verdade separada de todas as outras verdades, cresce tanto aos olhos de seus adeptos a ponto de bloquear o sol da verdade equilibrada e integrada em um tempo (como o nosso) quando a ortodoxia é a única heresia, a desintegração da crença é a causa e a consequência de uma sociedade fragmentada. Entretanto, a mente comum é acessível a todos e pertence a todos, não sendo, em nenhum sentido, uma qualidade privada, embora seja expressa, em termos substanciais, apenas por alguns homens de gênio. O tomismo é a expressão mais completa e profunda da mente comum. É, como nos lembra Chesterton, a filosofia da sanidade, pois é integradora, universal, sensata e reiterativa da compreensão comum, da experiência enraizada no sentido e refinada pela razão. Citando a biografia de Chesterton novamente, em uma passagem de brilho consumado:

> Contra tudo isso [pensamento moderno], a filosofia de São Tomás se baseia na convicção comum universal de que ovos são ovos. O hegeliano pode dizer que um ovo é realmente uma galinha, porque faz parte de um processo infinito de porvir; o berkeliano pode sustentar que os ovos escalfados só existem quando existe um sonho, uma vez que é tão fácil chamar o sonho de causa dos ovos quanto os ovos de causa do sonho; o pragmático pode acreditar que tiramos o melhor proveito dos ovos mexidos, esquecendo que sempre foram ovos e apenas nos lembrando da mistura. Porém, nenhum aluno de São Tomás precisa mexer seu cérebro para mexer adequadamente seus ovos; colocar a cabeça em qualquer ângulo específico, ao olhar para os ovos, ou apertar os olhos para os ovos, ou piscar o outro olho para ver uma nova simplificação dos ovos. O tomista está em plena luz do dia da irmandade dos homens, em sua consciência comum de que os ovos não são galinhas, sonhos ou meras suposições práticas; são coisas atestadas pela Autoridade dos Sentidos, ou seja, de Deus[15].

Para Chesterton, como para Tomás de Aquino, uma realidade objetiva não existe apenas como um dogma remoto. Pode ser apreendida por todos os seres humanos sãos, por meio dos sentidos e da razão, fornecendo a base do senso comum. Sanidade, portanto, aparece como uma vasta totalidade, conectando o homem e Deus, matéria e mente, coração e alma. A diferença entre São

---

[15] *Ibid.*, p.71.

Tomás e Georg Hegel (1770-1831) é, para Chesterton, simples: "São Tomás estava são e Hegel estava louco" e "a filosofia tomista está mais perto da mente do homem comum do que a maioria das filosofias"[16]. Essa visão, parece, não era peculiar a Chesterton, olhando cerca de setecentos anos em retrospecto; uma figura contemporânea a Aquino, Bartolomeu de Cápua (1248-1328), concordou com as opiniões de Chesterton. Simon Tugwell, em uma pesquisa introdutória sobre a vida de Aquino, cita Bartolomeu, acrescentando ser "o comentário que provavelmente teria agradado a Tomás acima de tudo". A respeito de Tomás de Aquino, Bartolomeu ainda diz que "pessoas de todos os tipos podem facilmente se beneficiar de seus escritos, de acordo com qualquer pequena capacidade intelectual que possuam. Por isso, mesmo os leigos e pessoas não muito brilhantes procuram seus escritos e desejam tê-los"[17]. O tomismo é o epítome de toda a cultura medieval da qual herdamos diretamente a mente comum.

Humanismo Cristão

Os capítulos seguintes visam essencialmente traçar, por meio de estudos de aspectos das obras de doze figuras literárias, a continuidade da integração da mente comum na Modernidade. Argumenta-se aqui que essa tradição coesa ajuda a manter o Ocidente longe da anarquia. À medida que o espírito comum determina por sua presença, ou ausência, o tipo de sociedade prevalecente em um dado momento, todos esses estudos têm uma visão política, reconhecendo que a *polis* repousa sobre normas culturais compartilhadas, sejam elas seguras ou não. Na Modernidade, a partir da Reforma, vemos um drama contínuo de desintegração, no qual as forças de integração continuam um trabalho de conservação, defesa, restauração e recuperação. A mente comum — em seu sentido mais amplo, a mente da Europa, que é a mente estabelecida do Ocidente — constitui uma tradição contínua desde a Reforma até os dias atuais, sempre trabalhando na redenção do tempo, geralmente em oposição ao espírito do tempo. E como a continuidade da mente comum envolve a continuidade de uma compreensão medie-

---

[16] *Ibid.*
[17] TUGWELL, Simon (o.p., ed.). *Albert and Thomas: Selected Writings.* Nova York, NY: Paulist Press, 1988, p. 236.

val do homem, construída sobre um passado clássico, podemos chamá-lo, com utilidade, de "humanismo cristão": é obra dos humanistas cristãos preservar e transmitir a mente comum. Vemos esse processo, primeiro, na defesa de Thomas More (1478-1535) do consenso medieval contra as forças de desintegração de seu tempo. Está no ataque de Swift (1667-1745) às noções iluministas de uma separação entre a mente e a matéria e nas reivindicações desintegradoras da razão "pura". Vemos isso na hostilidade de Samuel Johnson (1709-1784) aos *whigs* [Partido Liberal][18], algo que Yeats define para nós:

> Quer eles soubessem ou não,
> Goldsmith e Burke, Swift e o Bispo de Cloyne
> Todos odiavam os *whigs*; mas o que são *whigs*?
> Um tipo de mente niveladora, rancorosa e racional
> Que nunca olhou através dos olhos de um santo
> Ou através dos olhos de um bêbado.[19]

("Tudo é *whig* agora", responde o sétimo sábio). Na titânica barricada literária de Edmund Burke (1729-1797) contra a Revolução Francesa, o evento mais desintegrador desde a Reforma, vemos uma defesa da mente comum e sua

---

[18] Nesta obra a terminologia "liberal" e "conservador" merece uma real atenção curiosa do leitor. No contexto inglês e americano geralmente "liberal" soa à compreensão popular o que seria para nós o "progressista". Isto é, aquela matriz política mais tendente às pautas igualitárias, estatais, "de esquerda". Tal terminologia, no entanto, tem uma volatilidade filosófica dentro da sua própria conceituação; isto quer dizer que historicamente não é de todo errado chamar alguns progressistas de "liberais" – liberal tal como entendemos isso aqui no Brasil –, bem como não é de todo errôneo denominar os valores liberais clássicos como sendo os atuais valores de grande parte dos assumidos "conservadores". Isto se dá pela transmutação que partidos, pensadores e escolas de ideias realizaram durante os séculos passados; só para ilustrarmos brevemente a problemática, tenhamos em conta que o comumente denominado "pai do conservadorismo", Edmund Burke (1729-1797), era do partido *Whig* inglês, o partido liberal – partido que hoje é costumeiramente analisado como "progressista", defensores das pautas trabalhistas e social-democratas. Samuel Johnson – por sua via – o lendário tory, um dos conservadores mais icônicos e celebrados do século XVIII, era do partido Tory, o partido conservador – grupo político que hoje defende abertamente as pautas liberais clássicas, tais como livre mercado e diminuição do Estado.

Assim sendo, fica latente a necessidade de uma reta interpretação do texto de Andre Gushurst-Moore, do contexto por ele analisado, e da base crítica que autor utiliza, isto é: o humanismo cristão – fundamentada profunda e abertamente na filosofia cristã, em especial, a católica. Neste livro, deve-se por bem dispensar a leitura automatizada das terminologias políticas e dos conceitos filosóficos. (N. E.)

[19] YEATS, W.B. "The Seven Sages". *In*: *Collected Poems*. Londres: Macmillan, 1982, p. 271.

encarnação como a mais importante vertente do conservadorismo anglo-americano. Na poesia e na filosofia política de Samuel Taylor Coleridge (1772-1834) enxergamos uma articulação romântica da unidade da vida e as instituições inter-relacionadas e mutuamente necessárias da Igreja e do Estado. No vitoriano John Henry Newman (1801-1890) encontramos uma redescoberta da fé medieval e a renovação espiritual de uma nação lutando contra a aridez do utilitarismo benthamita. Em Orestes Brownson (1803-1876), "o Newman americano", percebemos uma redescoberta dos princípios teológicos da sociedade humana. O medievalismo romântico de Benjamin Disraeli (1804-1881) foi um contrapeso imaginativo ao materialismo vitoriano e o medievalismo católico de G.K. Chesterton foi uma força semelhante no contexto do que John Coates chamou de "a crise cultural eduardiana"[20]. No trabalho de T.S. Eliot (1888-1965) vemos uma cura filosófica e moderna para a divisão cartesiana entre mente e matéria e em C.S. Lewis encontramos uma reafirmação da natureza tradicional do homem contra a visão do materialismo científico. Em Russell Kirk (1897-1981) percebemos uma defesa criativa das normas humanas em uma época de tédio. É um grupo representativo, mas de forma alguma exaustivo, de doze humanistas cristãos.

    Certos temas serão vistos, aparecendo e reaparecendo, nesses estudos; todos procedem do senso comum judaico-cristão tradicional do significado de ser humano, e dizem respeito à sua preservação na pessoa individual e na sociedade. Todos esses são temas importantes na tradição humanista cristã na Modernidade. A força integradora do humanismo cristão pode ser considerada o impulso cristão para construir o reino de Deus na Terra, nos vários níveis da sociedade em que as pessoas realmente vivem. Esse impulso também fornece um meio de redescoberta do princípio integrador na república das letras. Também veremos que esses escritores têm o efeito de comentar uns aos outros através das barreiras do tempo. Não somente os escritores mortos influenciam os que vêm depois, como também os escritos dos pósteros. Na tradição de pensamento chamada por nós de humanismo cristão, frequentemente, mostram percepções de sua mente comum e compartilhada, que iluminam os escritores do passado de maneiras que comentaristas menos simpáticos não o fazem.

---

[20] Ver: COATES, John. *Chesterton and the Edwardian Cultural Crisis*. Hull: Hull University Press, 1984.

1. A Herança do Humano

Para os humanistas cristãos da Renascença, incluindo Thomas More, a herança do passado clássico, especialmente na forma de suas ciências humanas (em oposição à divindade), era fundamental. Em certo sentido, o humanismo em si é o estudo do que significa ser humano por meio de ciências humanas. *Dos Deveres*, de Cícero (106-43 a.C.), foi um texto central para os humanistas da Renascença setentrional. Expressa os valores da *humanitas* romana: compreensão, benevolência, compaixão, misericórdia, fortaleza, julgamento, prudência, eloquência e honra. O estudo das ciências humanas clássicas também era um estudo da linguagem, especialmente da retórica. A forma literária essencial do Renascimento é o diálogo. Atividade na controvérsia e virtude pública foram produtos da preocupação com a retórica. Vemos, em grande parte do trabalho das figuras neste livro, uma preocupação semelhante com o bem público. O estudo de ciências humanas pelos cristãos os capacita a transmitir melhor o Evangelho. Assim como esse humanismo cristão pode ser distinguido do humanismo clássico, que inclui uma boa parte do estoicismo, especialmente, o de Marco Aurélio (121-180 d.C.), também pode ser distinguido do humanismo secular desenvolvido a partir da Renascença. Em muitos aspectos, o humanismo secular pode envolver um retorno a aspectos do humanismo clássico, com sua ideia de um tipo de virtude pagã, diferente daquela envolvida no humanismo cristão. Contudo, o humanismo secular também é, frequentemente, um aspecto do racionalismo iluminista, no qual a virtude cristã da caridade se torna um humanitarismo desprovido de fé cristã. Embora com o tempo o humanismo secular siga o humanismo cristão, que segue o humanismo clássico, eles também representam três posições filosóficas diferentes, podendo ser considerados como tais.

2. Direito

Outro tema recorrente nesses escritores é um sentido da lei da natureza humana, a *ius rationale*, vista nos desenvolvimentos medievais da ideia clássica. Na Modernidade, vemos uma tensão contínua entre as ideias "de cima para baixo" do direito, como no direito romano de Justiniano e no código napoleônico: "O que agrada ao príncipe tem força de lei". Contra isso, está o sentido de uma lei abrangendo também o príncipe, e existente, especialmente, na compreensão medieval da lei inglesa, como dito por Bracton (1210-1268): "O rei não deve estar sob o homem, mas sob Deus e sob a lei, porque a lei faz o rei"[21]. Para os humanistas cristãos na tradição política inglesa e norte-americana, a tradição do direito consuetudinário inglês expressa a ideia de uma soberania da lei natural, atuando por meio da consciência de cada pessoa. As consequências políticas para tal compreensão da lei são governo por consentimento, governo limitado, equilíbrio constitucional, separação de poderes, direitos e deveres. Isso para não mencionar a tradição anglo-americana de liberdade, podendo ser este o maior presente da Inglaterra para o mundo, surgido diretamente de uma política medieval cristã, que implica liberdade sob uma lei humana sujeita à lei de Deus. À medida que o poder secular se distanciou mais da tradição cristã e, portanto, não reconhece as leis de Deus (visto que Sua existência se tornou duvidosa, quando não obviamente prejudicial), o equilíbrio na lei mudou, aparentemente em favor da liberdade. Contudo, a crítica humanista cristã da sociedade na Modernidade questiona se a liberdade de fazer coisas, antes ilegais, nos tornou menos livres do poder do Estado, garantidor dessas novas liberdades. A velha liberdade era uma liberdade de autogoverno, como povo e como pessoa; em que medida um mundo cada vez mais secular ameaça isso?

3. *Senso Comum, Razão e Linguagem*

O humanismo da Renascença, como já observamos, preocupava-se muito intimamente com a linguagem, e este tema é também constante nos escritores com os quais nos preocupamos. Reconhece-se o bem comum como dependente, em grande medida, do estado da língua. Na tradição cristã, a Palavra (o *Logos*) começa com letra maiúscula e é vista como o próprio Cristo. Em contraste, o Diabo é o pai da mentira, a antítese da razão e do significado. O humanista cristão pergunta em que medida o discurso público, na vida e nas letras, é informado pela compreensão cristã da identificação adequada da lin-

---

[21] BLAKE, L. L. *The Royal Law*. Londres: Shepheard-Walwyn, 2000, p.41.

guagem, da verdade e da realidade? A linguagem pública, especialmente a linguagem política, existe para revelar ou ocultar? O humanismo cristão reconhece que a linguagem pode ser corrupta e corruptora, e pode ser, em momentos diferentes e entre pessoas diferentes, um meio mais ou menos fecundo de revelar a mente comum. A linguagem pública pode ser reduzida a uma espécie de hipocrisia como na definição do dr. Johnson da palavra:

> Um dialeto corrupto usado por mendigos e vagabundos.
> Uma forma particular de fala pertencente a uma certa classe ou grupo de homens.
> Uma pretensão lamuriosa de bondade, em termos formais e afetados.
> Jargão bárbaro.
> Leilão[22].

Até que ponto a linguagem da vida pública é hipócrita, ao invés de ser uma linguagem mais elevada e humana? A linguagem deve ser protegida, restaurada e nutrida, se não quiser declinar, levando com ela nossa vida comum. O humanismo de "Política e a Língua Inglesa" (1946) de George Orwell (1903-1950) será ecoado pelo humanista cristão; exceto por Orwell ter evitado a dimensão religiosa da realidade e da linguagem, não há nada significativo com o qual um cristão possa discordar, por motivos religiosos, do que ele diz naquele ensaio crucial. A boa prosa, disse Orwell, deveria ser como uma vidraça. Certamente, isso também se aplica ao discurso político. Entretanto, muitas vezes o político contemporâneo se refugia nas incertezas das concepções pós-modernas de linguagem, que não veem o *logos* como devendo corresponder a uma realidade objetiva.

4. *Literatura*

Cada vez mais, no período Moderno, um valor é visto não apenas no estudo de escritores humanos pré-cristãos, mas também na escrita de uma nova literatura, especialmente no vernáculo e na qual a imaginação desempenha um

---

[22] MCADAM, E.L; MILNE, G. (Eds.). *Johnson's Dictionary: A Modern Selection*. Londres: Macmillan, 1982, p.113.

papel central. A leitura e escrita de literatura imaginativa é um ato privado com consequências públicas, e às vezes um propósito público. Da *Utopia* (1516) de More, através das *Viagens de Gulliver* (1726) de Swift; através da prosa moral e poesia de Samuel Johnson; a escrita de Burke, especialmente as *Reflexões* (1790)[23]; a poesia e crítica criativa de Coleridge; a prosa espiritual de Newman, que também é um clássico de nossa literatura; os romances de Disraeli; as histórias de Chesterton, Lewis e Kirk; e a poesia de Eliot: tudo isso constitui uma vertente humanista cristã na literatura inglesa, com uma dimensão religiosa, filosófica, política e social — em outras palavras, uma função pública. De fato, até muito recentemente, seria possível dizer que a grande maioria das obras literárias em inglês era, explícita ou implicitamente, cristã, porém, em geral, as obras de nosso interesse nos capítulos seguintes têm um caráter particularmente moral, religioso ou político. Elas revelam aspectos de seus autores, de suas sociedades e da tradição humanista cristã, dependendo de nosso ponto de vista. A literatura imaginativa pode ser vista assim, não como uma fuga da esfera pública, mas como um meio essencial de engajamento com ela. É difícil imaginar uma classe política que possa representar a mente comum sem apreço pela república das letras. O humanista cristão é testemunha de que muito do humano é intrínseco à linguagem e à literatura. E o estado de ambas tem enorme capacidade, para o bem ou para o mal, na esfera pública. O humanismo cristão está em radical tensão com o espírito da teoria literária pós-modernista que, ao desconstruir os textos, encontra um abismo no seio deles. No sentido do pós-modernismo fazer o trabalho do diabo, ele está o mais longe possível da função criativa da literatura.

5. *Educação*

Outro tema recorrente nos capítulos seguintes é o da educação, especialmente no que diz respeito ao que é ensinado e estudado e para que fim. No humanismo cristão, o uso da literatura, amplamente interpretada, faz parte da educação ampla (liberal) da pessoa completa, ou seja, do ideal de "cavalheiro" de Newman. Essas pessoas são capazes de se autogovernar e, portanto, de influenciar

---

[23] No Brasil destacamos a seguinte edição: BURKE, Edmund. *Reflexões sobre a revolução na França*. São Paulo: Edipro, 2014. (N. E.)

o público em direção à liberdade responsável e ao governo limitado do Estado. Podemos descrever o "cavalheiro" de Newman como a pessoa integrada, em quem a cabeça, o coração e o espírito — ou seja, o racional, o afetivo e o espiritual — são educados e desenvolvidos. A universidade medieval, na qual o conhecimento foi concebido como um todo, continua sendo o modelo de uma educação liberal, em tempos nos quais a visão utilitarista e instrumentalista do conhecimento parece prevalecer e os jovens são formados para o trabalho e não para a vida. Até mesmo Francis Bacon, em muitos aspectos um exemplo do início da Renascença da tradição desintegradora, pode nos lembrar: "*abeunt studia in mores*: estudos passam para a personalidade"[24]. Sem uma base moral para a educação, a mente comum pode ser perdida para a atrofia e decadência, em um esquecimento comunal e em uma cultura morta para suas fontes no passado.

6. *Política e Religião*

No humanismo cristão, a política é, então, um problema moral e essencialmente teológico. Isso contrasta com o espírito de Maquiavel (1469-1527), que foi uma força poderosa na Modernidade, efetuando uma divisão entre o método humanístico e a moralidade humanística. Em Maquiavel, os fins do Estado necessitam dos meios a serem empregados, sendo direito do príncipe determiná-los de forma irrestrita. No período desde Maquiavel, podemos ver o progresso da tirania, de um lado, e o progresso, do outro, dos países com uma Constituição equilibrada, que se desenvolveram para proteger a liberdade e a consciência de cada sujeito e cidadão. Vemos particularmente o sucesso dos países que, em certa medida, herdaram a tradição do direito consuetudinário inglês e das instituições políticas desenvolvidas a partir dele. Esses países têm não apenas estabilidade e liberdade, mas têm sido marcadamente mais favoráveis ao cristianismo e à religião em geral. Na Modernidade, desde a Reforma em diante, vimos a tendência universal da tirania de, no mínimo, controlar a religião fortemente mas, com mais frequência, de esmagá-la. No secularismo liberal, a religião pode não se sair muito melhor. Ao considerar a questão "qual é o papel da Igreja em relação ao Estado?", o humanismo cristão sugere um

---

[24] BACON, Francis. J. Pitcher (Ed.). *The Essays*. Londres: Penguin, 1985, p.210.

grau de separação e um grau de integração. De maneira mais geral, a religião, o culto, está na base de toda a nossa cultura, incluindo a dimensão política. Sem uma dimensão religiosa saudável, a vida política de uma nação tende a declinar para a competição e o exercício do mero poder, sem as restrições da razão, da lei natural ou da mente, coração e espírito educados e da humanidade no sentido mais amplo: em resumo, a política se separa da mente comum.

Os doze escritores a seguir nos fornecem uma visão sobre a mente comum e nos mostram o humanista cristão em tensão com o espírito moderno. Em muitos aspectos, com o passar do tempo, os autores tomam consciência de escrever na tradição daqueles que os antecederam. Eles fornecem comentários um sobre o outro de uma forma funcional fora do tempo; Thomas More pode iluminar Swift, tanto quanto vice-versa. A definição do literário é ampla na maioria dessas figuras e as letras são parte integrante da vida de cada uma; tanto os textos quanto as vidas dessas figuras tinham uma dimensão política, ou pelo menos pública, no sentido mais alto de "público". Todos eles exemplificam um esforço de integração em tempos de desintegração — o que, em certa medida, acontece em qualquer momento, embora alguns momentos sejam mais perturbadores do que outros. Além disso, eles mostram um aspecto da mente comum, potencialmente unindo todas as pessoas, na medida em que aqueles possuidores do gênio têm um excesso soberbo do humano, ao invés de algo diferente em natureza. Eles são testemunhas potentes do que está em todos nós. Em outras palavras:

> [...] o que há para conquistar
> Por força e submissão, já foi descoberto
> Uma ou duas vezes, ou várias vezes, por homens que não se pode esperar
> Imitar — mas não há competição —
> Só existe a luta para recuperar o que foi perdido
> E encontrado e perdido repetidamente; e agora, sob condições,
> Que parecem pouco propícias. Mas talvez nem ganho, nem perda.
> Para nós, existe apenas o tentar. O resto não é da nossa conta[25].

---

[25] ELIOT, T.S. "East Coker". In: *The Complete Poems and Plays of T.S. Eliot*. Londres: Faber, 1969, p.182.

CAPÍTULO 1

Thomas More

E o Contexto Cristão da Autoridade Temporal

MORE: Imagine…
… que vocês se sentem como reis em seus desejos,
Autoridade silenciada por suas brigas,
E você, vestido com suas opiniões,
O que você conseguiu? Vou lhe contar. Você tinha ensinado
Como a insolência e a mão de ferro deveriam prevalecer,
Como a ordem deveria ser sufocada — e por este padrão
Nenhum de vocês deve viver como homem maduro;
Para outros rufiões, conforme suas fantasias surgiam,
Com a mesma mão, razões próprias e direito próprio
Se alimentariam de você, e os homens, como peixes vorazes
Se alimentariam um do outro.
WILLIAM SHAKESPEARE, *ET AL.*, SIR THOMAS MORE

"Isso é exatamente o que venho dizendo", disse ele. "Não há lugar para filósofos entre reis".
"Sim, existe", respondi, "mas não para aquela filosofia acadêmica que encaixa tudo perfeitamente no lugar. Há, no entanto, outra filosofia, mais sofisticada, que se acomoda à cena em questão, desempenhando sua parte com polimento e delicadeza. É esta filosofia que você deve usar".
Sir. Thomas More, Utopia, Livro I, 1516

Thomas More está no ranking antes de William Langland e depois de Edmund Burke, entre os maiores de nossos Conservadores Reformistas [...]. [Eles] estão quase em primeiro lugar na ordem das coisas que chegaram até eles, e que eles sentem ser seu dever preservar, na medida de unidade, pequena ou grande, que a cristandade de sua época foi capaz de herdar.
R. W. Chambers, Thomas More, 1935

As palavras atribuídas a Shakespeare na peça *Sir Thomas More* podem ser tomadas como uma metáfora para o grande santo e estadista falando ao mundo moderno a partir da turbulência do seu próprio século XVI. Shakespeare, com o característico *insight* excepcional desse poeta maior da natureza humana, nos aponta para uma característica central da mente de More: a conexão entre o eu, nossos desejos, nossas opiniões privadas e a desordem civil. A promessa da modernidade é que todos nós, indivíduos livres, devemos sentar-nos "como reis em [nossos] desejos" e em nossos pontos de vista. Poderíamos ser perdoados por visualizar essa imagem nos traços do primeiro monarca inglês moderno, Henrique VIII. O contexto dramático das falas de Shakespeare é, claro, o Dia do Mal de Maio, em 1517, quando More, como sub-xerife de Londres, tentou argumentar com aprendizes, que criavam tumultos com a intenção de ferir estrangeiros. Apesar de algum sucesso inicial, More não conseguiu evitar o tumulto, assim como falhou, em vida, em evitar o início de uma política moderna. Entretanto, o que vemos nas obras de Thomas More é uma mensagem duradoura sobre o caráter da mente comum como imagem da sociedade e de uma *polis* cristã, o que inclui os elementos de consciência, razão, lei, tradição e contenção do poder político por sua dispersão constitucional.

Em 14 de janeiro de 1999, o congressista Henry Hyde, no plenário do Senado dos Estados Unidos da América, disse o seguinte:

> Sir Thomas More, o advogado mais brilhante de sua geração, um acadêmico com reputação internacional, o centro de uma vida familiar calorosa e afetuosa que ele estimava, preferiu morrer a prestar um juramento em vão[26].

O orador era o presidente do Comitê Judiciário da Câmara. A ocasião era a abertura do julgamento de *impeachment* do 42º presidente norte-americano William Jefferson Clinton. Para Robert Bolt (1924-1995), na introdução de sua peça *O Homem que Não Vendeu Sua Alma* (1960), More era "um homem com um sentido inflexível de si mesmo". No segundo volume de sua *História dos Povos de Língua Inglesa* (1956), Winston Churchill (1874-1965) escreveu:

> More destacou-se como o defensor de tudo o que havia de melhor na perspectiva medieval. Ele representa para a história sua universalidade, sua crença em valores espirituais e seu sentimento instintivo de haver um outro mundo[27].

G. K. Chesterton afirmou:

> Ele pode ser considerado o maior inglês ou, pelo menos, a maior personalidade histórica da Inglaterra. Pois ele era, acima de tudo, histórico; ele representou, ao mesmo tempo, um tipo, um ponto de inflexão e um destino final[28].

More também foi um herói da velha União Soviética. Visto como um proto-comunista, seu nome apareceu em um obelisco inaugurado nos Jardins Alexandrovsky, em Moscou, em 1918. Não apenas no século passado More foi visto como altamente significativo. Jonathan Swift escreveu, em seu *Concerning the Universal Hatred Which Prevails Against the Clergy* [*A Respeito do Ódio Universal que Prevalece Contra o Clero*] (1765), que More era "uma pessoa da maior virtude que

---

[26] GUY, John. *Thomas More*. Nova York, NY: Oxford University Press, 2000, p.1.
[27] CHURCHILL, Winston. *A History of the English-Speaking Peoples*. Vol. 2. Londres: Cassell, 1974, p.50.
[28] SYLVESTER, Richard S.; MARC'HADOUR, Germain P. (Eds.). *Essential Articles for the Study of Thomas More*. Hamden, CT: Archon, 1977, p. 567.

este reino já produziu". Na verdade, um homem para todas as épocas e para todos os tipos de pessoas, com apelo para um republicano norte-americano conservador, um liberal britânico agnóstico, um primeiro-ministro britânico conservador com inclinações *whig*, um apologista católico inglês, uns comunistas russos ateus e um pastor anglicano *tory* com visões anticatólicas. Além disso, Thomas More provavelmente nunca foi tão lido, ou nunca se leu tanto sobre ele quanto hoje, fascinando tanto acadêmicos quanto público em geral. Ele se tornou o patrono de inúmeras escolas e faculdades e, por ato do papa João Paulo II (1920-2005), tornou-se patrono de políticos e estadistas. Os contornos de sua vida estão inscritos na consciência de povos diversos e amplamente separados, de tal forma que seu *status* icônico e dramático, embora inestimável para nós, possa facilmente obscurecer o que é tão importante para nós: seus escritos.

Sejam históricos, filosóficos, acadêmicos ou polêmicos, os trabalhos de Thomas More mostram uma preocupação com "o melhor estado da comunidade", aquilo que deveria ser conservado, ampliado, defendido ou melhorado na sociedade europeia. Apesar da passagem do tempo desde a morte de More e das vicissitudes da civilização ocidental daquela época, suas preocupações ainda podem ser reconhecidas como sendo para todas as épocas: o problema da inovação *versus* a ordem tradicional; a distribuição de autoridade em uma constituição equilibrada contra a pressão do poder centralizador e absolutista; as demandas da comunidade e os direitos de propriedade privada; o uso do direito positivo para fins coercitivos, em desacordo com o direito consuetudinário e o direito natural; a subversão dos direitos estabelecidos das assembleias populares e o seu uso indevido pela vontade de poder; os limites da liberdade de expressão e as responsabilidades da consciência; o uso respeitoso de nossa linguagem comum em oposição à subversão sofística do significado. Estas eram as preocupações de Thomas More e deveriam ser as nossas. A mente de More era tanto medieval quanto moderna, tão escolástica quanto clássica. Vemos a influência de Tomás de Aquino (é claro) e Aristóteles (384-322 a.C.), Agostinho (354-430 d.C.) e Platão (428-348 a.C.), Cícero, Tucídides (460-ca.400 a.C.), Luciano (120-192 d.C.) e Salústio (86-35 a.C.). Contudo, ele era, devemos nos lembrar, primeiramente um advogado comum. Por sua formação jurídica no Inns of Court — o que seria a ordem dos advogados ingleses —, ele deveria estar familiarizado com o mundo descrito por Sir John Fortescue (ca. 1394-1479) em *De laudibus legum anglie* [*Em Louvor à Lei da Inglaterra*] (c. 1470), assim como provavelmente familiarizado com o próprio trabalho. Na Inns of Court, More teria recebido um sentido duradouro da importância do direito natural no direito consuetudinário inglês. Ele era, podemos admitir, fortemente atraído pelo desapego do mundo. No entanto, escolheu o caminho do comprometimento ao invés da retirada, da prática da lei ao invés da contemplação do divino. A razão dada a ele ter escolhido "casar-se em vez de queimar" não é tão convincente quanto ver sua decisão no contexto da razão pela qual ele discorda de Hythloday no Livro I de *Utopia* (1516): o ideal ciceroniano de uma virtude prática comprometida.

Fortescue terá dado a More uma ideia elevada do direito consuetudinário como uma fonte de liberdade inglesa e um meio para a difusão de justiça e equidade através da comunidade. O direito consuetudinário deu "determinações" costumeiras da lei natural, a crença de que todos os homens são dotados de razão moral e a capacidade de perceber o que é justo. É a base do sistema de júri, embora Thomas More não acreditasse que os júris fossem confiáveis sem os juízes. Entretanto, ele não confiava simplesmente nos indivíduos, não importando quão elevada e honrosa fosse sua posição no reino. Não se pode depender nem de papas sem concílios, nem de reis sem parlamentos, nem de juízes sem tribunais, para determinar corretamente a lei espiritual ou temporal. More acreditava no jogo livre do discurso racional dentro de assembleias devidamente constituídas, como por exemplo em *Utopia*. Tal discurso, no entanto, precisava ter parâmetros definidos e termos informados pela autoridade, ou seja, juízes espirituais ou temporais. Autoridade como o contexto da ordem e a ordem como o contexto da felicidade, dependiam desse equilíbrio cuidadoso do indivíduo e da comunidade, nenhum dos quais podendo existir apropriadamente sem o outro. Outro princípio tirado por More de Fortescue é que os reis eram limitados pela lei e, na verdade, não faziam a lei por si próprios, mas existiam para mantê-la e defendê-la. Os limites da realeza (ou do poder executivo central, como podemos chamá-lo) e as reivindicações da razão, ou da lei natural, fornecem um fio condutor importante na vida e nas obras de More, e em seu tempo vemos as reivindicações do absolutismo crescendo.

Ao contrário de Lutero (1483-1546), More não confiava nos príncipes. De acordo com William Roper (ca.1496-1578), ele aconselhou o rei inglês Henrique VIII (1491-1547) a não exagerar o poder do papado, quando estava compilando seu livro afirmando, contra Lutero, os sete sacramentos da Igreja:

Devo colocar Vossa Alteza em memória de uma coisa, e é isso. O papa, como Vossa Graça sabe, é um príncipe como você e associado a todos os outros príncipes cristãos. Daqui em diante, pode acontecer que Sua Graça e ele possam variar em alguns pontos da liga, após o que pode crescer até a quebra de amizade e a guerra entre vocês dois. Acho melhor, portanto, que esse lugar seja retificado e sua autoridade seja tocada de forma mais sutil[29].

More percebeu, logo no início, o perigo do poder arbitrário, especialmente para si próprio, dizendo que sua cabeça não valia tanto para Henrique VIII quanto um campo da França. Seu próprio pai, o juiz John More (ca.1451-1530), foi preso pelo pai de Henrique, sob uma acusação forjada, até pagar uma multa de centenas de libras. A primeira ação de Thomas More, como membro do Parlamento, foi se opor aos níveis de tributação propostos por Henrique VII. Ele escreveu linhas críticas sobre o rei morto na ascensão de seu filho. A maior obra de More, além da *Utopia*, foi escrita contra outro rei, Ricardo III, na qual cria, substancialmente, a imagem do tirano que Shakespeare iria herdar e transmitir de maneira tão memorável. *A História do Rei Ricardo III* (1513) foi vista como propaganda destinada a obter favores do estabelecimento Tudor, contudo, a obra não foi escrita até após a morte de Henrique VII e não foi publicada durante a vida de More. *A História do Rei Ricardo III* é um retrato injurioso, à maneira de Tucídides, um exercício de imaginação moral. Ricardo é um príncipe maquiavélico, que usará todos os meios para garantir seus fins, e seus meios são dissimular, cultivar uma separação dentro de si entre aparência e realidade. More era um amante da ironia, usando-a em seu sentido lúdico ao longo de suas obras, mais para revelar do que para ocultar. Entretanto, em Ricardo a ironia é vista em seu sentido mais pernicioso de dissimulação, como um ataque ao próprio significado. Ricardo representa, no esquema dramático da *História*, uma pretensa virtude ao mesmo tempo que realiza ações viciosas. Seu tratamento da esposa adúltera de Shore, por exemplo, provoca ironia reveladora de More:

> [...] em conclusão, quando nenhuma cor poderia se fixar nessas questões, então, ele impôs de forma hedionda a ela, a coisa que ela mesma não podia negar, que o mundo sabia ser verdade, e que, no entanto, todo homem ria ao ouvir isso, le-

---

[29] ROPER, William. *The Life of Sir Thomas More*. Londres: C. Whittingham, 1822, p.65-66.

vado tão repentinamente, tão altamente: que ela era nada de seu corpo. E por isso (como um bom príncipe moderado, limpo e sem defeitos em si mesmo, enviado do Céu para este mundo vicioso para a correção das maneiras dos homens) ele fez com que o Bispo de Londres a colocasse em penitência aberta, indo antes da cruz em procissão em um domingo, com uma vela na mão[30].

Cultivar, como faz o maquiavélico, uma separação de sentido entre aparência e realidade, é abraçar a vida desintegrada e, para um príncipe, é particularmente perigoso para a comunidade: *corruptio optimi pessima* ["a corrupção dos melhores é a pior", em latim]. More se preocupava com a integração entre aparência e realidade ao longo de sua vida. No final, foi forçado a se conformar ao papel de mártir no cadafalso, palco que foi, ao mesmo tempo, um lugar de execução e de jogo. Em certo sentido, Ricardo, como Lutero, era tudo o que More não queria ser.

O significado de *A História do Rei Ricardo III* de More é bastante monótono, podendo ser considerado um ataque àqueles que atacam o próprio significado, desempenhando papéis aparentemente virtuosos, mas quebrando a conexão entre o senso comum (amplamente compreendido) e a linguagem, ou entre aparência e realidade. Nesse sentido, a *História* antecipa os ataques a Lutero e Tyndale (ca.1484-1536). O significado de *Utopia*, em contraste, tem sido debatido desde sua publicação em Louvain, em 1516. Entretanto, estaríamos errados em concluir que seu significado é sutil demais para ser discernido. Uma dualidade de aparência e realidade está em jogo em *Utopia*, assim como outras dualidades inerentes à forma de diálogo: Livro I e Livro II; realidade e ideal; More e Hythloday; Europa e Utopia. Há uma aparente dualidade dentro do próprio personagem principal: Hythloday significa "falador de tolices" e Rafael significa "Deus curou" — o nome do arcanjo que cura o cego Tobit. Hythloday parece falar sem sentido a alguns, particularmente ao advogado e ao frade no Livro I, mas o personagem de More, em contraste, acolhe muito do que ele tem a dizer no final do Livro II. *Utopia* é uma contribuição para o debate renascentista sobre o *optimus status reipublicae* ["melhor estado da república", em latim], ao invés de um projeto para a sociedade ou, na verdade, uma filosofia política au-

---

[30] MORE, Thomas. "The History of King Richard III". *In*: GREENE, James J. e DOLAN, John P. (Eds.). *Utopia and Other Writings*. Nova York, NY: Meridian Books, 1984, p.184ff.

tocontida. Ele postula o valor da razão humana comum na ordem da sociedade em oposição à regra opressora do absolutismo arbitrário, cujos perigos são vistos no Livro I. *Utopia* de More representa a razão e a lei natural contra o ofício e a astúcia do *Príncipe* (1532) de Maquiavel. Em vez de colocar sua fé no mal necessário de um príncipe inescrupuloso, More mostra o que pode ser alcançado pelo discurso em assembleias devidamente constituídas e por homens racionais e de mente aberta — homens como o cardeal Morton no *Livro I*.

Em sua discussão sobre o melhor estado da comunidade, sua aceitação de um imperativo cristão para a reforma social, sua promulgação de debate fundamentado sobre questões públicas e sua atitude de investigação judiciosa, o Livro I de *Utopia* nos mostra o projeto humanista em ação. Também nos aponta para uma resposta ao que poderíamos chamar de enigma do mosteiro: por que More escolheu a vida ativa ao invés da contemplativa e então, aparentemente, criou uma sociedade hipotética, com muitas das características de um mosteiro? A resposta parece envolver a questão do equilíbrio. Idealmente, a sociedade medieval envolvia um equilíbrio cuidadoso entre as coisas públicas e privadas, de forma que as duas não fossem tão distintas, ou mesmo antitéticas, como se tornaram desde o nascimento da Modernidade. Como descreve o Livro I, o equilíbrio da forma mista de propriedade, representada pela comunidade de propriedades nos mosteiros, e as propriedades privadas (ou familiares) fora deles, estava se tornando perturbado, sob a pressão das convulsões econômicas do tempo de More. A privatização da propriedade, o fechamento das terras comuns pelos poderosos, levaria à destruição do ideal comum, tanto nos mosteiros quanto na classe dependente da terra comum para o sustento de si e de suas famílias. Este fato econômico refletia as bases intelectuais da Europa católica. More sabia que, em todos os níveis de seu mundo cristão, um intercâmbio sutil e complementar do privado e do comum estava em ação, para manter a pessoa individual e a comunidade em um equilíbrio fecundo. A consciência é a faculdade negociadora desse equilíbrio na ação moral. Assim, o exame da condição da Inglaterra e da Europa no Livro I concentra-se nas consequências morais do orgulho e ganância das guerras dinásticas e ambições imperiais: deslocamento da sociedade após o serviço militar, desemprego, roubo e a potente inversão simbólica das ovelhas comendo as pessoas. A análise de Hythloday parece amplamente aceita no Livro I, mas seu remédio para a abolição da propriedade privada se opõe ao personagem de More na história, e não há razão para supor ser diferente a visão do autor More.

Hythloday incorpora dois extremos sem ser capaz de integrá-los ou colocá-los em equilíbrio. Ele defende a posse de todas as propriedades em comum, mas se privatizou completamente. Uma das primeiras coisas que aprendemos sobre ele é que doou todas as suas propriedades, dividindo-as entre seus irmãos, para poder viajar pelo mundo. "Agora, vivo exatamente como quero"[31], gaba-se ele, e não tem a intenção de desistir de seu estado de felicidade estando a serviço de reis. Ele, portanto, se assemelha a um tipo de homem peculiarmente moderno, que se sentiria em casa no mundo fictício da utopia liberal moderna, onde se pode fazer exatamente o que quiser, tendo cedido todo o controle sobre questões importantes para o todo-poderoso, benevolente Estado (um paradoxo contra o qual lutamos atualmente). No mundo real de More, o significado vem do consentimento comum, ao invés da iluminação privada, como no caso da versão de Hythloday do rei filósofo platônico Utopus, fundador da Utopia. O que for bom em Utopia não permanece em lugar nenhum enquanto Hythloday mantiver sua separação do mundo político, onde o exercício de muitas consciências privadas trabalha para realizar o bem comum. Costume e tradição, representando a sabedoria acumulada da consciência, são aspectos importantes deste processo, uma vez que, como Peter Giles diz a Hythloday, "o longo uso nos forneceu muito do que torna uma vida agradável e descobrimos certas coisas, por experiência, que nenhuma quantidade de esforço mental poderia ter produzido"[32]. O recuo de Hythloday para sua própria autoridade privada (a personagem de More nos lembra, no final do Livro II, que Hythloday não gostaria de ser contrariado) deveria ser inquietante para nós, quando ouvimos sua descrição de Utopia, assim como a reivindicação de uma autoridade privada por Henrique VIII, ou Martinho Lutero, o que inquietou Thomas More.

Assim, embora a influência clássica mais óbvia em *Utopia* seja Platão, o trabalho não endossa a tradição platônica do governo estar nas mãos de um especialista com tempo livre (*otium*) e competência para governar. Em oposição a isso está a tradição ciceroniana de humanismo cívico, em que a comunidade é servida pelo dever de todos para com seus semelhantes em seus negócios co-

---

[31] *Ibid.*, p. 32.
[32] *Ibid.*, p. 51.

muns (*negotium*) da vida. Hythloday é um tipo de viajante platônico, cujo ideal está localizado fora da Europa, que parece, a seu ver, totalmente atolada em leis corruptas, criadas pelos ricos para roubar os pobres. No Livro I, por exemplo, ele faz algumas críticas fortes, com as quais More parece simpatizar, ao isolamento. Contudo, Hythloday se parece com os intelectuais ocidentais da primeira metade do século XX, que foram para a União Soviética e tiveram uma visão brilhante da boa sociedade. Seu idealismo é a sua força, mas também a sua fraqueza. Em contraste com Hythloday, a personagem de More adota uma visão ciceroniana do valor da filosofia na vida política, independente do príncipe virtuoso e todo-poderoso — algo que Hythloday, reconhecidamente, desespera-se em ver:

"Não há lugar para filósofos entre os reis", [disse Hythloday].

"Sim, há", [More] respondeu, "mas não para aquela filosofia acadêmica que encaixa tudo perfeitamente no lugar. Existe, entretanto, uma outra filosofia, mais sofisticada, que se acomoda à cena em questão e desempenha sua parte com polimento e delicadeza. É essa filosofia que você deve usar. Caso contrário, seria como se, enquanto uma comédia de Plauto estivesse sendo encenada [...] você deveria aparecer repentinamente em um traje de filósofo e recitar a passagem de Octavia, onde Sêneca debate com Nero"[33].

É claro que Sêneca (ca.4 a.C.-65 d.C.), como More, tentou influenciar um tirano para o bem e perderia a vida por causa dos tormentos dele; não era um papel que More quisesse desempenhar. A metáfora dramática é impressionante e revela o sentido da vida de More como brincadeira e como um teatro, porém, o ponto principal aqui é sua resistência ao tipo de filosofia abstrata e especulativa na política, que Edmund Burke (1729-1797) também rejeitaria cerca de duzentos anos depois. O final de *Utopia*, contudo, sugere um desejo de alcançar algum tipo de síntese entre as posições ciceroniana e platônica, já que a personagem de More acolhe, sob qualificação, o que Hythloday lhe diz sobre Utopia.

A descrição de Utopia que nós (e a personagem de More) recebemos de Hythloday no Livro II não é nem ridícula, nem repulsiva, como são, por exem-

---

[33] *Ibid.*, p. 48.

plo, algumas das terras que Gulliver encontra em suas viagens. O propósito de More não é satírico, embora haja uma certa ambiguidade em sua abordagem tanto da Inglaterra quanto de Utopia no livro como um todo. Um quebra-cabeça central é como um mártir católico pode parecer aprovar uma sociedade utópica, que carrega muitas das marcas de nossa democracia moderna, progressista e secularizada, ao apoiar a eutanásia, o divórcio, os pastores casados e as mulheres pastoras e que, no entanto, não apoia a propriedade privada, a mortificação corporal, ou a caça, e não gosta tampouco da lamentável necessidade de matar animais para se alimentar. O totalitarismo de Utopia é desconfortável; lembra-nos o comunismo ou o nacional-socialismo, ou a ficção distópica moderna, como o *1984* (1949) de Orwell, apesar da falta, em Utopia, da brutalidade fundadora desses regimes. Temos de concluir que há muitas coisas não aprovadas por More em Utopia, um país pagão que, no entanto, está à beira da conversão ao cristianismo, em parte por ser peculiarmente receptivo a ele. Entretanto, More aprova o lugar da razão entre os utópicos, a felicidade promovida por ela e a vida comum que ela torna possível. Existe liberdade de consciência, embora a liberdade de expressão se restrinja a certas situações e contextos, algo aprovado por More. O prazer lícito, a virtude do ser mais elevado, é considerado um fim adequado da vida humana e deve ser reconhecido contra qualquer impressão que possamos ter de uma uniformidade monótona — de vestuário, por exemplo.

O que atrai More na descrição de Hythloday de Utopia é a fecundidade irrestrita da lei natural. Hythloday dedica mais atenção à religião do que a qualquer outro aspecto de Utopia e, como as repúblicas ideais pré-cristãs de letras clássicas (humanas), Utopia mostra o que pode ser alcançado, apesar da falta da Revelação Cristã. Os utópicos caem em erro — a natureza decaída não pode evitar isso — e, como observamos, sancionam coisas como a eutanásia e o divórcio por motivos "razoáveis". Entretanto, mesmo aqui sua filosofia não erra totalmente: existem todos os tipos de restrições à eutanásia e ao divórcio, que não seriam reconhecidas em nossa sociedade. A diferença essencial entre Utopia e o liberal moderno, a democracia secular ou o estado totalitário moderno é que ela se baseia na religião, surgida de um sentido religioso natural. More segue Cícero ao assumir um sentido religioso inato[34], além dos cinco físicos, permitindo aos utópicos

---

[34] Cf. Edmund Burke, *Reflexões sobre a Revolução na França*: "O homem é por sua constituição um animal religioso".

atingirem um monoteísmo amplamente comum e terem sugestões de uma revelação maior. A religião natural de Utopia está de acordo com os princípios do direito natural como o entendido pela Igreja, seguindo Aristóteles. Eles eram, além disso, princípios que os reformadores protestantes deveriam questionar:

> A vida virtuosa está em consonância com a natureza, ordenada pelo próprio Deus. Ele segue o caminho da natureza, permitindo que a razão domine suas paixões. A razão primeiro desperta em nós mortais o amor e a adoração da Divina Majestade, a quem devemos o que somos e o que sempre seremos. Em segundo lugar, a razão mostra-nos a possibilidade, despertando em nós o desejo de levar uma vida que nos permita o mínimo de ansiedade e a maior felicidade, uma vida dedicada à ajuda mútua[35].

Felicidade e prazer são os fins da vida humana para os utópicos, contudo, a virtude, deve-se notar, é para eles o maior prazer. Aquilo que lhes permite estarem livres da tirania e do entusiasmo religioso. Um cristão convertido entre eles, que comece a pregar o culto a Cristo com mais zelo do que prudência, condenando todas as outras religiões em Utopia, é exilado, por fim, não por seu desprezo por aquelas outras religiões, mas por sedição. A negação da imortalidade da alma, ou da existência da Providência, são as únicas opiniões religiosas proibidas de liberdade de expressão. É preciso lembrar, porém: as normas de Utopia são bastante diferentes das normas da cristandade, possuidora da Revelação. A personagem de More alude a essa questão no final do Livro II, embora ele não queira dizer que a cristandade esteja liberta das normas da lei natural. Ao invés disso, todo o seu propósito é chamar a atenção para essas normas como parte do projeto humanista de reforma.

Esse projeto incluía a melhoria das condições da academia e a extensão do aprendizado liberal. É difícil superestimar a importância para Thomas More, tanto das tradições de significado estabelecidas, quanto da razão humana como um meio indispensável através do qual o significado é descoberto ou articulado. A linguagem é a encarnação do significado e, assim como a razão, é possuída por todo homem, em maior ou menor grau. Visto que o significado surge do discurso, e não da mente individual, se a razão deve existir, a linguagem

---

[35] Greene e Dolan, *op. cit.*, p. 69.

deve ser capaz de ser comumente entendida. Ao escrever a Martin Dorp (1485-1525), mais ou menos na época da escrita de *Utopia*, More atacou os gramáticos sofistas de sua época, por ameaçarem "a destruição das artes liberais":

> [...] um novo tipo de absurdo, pior do que o dos sofistas, substituiu gradualmente a dialética. Com sua máscara de inteligência brilhante, esse absurdo tem grande apelo para seus ouvintes[36].

Depois de examinar a "lógica" distorcida e insana de alguns de seus exemplos, por meio da qual o significado é imposto por regras gramaticais estritas, em desacordo com a razão simples, More afirma que:

> [...] palavras não pertencem a uma profissão específica. Não são propriedade privada para serem emprestadas por qualquer pessoa, desejosa de fazer uso privado delas. O discurso é, certamente, um bem comum, mas eles estragam algumas das palavras obtidas dos sapateiros. Eles as tiraram das pessoas comuns e fazem mau uso do comum. Porém, a objeção deles é que sua regra de lógica demande uma certa interpretação. Será que esta regra maldita, projetada em algum canto por homens que mal sabem falar, imporá novas leis da linguagem ao mundo? A gramática ensina a fala correta. Não concebe regras extraordinárias de linguagem, mas aconselha os não são versados nas formas de falar a como observar os costumes comuns de linguagem do mundo[37].

Exceto que hoje nos deparamos com um tipo perverso de anti-gramática, ao invés de gramática enlouquecida, More poderia estar escrevendo sobre pensadores pós-modernistas:

> Os preceitos dos dialéticos não são tão exigentes quanto persuasivos, pois é seu dever seguir nosso costume no uso da linguagem e nos obrigar a ir em qualquer direção, por motivos verdadeiros. Por outro lado, os sofistas nos levam a um ponto onde nos surpreendemos ao nos encontrarmos. Eles conseguem isso por meio de seu uso enganoso de palavras. A astúcia mostrada pelos homens para

---
[36] *Ibid.*, p. 143.
[37] *Ibid.*, p. 144.

serem vitoriosos em uma discussão e a engenhosidade com a qual decidem em seu próprio favor, é um uso tão estúpido quanto tolo da astúcia e da engenhosidade; pois não entendemos sua maneira de usar as palavras, que é contrária à aceitação universal[38].

Como a fé e a razão católicas, a linguagem é para More uma posse comum; todas as três servem ao propósito de comunicação, nos vários níveis de significado dessa palavra. O fato de More estar escrevendo sobre o latim no texto acima meramente intensifica seu ponto antielitista. A linguagem universal deve ser vista como verdadeiramente universal e tornada acessível, não oculta. Escrito em inglês, o estilo próprio de More é acessível, fluente, flexível, cativantemente bem-humorado e cheio de ilustrações comuns e familiares. Além disso, é importante notar que em "História da Língua Inglesa" (1755), anexado a seu grande dicionário, Samuel Johnson dedicou mais espaço a More do que a Chaucer (1343-1400).

Então, a ameaça percebida por More nos reformadores protestantes, foi uma ameaça ao significado comumente compreendido, acessível a todas as pessoas de qualquer grau, e estabelecido por longa tradição. O ponto no qual More vê claramente a direção de Lutero pela primeira vez é na leitura *Do Cativeiro Babilônico da Igreja* (1520). Nesta obra, Lutero atacou todo o sistema sacramental do cristianismo católico, especialmente a doutrina da transubstanciação. A missa era o centro da espiritualidade de More e, de fato, o centro de toda a cristandade. A doutrina da transubstanciação aponta para uma encarnação contínua do espírito e da matéria, espalhando-se por toda a civilização medieval. A fúria da resposta de More a Lutero é explicada pelo que ele percebeu estar em jogo: toda a estrutura de significado da qual seu mundo dependia. Lutero é descrito como o propagador de "calúnias insanas" e, tal qual os gramáticos sofistas e pedantes da carta a Dorp e as forças incipientes do absolutismo principesco contra as quais *Utopia* se opõe, o ataque de Lutero à doutrina da Eucaristia é contra o senso comum e a própria razão inata. A heresia, para More, ameaçava a ordem básica da mente medieval e o ódio de More por ela é semelhante ao ódio ao racismo em nosso tempo. Não seria exagero dizer que ele considerou

[38] *Ibid.*, p. 145.

isso um crime contra a Humanidade, no sentido particular de ameaça à ideia humanista medieval e clássica do homem como uma criatura racional, cuja natureza o capacitava a chegar a Deus. Ao invés da razão, Lutero postulou a vontade. O próprio Deus não trabalhou de acordo com a razão, mas de acordo com Seu próprio propósito inescrutável. Ele permite, por exemplo, a existência de tiranos, não devendo os mesmos serem combatidos, porque:

> O mundo é muito perverso para ser digno de senhores bons e piedosos. Deve haver [...] tiranos. Este e outros castigos são merecidos e resistir a eles nada mais é do que resistir ao castigo de Deus. Tão humildemente como me conduzo quando Deus me envia uma doença, tão humildemente devo conduzir-me ao mau governo, enviado a mim pelo mesmo Deus[39].

Os reformadores deram toda a autoridade terrena ao príncipe e suas leis. A lei continental romana, ao contrário da lei inglesa, via o príncipe como legislador ao invés de seu protetor. O príncipe deve obedecer à lei divina revelada nas Escrituras, contudo, a ideia de que as leis da terra decorrentes da lei natural tinham alguma autoridade sobre o rei estava sendo cada vez mais questionada. O seguidor inglês de Lutero, William Tyndale (1484-1536), escreveu:

> Quem julga o rei julga a Deus [...] Se o rei pecar, ele deve ser reservado para o julgamento e vingança de Deus [...] o rei está neste mundo sem lei e pode, em sua luxúria, fazer o certo e o errado e deve prestar contas, mas somente a Deus[40].

Por mais que a ênfase protestante na autoridade temporal exclusiva do príncipe tenha sido uma reação contra a revolta do campesinato alemão, inspirada pelo grito anterior de Lutero pela liberdade cristã, ela foi, sem dúvida, alimentada por crescentes ideias políticas de absolutismo e também incentivada pela visão do homem totalmente atolado em corrupção, inteiramente à mercê da

---

[39] Martinho Lutero, citado em: MORRIS, C. *Political Thought in England: Tyndale to Hooker.* Londres: OUP, 1953, p.42.
[40] William Tyndale, citado em *ibid.*, p. 37.

vontade de Deus e condenado, a menos que justificado somente pela fé. Toda a esfera temporal, vista anteriormente no esquema católico como tendo sido trazida para dentro de uma ordem sacramental, foi vista como essencialmente sem lei, exceto pela força de vontade de um (possivelmente, mas não necessariamente) príncipe cristão. A ordem buscada por Thomas More estava escrita no coração do homem e protegia e restringia tanto o rei quanto o súdito e, por mais que se inclinasse temperamentalmente para os juízes, em detrimento dos júris, na prática da lei, ele sempre acreditou no grupo como uma autoridade maior do que o indivíduo.

Os dois meios pelos quais More argumentou contra os hereges foram a lei e as letras, meios pelos quais a razão podia revelar a verdade. Ele foi convidado a escrever em inglês contra os protestantes por Cuthbert Tunstall (1474-1559), bispo de Londres. Este lhe permitiu ler e possuir os escritos heréticos. No *Diálogo Contra As Heresias* (1528), More enfatiza que a razão, assim como a fé, é necessária para a interpretação das Escrituras, e sua ênfase inclui também a importância das letras humanas:

> Eu não nego serem a graça e a ajuda especial de Deus a coisa grandiosa, mas Ele usa a razão do homem como um instrumento para isso. Deus também nos ajuda a comer, mas não sem a boca [...] [R]azão é corroborada e acelerada pelo estudo, trabalho e exercício da lógica, filosofia e outras artes liberais, e esse julgamento é muito amadurecido tanto nelas quanto em oradores, leis e histórias. E embora os poetas sejam percebidos por muitos homens somente como pintores de palavras, eles ajudam muito no julgamento, e tornam um homem, entre outras coisas, bem equipado com algo especial [sagacidade], sem a qual todo conhecimento é meio coxo [...] E, portanto, em minha opinião, esses luteranos estão enlouquecidos, querendo jogar fora todo o conhecimento, exceto as Escrituras[41].

Na mesma obra, More defende a tradução das Escrituras para o vernáculo, sob uma autoridade. Quando posteriormente acusado por Tyndale de dois pesos e duas medidas, More apontou a intenção maliciosa da escolha de

---

[41] Greene e Dolan, *op. cit.*, p. 200.

palavras de Tyndale. *The Confutation of Tyndale's Answer* (1532-1533) é longa e injuriosa, contudo, vale a pena notar uma reveladora troca de ficção entre Barnes, um frade herege, e uma simples dona de casa. Barnes falha em satisfazer a dona de casa em sua interpretação das Escrituras. Ela ressalta que os reformadores discordam entre si:

> Considerando tudo isso, fui uma tola em deixar a conhecida Igreja Católica, que até agora tomei por minha própria mãe, e passar dela para a sua, de cuja verdade você está em dúvida, afinal. Pois se eu deixar esta igreja mãe, onde poderei buscar outra[42]?

É irônico o argumento de More de uma simples dona de casa enxergando com mais clareza do que os hereges, porém é, indiretamente, uma defesa do senso comum que uma dona de casa possa julgar essas questões. Esta visão está de acordo com More, não se opondo, em princípio, à tradução das Escrituras para o vernáculo. Contudo, ele acredita que as pessoas comuns devem receber as Escrituras de pregadores autorizados, de maneira a não haver erro em virtude do julgamento privado. Os júris precisam de juízes e vice-versa.

"Um Homem Só (Cartas da Torre)" de More e, especialmente, suas cartas, são particularmente reveladores de seus pensamentos e sentimentos sobre a sociedade humana e sobre como isso se conecta com ele mesmo. Alvaro de Silva, na introdução à sua edição das últimas cartas de More, intitulada "Boa Companhia", coloca-o em seu contexto histórico e literário. Recebemos alguns detalhes biográficos que levaram à sua prisão e cativeiro de quatorze meses e são sugeridas comparações com a literatura da prisão do século XX, como a de Solzhenitsyn (1918-2008) e Bonhoeffer (1906-1945). Em termos literários (tanto quanto, podemos supor, em termos espirituais), este foi o período mais fecundo de More. Como De Silva coloca:

> "Um Homem Só (Cartas da Torre)" de More não é apenas um exemplo esplêndido do gênero, mas representa também o auge de suas realizações literárias. Apesar das condições físicas e psicológicas que suportou, More não

---

[42] Thomas More, em *The Confutation of Tyndale's Answer*, citada em: HOLLIS, C. *St. Thomas More*. Londres: Burns and Oates, 1961, p. 160ff.

abandonou o ofício cultivado por muitos anos. Como a maioria dos escritores da Renascença, ele queria ser útil e, por isso, como prisioneiro indefeso de sua consciência, escreveu para fortalecer a si mesmo e a outros[43].

Não apenas essas cartas (as sobreviventes do que deve ter sido muito mais), mas também o *Dialogue of Comfort* (1553) e o *A Agonia de Cristo* (1535) atestam favoravelmente o julgamento de De Silva, e servem para enfatizar o ponto de vista de Gerard Wegemer, em *Thomas More on Statesmanship*[44], sobre a importância da literatura para More, o humanista cristão. Se o uso de letras humanas existe para ensinar o homem por meio do conhecimento do homem, então isso é verdade tanto para o "eu" quanto para os outros. Nessas cartas, vemos Thomas More "construindo sua alma" em uma forma literária integradora do público e do privado. Esta é uma forma diferente da polêmica usada contra os reformadores protestantes, no entanto, há um propósito humanista subjacente semelhante no uso da literatura para encarnar a verdade na linguagem dos homens. More é um humanista cristão, em algum lugar entre Lutero e Erasmo (1466-1536), em um equilíbrio que lhe permitiu criticar, em *Utopia*, o projeto humanista — um projeto, porém, nunca rejeitado por ele. Como De Silva diz:

> More é, do começo ao fim, da Ilha de Utopia à Torre de Londres, sempre o humanista dedicado. Não ver isso é, acho, entendê-lo mal e torná-lo um fanático, um reacionário e um escritor humanista que perdeu completamente o controle emocional, cujos volumosos escritos polêmicos deveriam ser descartados, não apenas como enfadonhos, mas insanos. Nada pode estar mais longe da verdade[45].

Em apoio a esta declaração, De Silva cita Brendan Bradshaw, que "defende a coerência de Thomas More nesta guerra de palavras: um milhão de

---

[43] DE SILVA, Alvaro (ed.). *The Last Letters of Thomas More*. Grand Rapids, MI: Eerdmans, 2000, p. 8.
[44] WEGEMER, Gerard B. *Thomas More on Statesmanship*. Washington, DC: CUA Press, 1998.
[45] De Silva, *op. cit.*, p. 7.

palavras em defesa de sua fé contra as novas doutrinas protestantes. More se tornou um polemista porque era um humanista cristão"[46].

Vimos, também, como várias outras oposições convergem em Thomas More e são, de uma maneira que pode certamente ser debatida, resolvidas ou mantidas em tensão. Ele era medieval e moderno, europeu e inglês, escrevia em latim e em vernáculo, contemplativo e ativo. Sem dúvida, isso se deveu em parte à sua posição peculiar na história, transitando entre a divisão medieval e moderna, mas, mais ainda, por sua mente e personalidade integradas. Talvez, a resolução mais importante para nós seja a da dualidade entre indivíduo e comunidade, e os centros de resolução sobre o entendimento de More da palavra *"consciência"*. Como De Silva deixa claro, o entendimento de More é algo bem diferente e mais sofisticado do que o significado geral dessa palavra na Modernidade:

> A palavra consciência é conspícua nas últimas cartas, aparecendo no total mais de cem vezes e mais de quarenta vezes em uma única carta (Carta 12 deste volume). Na verdade, o epistolar da prisão de More pode ser lido como um monumento duradouro em louvor à consciência. O espírito da modernidade sempre se orgulhou de ser justamente esse monumento, reivindicando, acima de tudo, a liberdade do indivíduo e de sua consciência, a chamada autonomia do "eu". Porém, More sabia da possibilidade de uma "fabricação de consciência", ou o que ele se refere em outra carta como "moldar uma consciência"[47].

De Silva alude a Kierkegaard (1813-1855) e Newman para mostrar que a consciência implica estar só com Deus e, portanto, encontra uma liberdade não na autonomia, mas no relacionamento:

> Consciência (do latim *conscire*, *cum scire*) denota um "certo conhecimento que temos com outro". A partícula "cum" denota "um estar junto, um acompanhar" — "significa 'em união', 'em relação a', 'em comum', 'junto com'"[48].

---

[46] *Ibid.*, p. 7.
[47] *Ibid.*, p. 10.
[48] *Ibid.*

Embora De Silva, no contexto das obras da Torre de More, coloque corretamente sua ênfase na consciência como "o conhecimento de Cristo, a sabedoria de Cristo, o conhecimento de si mesmo com Cristo e em Cristo[49]", essa compreensão da consciência também atinge o cerne da compreensão de More sobre a Igreja como uma empresa em Cristo. Contudo, como escreve De Silva:

> [a] partícula latina é também a chave para compreender plenamente duas outras palavras, intencional e insistentemente presentes em seus últimos escritos na Torre, "conforto" (*cum+fortitudo*) e "companhia" (*cum+panis*)[50].

Em seu período de cativeiro, More estava muito ciente de encontrar força e sustento por estar junto com os santos que sofreram antes dele. Como De Silva coloca:

> A modernidade pode ter pouca utilidade para o sentido de eternidade, ou para o que Chesterton chamou de "a democracia dos mortos", porém foi para More, sem dúvida, uma grande fonte de força moral, consolo e alegria. Seus utópicos acreditavam que "os mortos se movem entre os vivos, sendo testemunhas de suas palavras e atos" e, portanto, os vivos "cuidam de seus negócios com mais confiança, por confiarem em tal proteção"[51].

Essa ilustração nos lembra claramente que Utopia não foi totalmente removido da ideia de More de boa sociedade, ainda que fique muito aquém.

A edição de De Silva das últimas cartas de More permite-lhe contrastar o autor com Maquiavel, um contraste trazido por duas citações reveladoras do italiano:

> "Amo minha cidade mais do que minha própria alma", escreveu Maquiavel a Francesco Vettori. Nesta afirmação brutal, a transcendência foi apagada e as consequências trágicas são mais conhecidas por nós do que por Maquiavel[52].

---
[49] *Ibid.*
[50] *Ibid.*
[51] *Ibid.*, p. 15.
[52] *Ibid.*, p. 19.

Niccolo Machiavelli tinha uma visão muito diferente das coisas quando escreveu: "E a consciência não devemos levar em conta, porque onde há, como em nós, o medo da fome e da prisão, o inferno não pode, nem deve, encontrar lugar"[53].

O humanismo cívico de More era, é claro, bem diferente do de Maquiavel, que até agora encontrou um lugar mais útil na Modernidade. No entanto, De Silva enfatiza o argumento de More ter o mesmo direito de ser considerado um pensador político e aquele em quem há matéria para se opor às limitações de Maquiavel. Pois More também pode falar conosco em tons modernos, como mostram essas cartas. Existe toda a preocupação moderna consigo mesmo, em uma arte literária de autoformação. Contudo, More na prisão não está confinado ao solipsismo, mas, ao contrário, incorporou aquela qualidade que resolveu o paradoxo de Cícero: *numquam se minus otiosum esse quam cum otiosus, nec minus solum quam cum solus esset*[54].

Apesar de uma certa homenagem ao padrão inescapável de virtude heroica que os últimos meses de More representam, os revisionistas querem que o vejamos como se tivesse se encurralado em um canto, em uma espécie de fracasso político que fortuitamente o libertou dos outros e lhe deu a cela monástica que ele sempre quis. Como disse Richard Marius (1933-1999):

> Talvez não seja muito especular que, depois de recusar o juramento e ficar confinado à Torre, More ficou preso em um mundo interior próprio, um mundo onde expiou sua decisão precoce de se casar e abandonar o sacerdócio; um mundo onde ele suportou, na Terra, parte do purgatório que um homem secular como ele deve esperar após a morte; um mundo onde a luta privada preenchia seu ser de tal forma, que ele não tinha espaço para a luta e o destino de outros que, agora, ele pensava, na intensa liberdade psíquica de preocupações que lhe foi proporcionada por seu cativeiro, poderia ser deixada para Deus[55].

---

[53] *Ibid.*, p. 14.
[54] "Nunca menos ocioso do que quando totalmente ocioso, nem menos sozinho do que quando totalmente sozinho". CICERO. "III, i". In: *Dos Deveres*. p. l. Cf. NEWMAN, J. H. *Apologia Pro Vita Sua*. Londres, Reino Unido: Sheed and Ward, 1979, p. 10.
[55] MARIUS, Richard. *Thomas More*. Londres: Arnold, 2000, p. 471.

Entretanto, como John Guy mostrou, este "paradigma de pecado e expiação" para o casamento não se sustenta, e muita atenção às últimas cartas sugere que, longe de recuar para si mesmo, More estava mudando para outra empreitada, ou comunhão, que não excluía ninguém, nem amigos, família, ou (em última análise, ele orava) nem mesmo inimigos.

Em última análise, foi por causa desse princípio no cerne da cristandade que Thomas More se dispôs a ser preso e executado. Para Thomas Cromwell (1485-1540), ele escreveu:

> E, portanto, visto que toda a cristandade é um corpo, não posso perceber como qualquer membro dela pode, sem o consentimento comum do corpo, afastar-se da cabeça comum. E então, se nós mesmos não pudermos deixá-lo legalmente, não posso perceber (mas se a coisa fosse um tratado [em discussão] em um conselho geral) o que a questão poderia valer, se o primado foi instituído por Deus ou pela Igreja. Quanto aos conselhos gerais legalmente reunidos, nunca pude perceber de outra forma que na declaração de verdades a serem cridas e defendidas [seguidas], sua autoridade deveria ser tomada como indiscutível, ou então não haveria em nada nenhuma certeza, mas, por meio da cristandade sobre a razão afetuosa de cada homem, todas as coisas podem ser levadas dia a dia à contínua agitação e confusão, a partir da qual, pelos conselhos gerais, com a assistência do espírito de Deus, cada conselho bem reunido mantém, e sempre manterá, o corpo de sua Igreja Católica[56].

Na opinião de More, nem um príncipe, nem qualquer outra pessoa poderia se considerar livre da lei natural, ou da lei positiva, feita com base na lei natural ou na lei divina. A consciência passou a significar hoje um pouco mais do que um direito ao julgamento privado. Entretanto, para More, a consciência, como a lei positiva, deveria ser conformada a uma lei superior. A pessoa é obrigada a agir de acordo com o que acredita ser verdade, mas o que acredita ser verdade deve ser informado pela razão e pela Revelação. A consciência, portanto, passa a significar não apenas a minha crença, mas o que acreditamos, o que conhecemos juntos. A esse respeito, quando Robert Bolt falou de More, no prefácio de sua peça *O Homem Que Não Vendeu Sua Alma*, como "um herói da in-

---

[56] GREENE e DOLAN, *op. cit.*, p. 259.

dividualidade", a frase é potencialmente enganosa. More morreu acreditando não na autonomia do "eu", mas no "eu" como integrado e sustentado pela comunhão dos santos em toda a Igreja — militante, sofredor e triunfante. Sua própria integridade foi apenas o reflexo e a personalização da integridade da Igreja e da cristandade. Sua posição paradoxal de ser um conformista solitário nos lembra que o consenso não pode ser reduzido à opinião da maioria em um determinado momento no tempo. Em vez disso, o consenso deve ser visto no contexto da história. A história provou que a morte de Thomas More, embora marcasse o fim do consenso medieval personificado por ele, não viu a morte dos princípios perenes que a sustentavam e pelos quais Thomas More morreu.

    O More histórico pode nos escapar, mas sua importância perdura na imaginação moral. Por que — como diz John Guy — todos pensamos conhecer More? Talvez o conheçamos como o homem integrado, outro sentido do ideal renascentista de *hominum omnium horarum* ["pessoas para todas as horas"]; como escreveu Richard Marius, "de alguma forma, um ideal indispensável que prezamos para nós mesmos[57]". Ele é o espelho imaginário de nosso melhor "eu", uma personalidade em que a Humanidade comum afirmada por ele se transfigura, sendo vista como heroica. Ele perdura como parte da mente comum porque, ao contrário de alguns de seus oponentes contemporâneos, não detestou a natureza humana que lhe foi dada, apesar da consciência de suas limitações. A força peculiar do drama de Robert Bolt (sem dúvida, como diz Guy, "história assustadora") deriva das qualidades inerentemente dramáticas da personalidade e da vida de Thomas More e talvez seja através da imaginação moral que Thomas More possa ser melhor conhecido hoje. Entretanto, o conhecimento de seus escritos não só aprofundará este quadro, mas também nos fornecerá sua filosofia ainda mais valiosa, "que se acomoda à cena em questão e desempenha sua parte com polimento e sutileza".

---

[57] MARIUS, *op. cit.*, p. 519.

CAPÍTULO 2

BOA COMPANHIA

JONATHAN SWIFT CONTRA O ILUMINISMO

Deus concedeu à maior parte da humanidade a capacidade de compreender a razão quando ela é oferecida livremente; e pela razão eles seriam facilmente governados, se fosse deixado a sua escolha.
JONATHAN SWIFT, SOME FREE THOUGHTS UPON THE PRESENT STATE OF AFFAIRS, 1714.

Estudar Newton é uma tarefa árdua, mas fazer companhia a Swift é uma delícia.
RUSSELL KIRK, THE INTEMPERATE PROFESSOR AND OTHER CULTURAL SPLENETICS, 1965.

A caricatura do século XIX — que deve muito a William Thackeray (1811-1863) — de Jonathan Swift como um gênio monstruoso, obsceno, obcecado pela sujeira, irreligioso e, finalmente, insano, foi muito modificada no século XX, embora permaneçam suspeitas e dúvidas. O verdadeiro Swift era mais humano, mais complexo e mais atraente do que a distorção de Thackeray, embora as obras, especialmente *As Viagens de Gulliver* (1726), ainda possam escapar de uma leitura sensata. A imagem criada por Thackeray se metamorfoseou em um amontoado de distorções modernas ao invés de vitorianas. Normalmente, a mente do século XX está mal equipada para ler Swift. Uma perspectiva política simplista e uma incompreensão estupefata da religião transcendente fizeram com que os leitores modernos recuassem da indignação selvagem desse sacerdote anglicano e das tendências aparentemente reacionárias de um frustrado toryismo que Swift, à primeira vista, apresenta.

Uma olhada abaixo da superfície dificilmente é mais atraente para a mente progressista: uma profunda desconfiança do intelectualismo, racionalismo e "entusiasmo" se abre. Muitos desses mal-entendidos e sentimentos antipáticos estão presentes no ensaio estimulante, mas enganador, de George Orwell (1903-1950), "Politics vs. Literature: An Examination of *Gulliver's Travels*"[58], e, em conjunto com Thackeray, pode-se concluir a partir de ambos que Swift não era apenas prejudicial à saúde como também errado. Orwell gosta de Swift, mesmo que discorde do entendimento de seu significado, e sua herança do estilo simples de Swift e o uso hábil da sátira política parecem torná-lo um comentarista eminentemente adequado. Ele também faz muitas observações políticas perceptivas, particularmente a respeito do totalitarismo. A clareza da prosa de Orwell é sempre estimulante e esta, tanto quanto seus pressupostos liberais característicos, pode servir como uma pedra de toque útil para uma leitura de Swift do ponto de vista conservador.

Na medida em que Swift é lido hoje, o é de uma maneira altamente seletiva e com pouca compreensão do contexto político e (ainda mais importante) religioso. *As Viagens de Gulliver*, que ainda é lido, continua a ser visto como uma acusação desesperada da natureza humana. A atenção está voltada para os pontos negativos nos quais Swift não acreditava: progresso político, social e científico melhorador, que libertaria a bondade essencial do homem. Aquilo em que ele acreditava, embora inacessível à mente liberal, precisa ser afirmado em nosso tempo como era no dele: uma visão religiosa da natureza humana e uma religião baseada na fé ao invés da razão; uma clareza diferenciada de julgamento moral; e a autoridade persistente do senso comum nas coisas seculares com

---

[58] ORWELL, George. "Politics vs. Literature: An Examination of *Gulliver's Travels*". In: ORWELL, Sonia; ANGUS, Ian (Eds.). *Collected Essays, Journalism and Letters*. Vol. 4. Londres: Penguin, 1970, p. 241. No Brasil encontramos a seguinte tradução: ORWELL, George. *Literatura e Política*. Rio de Janeiro: Zahar, 2006. (N. E.)

base na natureza humana imutável. Como conservador e *tory*, Swift desafia muitos dos preconceitos apresentados por essas palavras controversas.

A religião é a base dos valores positivos com os quais Swift satirizou sua época. Evelyn Waugh (1903-1966), muito semelhante a Swift como homem e escritor, já resistiu ao título de sátira[59] por sua própria arte, observando que a sátira só era possível em uma época de valores compartilhados, situação que não existia mais no século XX. Há alguma dissimulação aqui; na época de Swift, um consenso compartilhado sobre a natureza da verdade também não era mais obtido. Após as convulsões da Reforma e, especialmente, da Guerra Civil Inglesa, a verdade não era mais patente, mas muitas vezes escondida. Swift era um homem da Restauração de 1660, não apenas da monarquia, mas também da Igreja da Inglaterra — estabelecida, episcopal e "católica". Ele também aderiu aos termos da Revolução Gloriosa de 1688, que estabeleceu a luta entre um absolutismo da monarquia e um absolutismo da democracia, em favor de uma monarquia constitucional. Sua posição era caracteristicamente anglicana; o acordo resistiu aos perigos do que era considerada superstição católica romana, por um lado, e ao entusiasmo puritano, por outro, ambos perigos tanto para a alma quanto para a comunidade. Todas as pessoas razoáveis poderiam ser unidas na Igreja estabelecida, uma contraparte espiritual da Constituição política, a qual também preservou todo o povo contra os excessos:

> Na qual a segurança da pessoa e da propriedade é preservada por leis que ninguém, a não ser o todo, pode revogar; as grandes finalidades do governo estão previstas, quer a administração esteja nas mãos de um ou de muitos. Na qual qualquer pessoa ou grupo de homens, não representativos do Todo, tome em suas mãos o poder em último recurso; não há mais, propriamente, um governo, mas o que Aristóteles e seus seguidores chamam de abuso e corrupção de um. Essa distinção exclui o poder arbitrário em qualquer número. Apesar de tudo o que Hobbes, Filmer e outros disseram a seu favor, considero-o um mal maior do que a própria anarquia; tanto quanto um selvagem está em um estado de vida mais feliz do que um escravo no remo[60].

---

[59] Ver Evelyn Waugh em: GALLAGHER, Donat (Ed.). *Essays, Articles and Reviews of Evelyn Waugh*. Londres: Methuen, 1988, p.304.
[60] SWIFT, J. "The Sentiments of a Church of England Man". *In:* SHERIDAN., T. (Org.). *Works of the Rev. Jonathan Swift*. Nova York, NY: W. Durrell and Co., 1812, p. 312-313.

Swift rejeitou o absolutismo dos reis e das comunidades puritanas e em sua própria época ele estava mais preocupado com a ameaça destes últimos. Sua mudança crucial de apoio dos *whigs* para os *tories* foi uma reação à proposta de remover as penalidades contra os dissidentes na Irlanda. Os *tories* [conservadores], em contraste, apoiaram a Igreja da Inglaterra contra as medidas para estender os direitos políticos por mera conformidade ocasional à religião estabelecida. Dissidência e entusiasmo sempre ameaçaram um retorno da tirania puritana e a Igreja estabelecida foi um grande baluarte contra a tirania de qualquer direção política.

É também nas suposições religiosas subjacentes de Swift que encontramos sua desconfiança em relação ao intelectualismo, ao racionalismo e ao entusiasmo, todos os três considerados igualmente desintegradores e em desacordo com o senso comum:

> Eu acredito que milhares de homens seriam ortodoxos o suficiente em certos pontos, se os teólogos não tivessem sido muito curiosos, ou muito estreitos, em reduzir a ortodoxia dentro do alcance das sutilezas, delicadezas e distinções, com pouca garantia das Escrituras e menos da razão ou da boa política[61].

O apelo de Swift é frequentemente para a razão que, claramente, sempre vai além da mera progressão lógica no argumento. Além disso, a fé guia a razão, mas não a contradiz. Mesmo considerando que a Igreja de Roma tenha adicionado mistérios inventados àqueles claramente afirmados pelas Escrituras, o mistério está no cerne da religião de Swift:

> Portanto, devo repetir novamente a doutrina da Trindade, como é afirmada positivamente nas Escrituras: que Deus é expresso em três nomes diferentes, como Pai, como Filho e como Espírito Santo; que cada um desses é Deus, existindo apenas um Deus. Porém, esta união e distinção são um mistério totalmente desconhecido para a humanidade.

---

[61] SWIFT, J. "Thoughts on Religion" *In:* SCOTT, T. (Ed.). *The Prose Works of Jonathan Swift*, D. D.. Vol. III. Londres: G. Bell and Sons, 1898, p. 308.

Isso é suficiente para qualquer bom cristão acreditar neste grande artigo, sem nunca perguntar mais. E isso pode ser contrário à razão de ninguém, embora o conhecimento disso esteja escondido dele[62].

A razão do homem opera dentro da esfera do "prontamente aparente" e erra quando ultrapassa o que pode ser comumente compreendido. O mistério é acessível apenas à fé, que leva à razão. Da mesma forma, a razão controla as paixões, que ainda têm sua função e propósito providencial:

> Embora a razão fosse destinada pela Providência a governar nossas paixões, ainda assim parece que, em dois pontos do maior momento da existência e continuidade do mundo, Deus pretendeu fazer nossas paixões prevalecerem sobre nossa razão. O primeiro é a propagação de nossa espécie [...] A outra é o amor à vida que, pelos ditames da razão, todo homem desprezaria e desejaria que acabasse, ou que nunca tivesse começo[63].

É na esfera das paixões que a sátira de Swift é mais selvagem, sua razão mais indignada, porém ele também dirige seu chicote para outros sintomas da mente desintegrada. O racionalismo é a recusa em aceitar as reivindicações adequadas da fé; o entusiasmo é a recusa em aceitar as reivindicações adequadas do senso comum; o intelectualismo é a recusa em aceitar as próprias reivindicações do mistério. São todas manifestações de orgulho, visto sob o olhar satírico como loucura.

Além disso, é no contexto da religião, particularmente da posição social e função do sacerdote anglicano, que o propósito literário de Swift e as restrições de estilo devem ser entendidos. A verdade está inevitavelmente ligada a questões de linguagem. Como clérigo e como cavalheiro, ele escreve a um clérigo mais jovem sobre o que evitar na pregação:

> Desafio o maior religioso a produzir qualquer lei de Deus, ou do homem, que me obrigue a captar totalmente o significado de onisciência, onipresença,

---

[62] SWIFT, J. "On the Trinity" *in ibid.*, vol. III, p. 131.
[63] SWIFT, J. "Thoughts on Religion", *op. cit.*, p. 309.

ubiquidade, atributo, visão beatífica, como outros mil tão frequentes nos púlpitos[64].

É essencial que o pregador, por definição mais culto que seu público, leve em consideração essa condição:

> [...] não é muito razoável eles esperarem que os homens comuns entendam expressões nunca usadas na vida comum. Nenhum cavalheiro pensa ser seguro, ou prudente, enviar um servo com uma mensagem, sem a repetir mais de uma vez e se esforçando para colocá-la em termos reduzidos à capacidade do portador[65].

Também deve ser evitado "deixar a parte patética engolir o racional"[66]:

> Uma razão clara e convincente pode operar, tanto na mente de um ouvinte erudito quanto na de um ignorante, enquanto eles viverem; e edificará mil vezes mais do que a arte de molhar os lenços de mão de uma congregação inteira, se você tivesse segurança para alcançá-lo[67].

Swift compartilhava da visão neoclássica da uniformidade da natureza humana, mas ele claramente divide as pessoas em eruditos e ignorantes. Os primeiros têm uma obrigação de dever, os segundos uma obrigação de obediência. A sociedade depende de uma classe de cavalheiros, homens de cultura e (tão importante) bom gosto. A falta dessas qualidades ameaça continuamente a civilização:

> Eu me comprometeria a fornecer-lhe um catálogo de livros ingleses publicados no compasso dos últimos sete anos, que em primeira mão custariam cem libras; nesses, você não será capaz de encontrar dez linhas juntas de gramática comum, ou senso comum.

---

[64] SWIFT, J. "A Letter to a Young Gentleman" *In:* GREENBERG, R.A.; PIPER, W.B. (Eds.). *The Writings of Jonathan Swift.* Nova York, NY: Norton, 1973, p. 474.
[65] *Ibid.*, p. 477.
[66] *Ibid.*, p. 475.
[67] *Ibid.*, p. 477.

Esses dois males, a ignorância e a falta de gosto, produziram um terceiro; quero dizer, a corrupção contínua de nossa língua inglesa[68].

Dessarte, devemos distinguir aprendizagem (da qual Swift é claramente a favor e, como Thomas More, advogava em favor das mulheres) e intelectualismo. Uma é ampla e conduz à sabedoria; o outro é estreito e leva à loucura. Uma está associada a uma classe, como o clero; o outro a uma elite, como a Royal Society. É sempre uma preocupação de Swift atingir um público amplo. Uma das razões pelas quais *As Viagens de Gulliver* sempre atraíram crianças e adultos é que o próprio Swift seguiu o conselho dado por ele a um jovem cavalheiro. Como o dr. Johnson escreveu:

> O estilo [de Swift] se adequava bem aos seus pensamentos, que nunca são subtilizados por belas dissertações, decorados por conceitos cintilantes, elevados por frases ambiciosas ou diversificados por um aprendizado muito rebuscado. Ele não corteja as paixões; não desperta surpresa, nem admiração; ele sempre se entende e seus leitores sempre o entendem — o leitor atento de Swift requer pouco conhecimento prévio; será suficiente estar familiarizado com palavras e coisas comuns [...][69].

Na opinião de Swift, elites como os puritanos estão sempre em perigo de se tornarem perseguidores. A mais ampla difusão do discurso em toda a comunidade é a melhor proteção contra a tirania. No entanto, isso deve ser diferenciado do livre-pensamento, do qual Swift continuamente zombava. Novamente, o problema é uma desintegração do contexto e a ameaça da tirania da minoria, sendo, no caso do livre-pensador, uma minoria de somente um. Como Swift colocou em uma sátira magistral:

> É dever indispensável de um livre-pensador esforçar-se por obrigar todo o mundo a pensar como ele e, assim, torná-los também livres-pensadores. Você também deve entender que eu [isto é, um Sr. Collins] não permito que o homem seja um livre-pensador, a não ser quando ele difere das doutrinas religio-

---
[68] *Ibid.*, p. 449.
[69] JOHNSON, Samuel. *Lives of the English Poets*, Vol. II. Londres: Dent, p. 267.

sas recebidas. Onde um homem se encontra, embora por mero acaso, com o que se acredita de maneira geral, ele se torna, nesse momento, um pensador confinado e limitado[70].

Na "Carta a um Jovem Cavalheiro", Swift deixa clara sua crença de que, de qualquer maneira, o livre-pensamento não se baseia na "educação liberal" ou na razão, mas no vício e só será encontrado entre aqueles:

> [...] oprimindo seus inquilinos, tiranizando a vizinhança, enganando o vigário, falando bobagens e se embriagando nas sessões [...] São seminários como esses que fornecem ao mundo as várias tribos e denominações de pensadores-livres; quem, na minha opinião, não devem ser reformados por argumentos oferecidos para provar a verdade da religião cristã; porque o raciocínio nunca fará um homem corrigir uma opinião doentia, que ele nunca adquiriu através do raciocínio[71].

Se um homem diz ser livre-pensador, Swift parece dizer, então, tenha pena de sua família, seus amigos e seus vizinhos — considere aqui, por exemplo, Percy Shelley (1792-1822), Tom Paine (1737-1809) e Bertrand Russell (1872-1970). O livre-pensamento nunca esteve longe do sectarismo na mente de Swift; ambos eram, essencialmente, manifestações de interesse próprio sem princípios. Ele, portanto, compartilhava da visão de partido do dr. Johnson, ao invés de Edmund Burke, como sendo um movimento para longe do todo, ao invés de um movimento em direção a ele. O comentário de Orwell de que "Swift era uma daquelas pessoas levadas a uma espécie de toryismo perverso pelas loucuras do partido progressista do momento[72]", além de ser anacrônico, falha em levar em consideração muitas das tendências da mente de Swift já discutidas aqui. Orwell também chama Swift de "anarquista *tory*, que despreza a autoridade enquanto não acredita na liberdade[73]" e isto parece ainda mais errado. Orwell falha em levar em consideração a religião de Swift, algo que simplesmente não entende. Ele também falha em levar em consideração Swift e a Irlanda.

---

[70] SWIFT, J. "Mr. Collins's Discourse of Freethinking", Scott (Ed.). Vol. III, *op. cit.*,
[71] SWIFT, J. "A Letter to a Young Gentleman", em Greenberg e Piper (Eds.), *op. cit.*, p. 484.
[72] Orwell, *op. cit.*, p. 243.
[73] *Ibid.*, p. 253.

É na Irlanda, um país por cuja religião e povo ele sentia aversão e desprezo, que Swift é melhor e mais precisamente lembrado. Enquanto era decano da catedral de Saint Patrick, em Dublin, ele se opôs às políticas *whig* de Walpole (1676-1745) que restringiam o comércio irlandês ao ponto da sua não-existência. Na opinião de Swift, as pessoas incapazes de melhorar sua sorte, degradaram-se moralmente, de modo que tanto as pessoas quanto suas circunstâncias se tornaram culpadas. Ele nunca desceu ao sentimentalismo ou à parcialidade, mas não pode haver dúvida quanto a sua indignação moral:

> Quem quer que viaje por este país e observe a face da natureza, ou os rostos, hábitos e moradas dos nativos, dificilmente pensará estar em uma terra onde a lei, a religião ou a humanidade comum são professadas[74].

A severa visão swiftiana é mais bem expressa nas circunstâncias irlandesas, particularmente em *Uma Proposta Modesta*, no qual, com uma lógica aterrorizante, propõe medidas que poderiam servir como uma sátira às idéias malthusianas de controle populacional, sessenta e nove anos antes do ensaio *On Population* ser publicado pela primeira vez. O ponto de partida de Swift é que a humanidade comum está perdida. A partir disso ele segue logicamente para dizer que seria uma boa ideia os pobres venderem seus filhos e os ricos os comprarem para comer:

> Admito que esta comida será um tanto cara e, portanto, apropriada para os proprietários; pois, como já devoraram a maioria dos pais, parecem ter o melhor lugar para os filhos[75].

A visão diabólica da desumanização tem ecos de um campo de extermínio nazista:

> Os mais econômicos (como devo confessar, os tempos exigem) podem esfolar a carcaça; sua pele, vestida artificialmente, se converterá em luvas admiráveis para senhoras e botas de verão para cavalheiros de bem[76].

---
[74] SWIFT, J. "A Proposal for the Universal Use of Irish Manufacture", em Scott (Ed.), Vol. III, p. 26.
[75] SWIFT, J. "A Modest Proposal", em Greenberg e Piper (Eds.), *op. cit.*, p. 504.
[76] *Ibid.*, p. 505.

A desumanização se reflete no uso de números, cálculos e na apresentação do ser humano como mercadoria. Há também uma noção de como as circunstâncias econômicas desmoralizam os pobres, tornando-os cúmplices de sua própria degradação:

> Em sexto lugar, isso seria um grande incentivo ao casamento, que todas as nações sábias têm encorajado através de recompensas, ou imposição por leis e penalidades. Aumentaria o cuidado e a ternura das mães para com seus filhos, quando tivessem certeza de um acordo vitalício, para com os pobres bebês, fornecidos de alguma forma pelo público, para seu lucro anual, ao invés de despesas. Em breve, veremos uma competição honesta entre as mulheres casadas: quais delas poderia trazer o filho mais gordo para o mercado. Os homens gostariam tanto de suas esposas, durante o período de gravidez, como agora gostam de suas éguas no parto, de suas vacas na cria, ou de suas porcas quando estão prestes a parir; nem se ofereceriam para espancá-las ou chutá-las (pois é uma prática muito frequente) por medo de um aborto[77].

Se Swift acreditasse no que diz estaria, é claro, louco. Ele nos lembra da verdade da observação de Chesterton de que "O louco não é o homem que perdeu a razão. O louco é o homem que perdeu tudo, exceto sua razão"[78]. Entretanto, Swift não está louco: ele está retratando a loucura. Da mesma forma, no Livro IV de *As Viagens de Gulliver*, a loucura de Gulliver não é a loucura de Swift. O sono da razão produz monstros, mas também o sono de tudo exceto da razão, na forma da política que não leva em conta a moralidade. Na Irlanda, Swift estava bem-posicionado para ver e imaginar isso.

Devemos abordar *As Viagens de Gulliver*, a mais duradoura das principais obras de Swift, a partir de seus pressupostos religiosos, filosóficos e políticos. É uma sátira atemporal à loucura humana. Swift é um humanista cristão e um realista moral; acredita na verdade revelada e objetiva; está com os antigos e contra os modernos; é cético em relação à melhoria e vê a mudança como decadência. Nesse sentido, *As Viagens de Gulliver* são a crítica mais completa de Swift aos pressupostos do Iluminismo. O homem não é inerentemente bom: sempre

---

[77] *Ibid.*, p. 507.
[78] CHESTERTON, G.K. *Orthodoxy*. Nova York, NY: Doubleday, 1990, p. 19.

se inclina para a tolice e a maldade. Como espécie, não pode ser amado e tem apenas a capacidade de raciocinar:

> Eu odeio e detesto aquele animal chamado homem, embora sinceramente ame a John, Peter, Thomas e assim por diante. [Este] é o sistema sobre o qual tenho governado a mim mesmo por muitos anos (mas não diga nada) e, portanto, prosseguirei até terminar com eles. Eu obtive material para um tratado, provando a falsidade dessa definição de *animal rationale* [animal racional]; e para mostrar que deve ser apenas *rationis capax* [capaz de raciocinar][79].

Pode-se aqui contrastar Swift, o humanista cristão, com o humanitário de livre-pensamento (considere, novamente, Shelley, Paine, Russell). O herói de Swift, Gulliver, exibe uma capacidade de raciocínio que, às vezes, o abandona completamente, quando ele está nas garras do orgulho e da loucura. Ele não é confiável como narrador e não podemos mais ter certeza de serem seus contos de viajante mais verdadeiros do que muitos outros proverbialmente não confiáveis. Gulliver é ainda mais ambíguo como autoridade do que Hythloday em *Utopia* de More, e identificar suas opiniões com as do autor não é sensato. Gulliver exibe as características do louco descrito por Swift em outro lugar:

> Porém, quando o desejo de um homem fica acima de sua razão, quando a imaginação está em conflito com os sentidos, o entendimento comum, assim como o senso comum, é expulso; o primeiro prosélito que ele faz é ele mesmo, e quando isso é feito, a dificuldade não é tão grande em trazer os outros; [a] forte ilusão sempre operando de fora, tão vigorosamente quanto de dentro. Pois, hipocrisia e visão estão para o ouvido e o olho, o mesmo que cócegas estão para o toque[80].

À moda neoclássica, Swift desconfia da imaginação (paradoxalmente, escrevendo uma das maiores obras da imaginação moral e política) e é capaz de se distanciar da história, colocando-a na boca de Gulliver. Sendo imaginativo,

---

[79] Swift para Alexander Pope, 29 de setembro de 1725, em: Greenberg e Piper, *op. cit.*, p. 585.
[80] SWIFT, J. *A Tale of a Tub*, in *ibid.*, p. 350-351.

Gulliver não é confiável. Ainda assim, as formas que habitam sua história são instrutivas.

As quatro viagens de *As Viagens de Gulliver* funcionam como uma série de reversões. Na viagem a Lilliput, uma sátira à Inglaterra sob os *whigs*, vemos a loucura no plano político. Lilliput é contrastado com o senso comum de Brobdingnag, que então é contrastado com a loucura de Laputa, que por sua vez é contrastada com o senso comum de Houyhnhnmland. Gulliver é um gigante, depois um pigmeu; sábio e então, tolo; admirável, desprezível. Entretanto, não devemos procurar no clímax da viagem final uma expressão positiva das opiniões de Swift, as quais (se existirem) devem ser identificadas com as do rei de Brobdingnag. Esse reino agrário se assemelha mais a uma Inglaterra aprimorada, enquanto Houyhnhnmland é, como veremos, totalmente distante do que as pessoas realmente são, ou poderiam ser. Os primeiros dois livros estão mais próximos de ambas as realidades do que o terceiro e o quarto. Em contraste com as maquinações mesquinhas e loucuras ridículas de Lilliput, o problema em Brobdingnag é o próprio Gulliver. Ele se oferece para apresentar a pólvora ao rei, que fica horrorizado com o uso feito dela na Europa e proíbe Gulliver, sob pena de morte, de falar sobre ela novamente. "Um estranho efeito de princípios estreitos e visões curtas!"[81], exclama Gulliver ao leitor.

> [O rei de Brobdingnag] confinou o conhecimento de governar dentro de limites muito estreitos; ao senso comum e à razão, à justiça e à indulgência, à célere determinação das causas civis e criminais; com alguns outros tópicos óbvios, que não valem a pena considerar [diz Gulliver]. E, deu sua opinião: qualquer um que pudesse fazer duas espigas de milho, ou duas folhas de grama, crescerem em um local onde antes apenas uma crescia, mereceria melhor da humanidade e prestaria serviços mais essenciais ao seu país do que toda a raça de políticos juntos[82].

A visão de Gulliver de estreiteza não é diferente da de alguns intelectuais políticos hoje em dia, na qual conceber um governo limitado é exibir uma mente limitada.

---
[81] SWIFT, J. *As Viagens de Gulliver*, in ibid., p. 110.
[82] *Ibid.*, p. 111.

A fraqueza artística do Livro III, a jornada para Laputa e outros lugares, foi observada pela primeira vez por Johnson. Mais recentemente, Quintana concordou. Aparentemente, Swift abandonou a unidade de lugar, mas assim como em *A Terra Desolada*, de T.S. Eliot, a forma caótica espelha o conteúdo: o Livro III de *As Viagens* é uma jornada para a loucura. O tema de todo o livro é a loucura intelectual, e o que chamaríamos hoje em dia de cientificismo. A Royal Society é memoravelmente satirizada na Academia de Lagado, e a ilha voadora de Laputa, que pode se mover sobre um inimigo e causar estragos terríveis, é uma obra surpreendentemente presciente de ficção científica. Na imagem da ilha voadora, temos o retrato do distanciamento — da ciência separada da humanidade. Os cientistas da ilha voadora personificam a sátira de Swift contra René Descartes (1596-1650), uma mistura de solipsismo e abstração:

> Suas cabeças estavam todas inclinadas para a direita ou para a esquerda; um de seus olhos voltado para dentro, o outro diretamente para o zênite[83].

Eles estão tão absortos em especulações abstratas que não prestam atenção à fala dos outros, a menos que sejam batidos na cabeça por um servo segurando uma bexiga inflada. A filosofia da desintegração das realidades práticas da vida também cria uma desconexão política. A ilha voadora também representa autoridade centralizada, o poder inteiramente afastado do povo, que foi colocado completamente à sua mercê. Não está amarrado ao povo, flutuando acima dele, arbitrário e implacável. A presciência de Swift inclui os efeitos desumanizadores da guerra total e do bombardeio de saturação do ar:

> Se alguma cidade se envolver em rebelião ou motim, cair em facções violentas ou se recusar a pagar o tributo usual; o rei tem dois métodos para reduzi-los à obediência. O primeiro e mais suave curso é manter a ilha pairando sobre tal cidade e as terras ao redor dela; assim, ele pode privá-los do benefício do sol e da chuva e, consequentemente, afligir os habitantes com escassez e doenças. E se o crime o merecer, serão, ao mesmo tempo, bombardeados do alto com grandes pedras contra as quais não têm defesa, a não ser raste-

---

[83] *Ibid.*, p. 132.

jarem para porões e cavernas enquanto os telhados de suas casas são despedaçados[84].

Mais adiante na sátira, Swift descreve alegoricamente a campanha que liderou nas *Cartas Drapier* de 1724, contra a introdução de uma moeda desvalorizada. A ilha flutuante também é a Inglaterra, pairando sobre os irlandeses. Os efeitos e processos da ascensão protestante e *whiggery* na Irlanda, ensinaram a Swift, como também ensinaram a Burke, o nome e a natureza da tirania.

Swift vê o racionalismo da ciência como parcial e transitório. Em Glubbdubdrib, Gulliver faz Aristóteles voltar magicamente ao presente e conversar com Descartes:

> Ele [Aristóteles] disse que os novos sistemas da natureza eram apenas novas modas, variando em cada época; e, mesmo aqueles demonstrados a partir de princípios matemáticos, floresceriam por um curto período de tempo e estariam fora de moda quando isso fosse determinado[85].

Comparada às verdades permanentes de Aristóteles, a obra de Newton (1643-1727) e Descartes parece circunscrita, até paroquial, sendo uma característica de sua época. Orwell acusa Swift de "uma falta de curiosidade". Se entendemos "curiosidade" como um amor abstrato pela descoberta e invenção, desconectado das outras áreas humanas da vida, então, podemos repetir que Swift não tem amor pelo intelectualismo. A razão pura está, em sua mente, intimamente ligada à tirania. Entretanto, o amplo aprendizado, possuído por um "cavalheiro de educação liberal[86]", tornará uma personalidade moralmente desenvolvida. O próprio Orwell cita o ideal de aprendizagem de Swift como aquele que Gulliver considerou tão insatisfatório entre os Brobdingnagianos:

> O aprendizado desse povo é muito deficiente; consiste apenas em moralidade, história, poesia e matemática; nos quais eles devem ter permissão para se destacarem. Porém, o último deles é totalmente aplicado ao que pode ser útil

---

[84] *Ibid.*, p. 144.
[85] *Ibid.*, p. 169.
[86] SWIFT, J. "A Letter to a Young Gentleman", *in ibid.*, p. 484.

na vida, ao aprimoramento da agricultura e de todas as artes mecânicas; de forma que, entre nós, seria pouco estimado. E quanto a ideias, entidades, abstrações e transcendências, eu nunca poderia colocar o menor conceito em suas cabeças[87].

Orwell, contudo, não parece ver que as artes humanas e práticas aqui mencionadas não são superiores apenas por causa de sua utilidade somente. A distinção entre ciência aplicada à agricultura e ciência aplicada à guerra (como em Laputa) é moral; a primeira melhora a condição humana, a última a piora. Swift sugere que a ciência, no contexto da aprendizagem humana, é segura, enquanto a ciência no contexto da abstração (que dificilmente é um contexto) é perigosa; tende, como o livre-pensamento, à tirania. Em Glubbdubdrib, onde Gulliver vê Aristóteles evocado, ele também:

> [...] teve a honra de conversar muito com Brutus; e foi dito que seus ancestrais Junius, Sócrates, Epaminondas, Catão, o Jovem, *sir* Thomas More e ele mesmo, estavam perpetuamente juntos: um sextumvirato ao qual todas as eras do mundo não poderiam adicionar um sétimo[88].

A viagem para Glubbdubdrib diz respeito à verdade da história e como a verdade deve ser vista no contexto da história. O sextumvirato acima se distingue por sua oposição comum à tirania e é notável que, dadas as visões de Swift sobre o catolicismo romano, Thomas More seja o único moderno no grupo.

É o último livro de *As Viagens de Gulliver* que, em seu poder culminante, torna Swift mais frequentemente lembrado por uma misantropia suja (os yahoos) e um racionalismo odioso e complacente (os houyhnhnms). "O mundo sombrio dos houyhnhnms era uma utopia tão boa quanto Swift poderia construir[89]", escreveu Orwell, e outros assumiram pelo valor nominal que Swift pensava que os seres humanos deveriam viver como cavalos racionais. Contudo, seu ponto não é este. Swift não é mais atraído pela sociedade dos houyhnhnms

---

[87] SWIFT, J. *Gulliver's Travels*, in ibid., p. 111.
[88] *Ibid.*, p. 167.
[89] Orwell, *op. cit.*, p. 256.

como um modelo para a humanidade do que são os incontáveis leitores de *As Viagens de Gulliver*. O livro é uma sátira contra os deístas, por um lado, e os hobbesianos, por outro. Para Swift, o homem não é um animal puramente racional, nem uma besta humana. A resposta final de Gulliver aos houyhnhnms e aos yahoos, de emulação por um lado e repulsa por outro, são ambos sinais de um tipo de loucura: a misantropia da qual Swift não compartilhava. Que o próprio Swift era incapaz de raciocinar no momento de sua morte é indiretamente interpretado como uma identificação adicional com Gulliver. No entanto, admite Orwell, Swift não "enlouqueceu". Presumimos hoje que ele sucumbiu a um derrame paralítico, senilidade e à doença de Menière, da qual sofreu durante grande parte de sua vida. Porém, a compreensão de Orwell sobre a natureza totalitária de Houyhnhnmland é precisa, mesmo que ele não tenha entendido o argumento satírico de Swift. A sociedade dos houyhnhnms tem uma classe dominante e uma subclasse, muito parecida com o Partido e os Proletários em *1984*, ou outras distopias científicas do século XX, como as de Huxley (1894-1963) e Wells (1866-1946). Deísmo e hobbesianismo são ambos sintomas de desintegração: a ênfase da parte em lugar do todo. Swift, ao contrário de Gulliver, via a dimensão providencial das paixões e podia ver as limitações da razão sem fé. A razão é tudo o que os houyhnhnms têm. Consequentemente, eles ficam aquém do que o homem deveria ser como indivíduo e como sociedade. Para Gulliver, adorar a razão é cair no orgulho, a raiz de toda a miséria humana.

As Viagens de Gulliver como um todo ilustram, além de qualquer sátira atual, o que F.P. Lock chamou de "política do senso comum" de Swift[90]. Isso implica, em Swift, uma visão equilibrada da própria razão. Assim como ele se opõe a uma especialização intelectual desintegrada em termos de aprendizagem, também se opõe à ideia de uma competência especial na esfera política. Como diz Lock:

> Em um panfleto escrito em 1715, embora não publicado até 1765, Swift voltou ao tema da política do senso comum: "Deus, pretendendo o governo de uma nação em vários ramos e subordinações do poder, tornou a ciência de governar suficientemente óbvia às capacidades comuns; caso contrário, o mundo seria deixado em uma condição desoladora se grandes questões sempre exigissem

---

[90] LOCK, F.P. *The Politics of Gulliver's Travels*. Oxford: The Clarendon Press, 1980, p. 123.

grandes gênios, dos quais a era mais fecunda dificilmente produzirá mais de três ou quatro em uma nação" (P.W.viii.138). Essa convicção encontraria seu caminho para a constituição original de Lilliput, onde "eles acreditam que o tamanho comum dos entendimentos humanos é adequado para tornar a gestão de assuntos públicos um mistério, a ser compreendido apenas por algumas pessoas de gênio sublime, dos quais raramente nascem três em uma era"(I.vi. 59)[91].

Embora Swift acreditasse que os ocupantes de cargos de Estado deveriam ser qualificados para suas tarefas, ele se opunha claramente à ideia de uma classe política de elite, desconectada da realidade da humanidade comum: esta é a contrapartida política do cientificismo da Academia de Lagado, e contribui para a política da ilha voadora. O senso comum, por outro lado, leva a um governo limitado, de acordo com a realidade da natureza humana, e com a condição humana decaída.

Para ver Swift como um humanista cristão, não é necessário vê-lo como um medievalista, o que ele, claramente, não era. (Ele, no entanto, desaprovou a pilhagem da Igreja na Reforma). Como *tory*, especialmente alguém próximo a Robert Harley (o conde de Oxford, 1661-1724) e Henry Saint John (visconde Bolingbroke, 1678-1751), sempre houve suspeitas de jacobitismo. Afinal, os *tories* foram originalmente aqueles que, no reinado de Carlos II, defenderam as prerrogativas reais e o *status* da Igreja da Inglaterra. Na medida em que a causa Stuart estava ligada a uma defesa da monarquia contra os grandes senhores *whig*, Swift poderia ser suspeito de inclinações jacobinas, como foi Johnson depois dele. Entretanto, a aceitação de Swift dos termos da revolução de 1688 é consistente com sua política de senso comum. Ele não era um extremista de princípios e sempre colocou o que realmente contribuía para a melhoria da vida das pessoas — paz, religião, moderação, estabilidade e ordem — acima de qualquer idealismo abstrato. O debate público dos princípios religiosos sempre ameaçou a ordem pública e Swift o evitou. Porém, seu humanismo cristão é evidente em sua devoção ao papel social da Igreja da Inglaterra e o único governo ao qual Swift foi sinceramente leal durante toda a vida foi a administração *tory* de 1710 a 1714, que tentou iniciar a reversão das tendências secularizadoras pós-1688 e tornar a Alta Igreja mais simpática e simbiótica à relação entre

---

[91] *Ibid.*, p. 134.

Igreja e Estado. Swift acreditava na ideia de uma constituição de Igreja e Estado — uma ideia que Coleridge, como veremos em um capítulo posterior, iria reviver e elaborar.

Como Johnson, Swift tinha o pessimismo neoclássico (ou, devemos dizer, realismo cristão) sobre a vida humana, contudo, a percepção de Orwell sobre Swift ser "incapaz de acreditar que essa vida [...] poderia se tornar digna de ser vivida[92]" é infundada. Em uma condição na qual "muito deve ser suportado e pouco ser desfrutado", o realismo moral de Swift está invariavelmente misturado com ironia. O riso e a liberdade — aquilo que só pode ser possuído por um homem racional, não por um racionalista — devem ser valorizados neste mundo sublunar. Allan Bloom (1930-1992) escreveu:

> Não sei sobre Gulliver, mas Swift é certamente um dos homens mais engraçados que já existiram. Sua misantropia é uma piada; é a maior loucura do mundo tentar melhorar a humanidade. Isso é o que significa compreender o homem [...] Compreender é aceitar; *As Viagens de Gulliver* tornam a misantropia ridícula ao nos mostrarem a complexidade de nossa natureza e, assim, nos ensinarem o que devemos aceitar[93].

W.B. Yeats, em seu poema "Os Sete Sábios" e em sua versão livre do epitáfio composto por Swift para si mesmo, aponta para outro grande tema da vida e obra de Swift:

> Swift navegou para seu descanso;
> Indignação lá selvagem
> Não pode lacerar seu peito.
> Imite-o se tiver coragem,
> Viajante apaixonado pelo mundo; ele
> Serviu à liberdade humana[94].

---

[92] ORWELL, *op. cit.*, p.256.
[93] BLOOM, Alan. "An Outline of *Gulliver's Travels*", em Greenberg e Piper (Eds.), *op. cit.*, p. 661.
[94] YEATS, W.B. "Swift's Epitaph", *in ibid.*, p. 277.

É desta última palavra sobre Swift que devemos nos lembrar, pois vai ao fundo do que Swift significava e continua a significar para nós. Ele antecipa Burke ao afirmar que, se a liberdade é algo a ser valorizado, ela existe como uma consequência da autoridade e não apesar dela.

CAPÍTULO 3

"Da Primeira Desobediência do Homem"

Samuel Johnson e os Whigs

> *TORY: Aquele que adere à antiga Constituição do Estado e à hierarquia apostólica da Igreja da Inglaterra, em oposição a um whig.*
> *WHIG: O nome de uma facção.*
> Samuel Johnson, Dicionário, 1755.

> *Uma das ironias da história literária é que seu símbolo mais convincente e confiável do senso comum — da compreensão forte e imaginativa da realidade concreta — deve ter começado sua vida adulta, aos vinte anos, em um estado de intensa ansiedade e desespero perplexo do que, pelo menos de seu próprio ponto de vista, parecia o início da insanidade.*
> Walter Jackson Bate, The Achievement of Samuel Johnson, 1955.

Dr. Johnson (1709-1784) pareceria a muitos ser a personificação — grande, otimista e fortemente independente — do senso comum inglês tradicional. Em Boswell (1740-1795) lemos sobre a confiança segura do julgamento pessoal com o qual, por exemplo, ele rejeitou a teoria do bispo George Berkeley (1685-1753) da insubstancialidade da matéria, ao chutar uma pedra e dizer: "Eu a refuto, portanto"[95]. A caricatura parece resumir muito da obra johnsoniana: a indicação da realidade quadrangular da vida humana sobre a qual somente podemos erguer um discurso humano sólido em filosofia, política ou letras. O *whiggish* Thomas Macaulay (1800-1859) divertia-se ao ver este aspecto de Johnson nos termos da caricatura de Fielding (1707-1754) do escudeiro *tory*: as "reclamações de Johnson [...] em tudo, exceto na dicção, assemelhavam-se às do Squire Western"[96]. Macaulay vê em Johnson o tipo de estupidez inteligente, a mesma que Orwell enxergou em Swift e em "Conservatives of Our Own Day — People Like Sir Alan Herbert, Professor G.M. Young, Lord Elton, the Tory Reform Committee or the Long Line of Catholic Apologists From W.H. Mallock Onwards"[97]. O que Orwell deveria ter visto em Swift, e o que Macaulay se recusa a ver em Johnson, é a tentativa de integrar o intelecto com toda a personalidade e, ao fazer isso, opor-se ao intelectualismo.

Entretanto, há mais do que mero antissofismo em Johnson chutando a pedra. Como Chester Chapin mostrou, Johnson estava, anos depois, simpaticamente ciente da filosofia da Escola de Senso comum Escocês, a de Thomas Reid (1710-1796) e James Beattie (1735-1803). Em oposição a Berkeley e David Hume (1711-1776), em quem o empirismo lockeano levava a duvidar de tudo (no caso de Berkeley a dúvida da matéria e no caso de Hume, da verdade), Johnson afirmava a existência da matéria, ou verdade, externa à sua percepção pela mente. Beattie foi levado a examinar toda a filosofia até Descartes, passando a acreditar que:

> [a tradição] contém dentro de si uma falha fatal — a suposição equivocada de que "ideias" são "os únicos objetos de pensamento". Isso leva, finalmente, ao

---

[95] BOSWELL, James. *Life of Johnson*. Vol. I. Londres: Heron Books, 1960, p. 292.
[96] MACAULAY, Thomas Babington. *Critical and Historical Essays*. Vol. II. Londres: Dent, 1907, p. 553.
[97] ORWELL, George. "Politics v. Literature: An Examination of *Gulliver's Travels*". *In: Collected Essays, Journalism and Letters*. Vol. IV. Londres: Penguin, 1968, p. 245.

ceticismo culminante de Hume, no qual temos uma situação na qual "corpo e espírito, causa e efeito, tempo e espaço, aos quais costumávamos atribuir uma existência independente de nosso pensamento, todos deixaram de existir"[98].

A "crítica Reid-Beattie" à qual Johnson aderiu, diz Chapin, afirmava que:

> [...] todos os homens, ou pelo menos a grande maioria, percebem certas verdades que, de acordo com Beattie, "são conhecidas por suas próprias evidências" e que, a menos que essas verdades ou "primeiros princípios sejam dados como garantidos, não pode haver razão, nem raciocínio"[99].

Reid e Beattie também distinguem a razão do senso comum. A razão, diz Beattie, é:

> [...] aquela faculdade que nos permite, a partir de relações ou ideias conhecidas, investigar as que são desconhecidas. Sem ele, nunca poderíamos prosseguir na descoberta da verdade, um único passo além dos primeiros princípios, ou axiomas intuitivos[100].

O senso comum, por outro lado, é:

> [o] poder da mente que percebe a verdade, ou comanda a crença, não por argumentação progressiva, mas por um impulso instantâneo, instintivo e irresistível; derivado, nem da educação, nem do hábito, mas da natureza; agindo independentemente de nossa vontade sempre que seu objeto é apresentado de acordo com uma lei estabelecida é, portanto, apropriadamente chamado de senso. E ao agir de maneira semelhante sobre todos, ou pelo menos sobre a grande maioria da Humanidade, consequentemente, é apropriadamente chamado de senso comum[101].

---

[98] CHAPIN, C. "Samuel Johnson and the Scottish Common-Sense School". In: *The Eighteenth Century*. Vol. XX, no.1, 1979, p.53ff.
[99] *Ibid.*, p.55-56.
[100] *Ibid.*, p.56.
[101] *Ibid.*, p.56.

Aquilo que é autoevidente não pode ser provado, nem refutado, pela razão ou lógica. Portanto, apesar do argumento racional inexpugnável de Berkeley sobre a não existência da matéria, o argumento é irrelevante.

Por outro lado, embora Johnson acreditasse na existência da matéria, ele se opôs ao determinismo filosófico de Joseph Priestley (1733-1804)[102], que tentou mostrar que tudo é matéria. Como alega Chapin, "Johnson adere à visão tradicional em que mente, alma e espírito são nitidamente distintos da matéria ou corpo"[103]. O materialismo tende ao determinismo fatalista, e Johnson afirmava a liberdade da vontade, assim como Beattie e Reid. Da mesma maneira que a existência da matéria é evidente para o senso comum, também o é nosso livre-arbítrio. Como Reid colocou:

> [...] temos, por nossa constituição, uma convicção natural, ou crença, de que agimos livremente — uma convicção tão precoce, tão universal e tão necessária na maioria de nossas operações racionais, que deve ser o resultado de nossa constituição e obra d´Ele, que nos fez[104].

A crença no livre-arbítrio, à qual Johnson aderiu, face a todas as tentativas filosóficas de refutá-la, ou qualificá-la, era central para seu humanismo cristão. Chapin cita Johnson em seu *Sermão V*:

> Se Deus, por um determinado exercício de onipotência, impedir o assassinato ou a opressão, nenhum homem poderia ser um assassino ou opressor, porque seria impedido por um poder superior. Então, aquele poder que evitou crimes destruiria a virtude, pois esta é consequência da escolha. Os homens não seriam mais racionais, ou seriam racionais sem propósito, porque suas ações não seriam o resultado do livre-arbítrio, determinado por motivos morais, mas os movimentos estabelecidos e predestinados de uma máquina, impulsionada pela necessidade[105].

---

[102] Priestley é um dos primeiros exemplos de pensamento científico. Johnson deu a Priestley crédito por seus experimentos científicos, mas se opôs à extensão do método científico à esfera da mente.
[103] *Ibid.*, p. 51.
[104] *Ibid.*, p. 58.
[105] *Ibid.*, p. 59-60.

O uso da palavra "máquina" torna o comentário de Johnson particularmente ressonante em nossa época. Até que ponto nosso sentido de liberdade moral é qualificado, à medida que cada vez mais habitamos um mundo dominado por máquinas? Até que ponto nos tornamos, de fato, menos livres para agir de acordo com nossa natureza humana criada? Essas são questões no cerne das respostas humanistas cristãs à modernidade, e especialmente evidentes no século XX. Porém, como sugerem as palavras de Johnson, elas também estão implícitas no pensamento materialista e determinista e nas respostas cristãs setecentistas a ele.

A mente de Johnson, tão penetrante e desimpedida pelo meramente sentimental ou subjetivo, é tão substancial quanto era sua estrutura física. Entretanto, sua substancialidade e dimensão obscurecem as vicissitudes extraordinárias, tanto mentais quanto físicas, da sua vida, e que devem ser contrapostas à sua visão firmemente ortodoxa e cheia de autoridade. As tensões dentro de Johnson entre atividade poderosa e preguiça com culpa; entre autoridade externa e responsabilidade pessoal; entre a perfeição imaginada e a feia realidade; alertaram-no para a necessidade de ordem, padrões e regras, tudo o que o seu biógrafo Walter Jackson Bate (1918-1999) demostrou. A formalidade da persona johnsoniana, a firmeza lapidar de seu discurso e escrita, a submissão à ordem da Igreja e do Estado, mesmo quando sua legitimidade estava altamente comprometida, fornecem a ele um baluarte necessário contra a tendência inerente do indivíduo e da sociedade para a decadência. Dentro das estruturas da vida humana, sejam elas hábitos pessoais, observância religiosa, ou (por analogia) o edifício do Estado e do governo, o ser humano livre pode, pela graça de Deus, refazer-se constantemente. Como disse Johnson em *The Rambler* (1750-1752), número 7:

> A grande arte [...] da piedade e o fim para o qual todos os ritos da religião parecem ser instituídos, é a renovação perpétua dos motivos para a virtude[106].

Johnson é profundamente cético em relação a quaisquer formas de determinismo que comprometam a liberdade do indivíduo de superar, princi-

---

[106] JOHNSON, Samuel. MURPHY, A. (Ed.). *The Works of Samuel Johnson, LLD*. Londres: 1792, p. 45.

palmente por meio da observância religiosa, a aflição de um estado humano em que há "muito a ser suportado e pouco a ser desfrutado"[107]. Sua convicção conclusiva de que "sabemos ser nossa vontade livre, e não há fim nela"[108] sustenta todos os seus princípios religiosos e políticos.

Os fundamentos da perspectiva de Johnson — o que foi considerado o seu pessimismo quando deveria ter sido denominado como o seu realismo — estão presentes, talvez mais claramente, em sua poesia. Em "Londres" (1738), ele dá uma imagem crítica e ácida do estado da Inglaterra de Walpole, desprovida de patrocínio literário, na cena da luta dele para ganhar dinheiro em Grub Street, um lugar onde:

> Esta triste verdade é confessada em toda parte.
> **LENTA É A SUBIDA DOS DEPRIMIDOS PELA POBREZA**[109].

"A Vaidade dos Desejos Humanos" (1749) também é uma sátira ácida sobre o estado da vida política britânica, mas ainda é, sobretudo, uma consideração dos problemas inerentes à ambição e à evanescência da segurança. A vida humana é instável, fluida e somos incapazes de resistir ao enfraquecimento da idade ou às opressões das doenças:

> Dos olhos de Marlborough, as correntes da senilidade fluem,
> E Swift expira um idiota e um *show*[110].

Examinando a Humanidade em sua totalidade uniforme, "da China ao Peru", o poeta vê o homem em todo o seu orgulho e pompa, sua habilidade e escopo, e mostra como o fracasso e a dissolução são tão inerentes aos expoentes da glória pública quanto o são a todos os homens. Entretanto, esta não é a última palavra, pois Johnson vê a miséria humana em termos cristãos:

---

[107] JOHNSON, Samuel. "Rasselas". *In*: GREENE, D. (Ed.). *The Oxford Authors: Samuel Johnson*. Oxford: OUP, 1984, p. 355.
[108] Boswell, Vol. I. *op. cit.*, p. 363.
[109] Johnson, S. "London". Greene (Ed.), *op. cit.*, p. 6.
[110] *Ibid.*, p. 20.

> Derrama o teu fervor por uma mente saudável,
> Paixões obedientes e uma vontade resignada;
> Pelo amor que poucos homens do coletivo podem preencher;
> Pela paciência soberana sobre a doença transmutada;
> Pela fé, aquela ânsia por um assento mais feliz
> Conta a morte como sinal de recuo gentil da natureza:
> Esse bem para o homem, as leis do céu ordenam,
> Esse bem ele concede, a quem concede o poder de ganhar;
> Com essa sabedoria celestial, acalma a mente,
> E faz a felicidade que ela não encontra[111].

Estas linhas finais do poema ecoam petições semelhantes às *Orações e Meditações*, em alguns dos melhores textos religiosos ingleses fora do *Livro de Orações*, e resumem a resposta estabelecida e praticamente vitalícia de Johnson ao que o *Livro de Oração Anglicano* lindamente chama "mudanças e chances deste mundo fugaz".

Essas virtudes morais também estão presentes no que talvez seja o poema mais notável de Johnson; ainda mais comovente ao evitar qualquer sentimentalismo em relação a seu amigo morto, membro do curioso grupo de párias a quem o poeta estendeu sua hospitalidade. Nas linhas de "On the Death of Dr. Robert Levet" (1782), a esperança é vista nos termos de uma mina de labuta e escuridão que aprisiona:

> Condenados à mina ilusória da Esperança,
> Enquanto trabalhamos, dia a dia,
> Por meio de explosões súbitas, ou lento declínio
> Nossos confortos sociais se vão[112].

Dentro das verdadeiras favelas de Londres e da pobreza com a qual o próprio Johnson estava tão intimamente familiarizado, o "não qualificado" dr. Levet (1705-1782), "obscuramente sábio e grosseiramente gentil"[113], ministrava

---

[111] *Ibid.*, p. 21.
[112] *Ibid.*, p. 35.
[113] *Ibid.*

aos pobres, tornando-se "de todo nome sem amigos, o amigo"[114]. É novamente, em termos cristãos, que o valor da vida de Levet é afirmado: "certo que o Mestre Eterno encontrou/ O único talento bem empregado"[115]. Principalmente, Levet carecia das marcas de orgulho às quais Johnson era muito sensível:

> Nenhum chamado ridicularizado por frio atraso,
> Nenhum pequeno ganho desdenhado pelo orgulho[116].

Sob o olhar discriminador do agudo julgamento moral de Johnson, somos levados de volta às virtudes cristãs da fé, esperança (em Deus) e caridade, como os únicos recursos para a natureza humana decaída e por meio da qual nos conformamos com o que ele chama, em *O Aventureiro* (1753), número 74:

> [...] os princípios eternos e invariáveis da verdade moral e religiosa, dos quais nenhuma mudança das circunstâncias externas pode justificar qualquer desvio[117].

É a própria compreensão de Johnson dos princípios da natureza humana que o torna, segundo Macaulay, ainda um dos mais perspicazes dos críticos de Shakespeare. É no *Prefácio às Peças de William Shakespeare* (1765) que Johnson faz algumas de suas mais importantes declarações sobre arte e natureza. Por exemplo:

> Shakespeare está acima de todos os escritores, pelo menos, acima de todos os escritores modernos; o poeta da natureza. O poeta que mostra aos seus leitores um espelho fiel dos costumes e da vida[118].

A imagem no espelho, embora dificilmente original, é significativa, pois ela implica uma natureza humana objetiva que deve servir de contraposição à arte ao ser julgada como bem-sucedida ou não. Os personagens de Shakespeare são:

---

[114] *Ibid.*
[115] *Ibid.*, p. 36.
[116] *Ibid.*
[117] JOHNSON, S. *The Works of Samuel Johnson, LLD.* Vol. 4. Oxford: Talboys and Wheeler, 1825, p. 52.
[118] JOHNSON, S. Greene (Ed.), *op. cit.*, p. 421.

[...] a prole genuína da humanidade comum, tal como o mundo sempre fornecerá e a observação sempre encontrará[119].

Assim, talvez possamos compreender como Shakespeare apela, mais do que qualquer outro autor, a diferentes épocas e lugares. A permanência que Johnson enxerga na verdade moral e religiosa é encontrada também na verdade relacionada à natureza em Shakespeare:

Nada pode agradar a muitos, e por tanto tempo, a não ser representações de natureza geral. Modos particulares podem ser conhecidos por poucos e, assim sendo, poucos podem julgar a precisão com que são copiados. As combinações irregulares de invenções fantasiosas podem deliciar um pouco com aquela novidade que a saciedade comum da vida nos envia a todos em busca. Porém, os prazeres da admiração repentina logo se esgotam e a mente só pode repousar na estabilidade da verdade[120].

O realismo johnsoniano sempre consiste no desejo de "ver as coisas como elas são" como uma base segura para a sanidade, o senso comum e possível consolo. Além disso, o que constitui o senso comum de Johnson está mais na percepção do que na visão da apreensão do objeto, ao preceder a formação de uma ideia. Quando Boswell relata uma visita ao Panteão na turnê escocesa de Johnson, conta:

Sir Adam [Ferguson] sugeriu que o luxo corrompe um povo e destrói o espírito de liberdade. JOHNSON: "Senhor, isso é tudo visionário"[121].

"Visionário" é pejorativo para Johnson. Ele não compartilha da suspeita de Ferguson pelas diversões públicas inofensivas sobre as quais o escocês fala aqui. É uma suspeita puritana que o leva às ideias *whig*, mais tarde criticadas por Johnson em sua conversa (às quais retornaremos).

---

[119] *Ibid.*
[120] *Ibid.*, p. 420.
[121] BOSWELL, *Life of Johnson*. Boston, MA: Carter, Hendee and Co., 1832, p. 290.

Johnson é sempre cético em relação às tentativas de estabelecer regras contra o uso da natureza. Vemos isso em sua crítica a Shakespeare e nas ideias norteadoras de seu *Dicionário*, delineadas no Prefácio. Embora Shakespeare ignore as regras clássicas da composição dramática, Johnson desculpa-o prontamente: "há sempre um apelo aberto da crítica à natureza"[122], que é a autoridade máxima para julgar o sucesso da poesia — o sábado é feito para o homem, não o homem para o sábado. Completamente familiarizado com as regras da crítica clássica, Johnson está ciente de suas limitações como cânones de julgamento. Há uma liberdade na sua mente surgida de seu conhecimento e experiência, uma liberdade educada e conquistada. Sua rejeição a um absolutismo nas regras de crítica feitas pelo homem reflete sua rejeição de todo determinismo. A vida humana envolve um exercício constante de livre-arbítrio, face a certos fatos da existência: mudança e decadência, as exigências do acaso, a insolência do poder. As ações de Johnson, em relação à linguagem na compilação de seu *Dicionário*, também ilustram o caráter de seu conservadorismo, que surge de uma relação criativa entre autoridade, por um lado, e natureza, por outro, para ser contrastado com o absolutismo das Academias, como a dos franceses.

> Se uma academia for estabelecida para o cultivo de nosso estilo, o qual eu, que nunca posso desejar ver a dependência multiplicada, espero que o espírito da liberdade inglesa atrapalhe, ou destrua [...] Se as mudanças temidas por nós são assim irresistíveis, o que resta senão aquiescer com o silêncio, como nas outras angústias superáveis da Humanidade? Resta retardar o que não podemos repelir, aliviar o que não podemos curar. A vida pode ser prolongada pelo cuidado, embora a morte não possa, em última instância, ser derrotada. As línguas, como os governos, têm uma tendência natural à degeneração. Há muito preservamos nossa constituição, vamos fazer algumas lutas por nossa linguagem. Na esperança de dar longevidade àquilo que sua própria natureza proíbe de ser imortal, dediquei este livro, o trabalho de anos, à honra de meu país [...][123].

---

[122] Johnson, Greene (Ed.), *op. cit.*, p. 424.
[123] *Ibid.*, p. 326.

Um dicionário existe como um contrapeso aos movimentos naturais e necessários da linguagem que Johnson, no estilo neoclássico típico, vê em processo de decadência. Ele tem dúvidas sobre qualquer tipo de mudança:

> A mudança, diz Hooker, não é feita sem inconvenientes, mesmo de pior para melhor. Há na constância e estabilidade uma vantagem geral e duradoura, que sempre irá desequilibrar as melhorias lentas da correção gradual[124].

Assim, embora seja o objetivo de Johnson dar alguma estabilidade à relação entre a linguagem e as ideias objetivas fixas denotadas pelas palavras, ele não tem ilusões sobre a extensão da autoridade sobre os movimentos inconstantes da natureza.

Em contraposição ao pano de fundo de sua mente essencialmente religiosa, é principalmente como poeta, crítico e lexicógrafo que o conservadorismo de Johnson é, talvez, mais evidenciado. Entretanto, seria um erro pensar que Johnson estava pouco interessado em política, ainda que tenha sido, primeiramente, um pensador religioso e que sua filosofia orientadora tenha sido mais moral do que política. Seus escritos políticos não podem ser desprezados, nem em quantidade ou qualidade, e Johnson frequentemente faz alusões à política, principalmente quando está escrevendo cartas. Por certo, Johnson era cético em relação a esquemas gerais e visões de melhoria política:

> BOSWELL: "Então, senhor, você ri de esquemas de melhoria política".
> JOHNSON: "Ora, senhor, a maioria dos esquemas de melhoria política são coisas muito risíveis"[125].

Esta e outras observações semelhantes surgem da prudência ao invés do cinismo, e muito possivelmente ocultam o que necessariamente deveria estar escondido nas crenças políticas positivas de Johnson — embora quanto a isso possamos apenas especular. Suas simpatias jacobitas, por mais profundas que possam ter sido em momentos diferentes de sua vida, não poderiam ter sido discutidas abertamente em nenhum momento, fosse em conversas ou publica-

---

[124] *Ibid.*, p. 310.
[125] Boswell, *op. cit.*, p. 266.

ções. Os termos de seu discurso político tiveram que ser as divergências de opinião estabelecidas entre os polos de governo ou oposição, *whig* ou *tory*. Entretanto, o toryismo de Johnson, conforme expresso, por exemplo, na definição do *Dicionário*, é amplo e inclusivo. Baseava-se na constituição herdada da Igreja e do Estado, e na autoridade "apostólica" da Igreja da Inglaterra, em vez de qualquer adesão estreita ao partido, o que é sua definição de um *whig*. Dentro deste esboço geral, no entanto, pode ser discernida uma simpatia pelo catolicismo (definido de modo amplo a fim de incluir o ramo anglicano), uma aversão à crítica licenciosa ou ignorante de autoridades estabelecidas (incluindo a Igreja de Roma) e o personalismo. Este último implica o respeito pelo princípio da autoridade, agindo dentro da liberdade pessoal e da responsabilidade de reis e bispos, por exemplo. Uma autoridade de pessoas ao invés de ideias[126]. O ceticismo de Johnson para com o "visionário" está conectado com sua oposição consistente à hipocrisia — na definição do *Dicionário*, uma espécie de tagarelice. Sua deflação da hipocrisia do "patriotismo" antecipa o antagonismo posterior e mais desenvolvido de Burke aos "direitos do homem". Procede de uma compreensão semelhante de um "bem" tornado ilusório por seu afastamento da natureza.

    A adesão vigorosa de Johnson ao princípio da monarquia foi tomada como evidência de uma visão absolutista da realeza. Contudo, ele negou o direito divino dos reis como outra abstração. Entretanto, para Johnson, o princípio da subordinação persistiu. Quando ele conversou em particular com o rei George III (1738-1820), disse, de maneira memorável, "não cabia a mim discutir civilidades com meu soberano"[127]. A questionável legitimidade dos hanoverianos não dissolveu as reivindicações de autoridade. As razões, além da moral, eram constitucionais. Como um *tory*, de acordo com a própria definição de Johnson, as reivindicações oficiais sobre ele eram históricas ao invés de abstratas, procedendo, em primeiro lugar, da Constituição e, em segundo lugar, da Igreja estabelecida. Ele não podia ser mais fiel a uma teoria especulativa do direito divino dos reis do que a qualquer outro esquema abstrato de governo. O rei James II (1633-1701) era "um rei muito bom"[128] e o rei William (1028-1087)

---

[126] Cf. J.H. Newman: "Toryismo é lealdade às pessoas", enquanto o liberalismo é lealdade a ideias abstratas. (Carta ao Duque de Norfolk).
[127] Boswell, Heron Books, Vol. I, p. 336.
[128] *Ibid.*, p. 543.

"um dos canalhas mais inúteis que já existiram"[129], mas James foi "longe demais"[130]— presumivelmente mais longe do que a constituição permitia e as reivindicações da Igreja da Inglaterra tinham de ser acomodadas na constituição, que também abrigava a monarquia. Johnson achou muito satisfatório o reinado de Charles II (1630-1685), principalmente em questões eclesiásticas.

A outra parte da definição de Johnson de *tory* é "oposto a um *whig*". *Whiggery*, ou "whiggismo" no uso de Johnson, envolve fraturar a estrutura constitucional, afastando-se da autoridade da doutrina religiosa revelada. De acordo com Boswell, certa vez, Johnson prestou-se a um "grande elogio" ao chamar uma jovem de jacobita, numa reunião do tio *tory* dela — para a ofensa desse. Johnson, podemos supor, com um humor inofensivo, embora um tanto malicioso, explicou-se assim:

> Um jacobita, senhor, acredita no direito divino dos reis. Aquele que acredita no direito divino dos reis, acredita em uma divindade. Um jacobita acredita no direito divino dos bispos. Aquele que acredita no direito divino dos bispos, acredita na autoridade divina da religião cristã. Portanto, senhor, um jacobita não é ateu, nem deísta. Isso não pode ser dito de um *whig*, pois *o whiggismo é uma negação de todos os princípios*. [Ênfase de Johnson][131]

Em outra ocasião, ainda mais considerável, Johnson observou, no entanto, que:

> Um sábio *tory* e um sábio *whig*, acredito, concordarão. Seus princípios são os mesmos, embora seus modos de pensar sejam diferentes. Um grande *tory* torna o governo ininteligível, pois ele se perde nas nuvens. Um *whig* violento torna-o impraticável, pois ele permite tanta liberdade a todos os homens, que não há poder suficiente para governar nenhum homem. O *tory* tende a defender o *establishment*. O *whig*, a inovação. Um *tory* não deseja dar mais poder real ao governo, porém esse governo deveria ter mais reverência. Assim eles diferem como quanto a igreja. O *tory* não é favorável a dar mais poder ao clero, mas

---

[129] *Ibid.*
[130] *Ibid.*, p. 267.
[131] *Ibid.*

deseja que tenham uma influência mais considerável, fundado na opinião da Humanidade, já o *whig* é favorável a limitá-los e vigiá-los com um ciúme estreito[132].

As próprias opiniões de Johnson podem ser distinguidas do "grande *tory*", mas devem ser identificadas com o resto da descrição acima. Porém, em que "princípios" um *tory* sábio e um *whig* sábio são idênticos? Se tomarmos, como exemplos, Johnson sendo o *tory* sábio e Burke um *whig* sábio, diríamos que ambos veem a constituição como estando de acordo com a natureza. Ela fornece a estrutura dentro da qual a vida política continua de tempos em tempos. Seus modos de pensar podem ser diferentes; eles podem diferir em questões específicas; podem discordar sobre questões de fato; podem enfatizar uma coisa mais do que outra. Contudo, dentro dos limites de seus princípios semelhantes, eles permanecem sãos. Johnson e Burke não concordaram sobre o escopo da influência da Coroa, ou sobre os direitos dos colonos americanos. Há mais ênfase na conveniência e prudência em Burke, o político prático, mais no ceticismo e na autoridade em Johnson, o crítico. Entretanto, quando os comparamos com quaisquer de seus contemporâneos, defensores da desintegração dentro do Império ou na Europa, podemos ver que eles são mais parecidos do que diferentes. É intrigante imaginar o que Johnson, morto em 1784, teria dito sobre a Revolução Francesa e das *Reflexões* de Burke sobre ela. Porém, não pode ser presumido razoavelmente que Johnson teria discordado de qualquer das conclusões essenciais de Burke.

Para retornar à conversa de Johnson, em 1772, com *sir* Adam Ferguson, conforme relatado por Boswell:

> **SIR. ADAM:** "Mas, senhor, na constituição britânica é certamente importante manter o espírito do povo, a fim de preservar o equilíbrio contra a Coroa".
> **JOHNSON:** "Senhor, vejo que é um *whig* vil. Por que todo esse ciúme infantil do poder da Coroa? A Coroa não tem força suficiente. Quando digo que todos os governos são iguais, considero que nenhum poder governamental pode ser abusado por muito tempo. A Humanidade não vai suportar. Se um soberano oprime seu povo em grande medida, eles irão se erguer contra ele e cortarão

---

[132] *Ibid.*, Vol. II, p. 396.

sua cabeça. Existe um remédio na natureza humana contra a tirania, que nos manterá seguros sob qualquer forma de governo"[133].

O apelo à natureza aqui é o último recurso, através do qual a constituição equilibrada se corrige. Mostra que Johnson presume a existência de alguma capacidade para um julgamento comunitário geral e estabelecido, que atuaria como a autoridade final sobre o Estado em algumas situações extremas. "A opinião da Humanidade", como vimos, também tem seu lugar no meio religioso. Entretanto, essas não são as circunstâncias esperadas por Johnson. Normalmente, a autoridade age por meios estabelecidos, por meio de agentes pessoais. No julgamento de Johnson sobre o estado de equilíbrio de poderes, a Coroa é muito fraca, presumivelmente porque foi trancada na oligarquia *whig*, que está preocupada apenas com seu próprio poder, escondendo seu interesse sob uma névoa de hipocrisia.

É principalmente contra a hipocrisia que os melhores escritos políticos de Johnson são dirigidos, seja o grito de "liberdade" dos partidários de Wilkes; de "patriotismo" por todos os grupos descontentes de oposição política; de "nenhuma tributação sem representação" pelos colonos americanos; de "honra nacional" pela oposição ao governo de *lord* Frederick North (1732-1792) na questão das Ilhas Falkland[134], em 1770. O tom predominante é polêmico e o tema subjacente comum é a pretensão de motivos de princípios, agindo para o bem de todo o país. Johnson procura revelar que são esforços estreitamente partidários, para enfiar na garganta uns dos outros diferentes partes do todo político. Em "O Patriota" (1774) Johnson ataca a desconexão entre palavras e ações, da retórica "patriótica" usada para ajudar os políticos da oposição a chegarem a um lugar e que depois é esquecida. As alusões a John Milton (1608-1674) são significativas. A epígrafe escolhida para "O Patriota" é retirada de um soneto escrito por Milton contra seus detratores, um texto não incomum em panfletos do século XVIII e particularmente apropriada segundo a perspectiva de Johnson:

---
[133] *Ibid.*, Vol. I, p. 424.
[134] Mais conhecida como a "Crise das Falklands" (Ilhas Malvinas), foi quando a Espanha tentou tomar as ilhas, quase causando uma guerra com a Grã-Bretanha e envolvendo a França, aliada de então dos espanhóis. (N. E.)

Eles clamam por liberdade em seu humor sem sentido
Ainda assim, se revoltam quando a verdade os libertaria
Licenciosidade, eles querem dizer, quando clamam por liberdade,
Pois quem a ama deve primeiro ser sábio e bom[135].

A ressonância do parágrafo final também é coroada por um retorno a Milton, desta vez a *Paraíso Perdido* (1667), em uma comparação dos "patriotas" com o anti-herói do poema. Eles são como Satanás, "'elevados por mérito a esta má eminência', [e] se arrogam o nome de Patriotas"[136]. A grande imagem épica de Milton de como o orgulho distorce a linguagem e a política, particularmente nos Livros I e II de *Paraíso Perdido*, evidentemente ressoa de maneira profunda na mente de Johnson. As linhas às quais ele alude vêm no início do Livro II:

No alto de um trono de estado Real tão longe
Superou a riqueza de Ormus e de Ind,
Ou no lindo Oriente, onde com a mais rica mão
Inunda seus reis com pérolas e ouro bárbaros,
Satã exaltado se sentou, elevado por mérito
Àquela má eminência[137].

Esta paródia da monarquia abre o debate em Pandemonium, a cidade infernal, para considerar que ação os anjos caídos deveriam tomar, como revolucionários idealistas, contra o "trono e monarquia de Deus", após sua expulsão do céu. Satanás já havia chegado à conclusão, o debate é apenas uma discussão demonstrativa e o raciocínio dos oradores parcial, como está fadado a ser para aqueles que se separaram da Razão (*Logos*) da ordem criada. O debate simulado, como a tentação de Eva por Satanás no poema, fornece um exemplo clássico de hipocrisia política e moral.

Johnson poderia fazer uso de tais alusões porque ele não teria discordado das premissas cristãs do poema de Milton. Esse fato torna a leitura do posterior *Vida de Milton*, de Johnson, particularmente interessante. Johnson abominava tudo

---

[135] JOHNSON, Samuel. Greene, D.J. (Ed.). *Political Writings*. Indianapolis, IN: Liberty Fund, 1977, p. 389.
[136] *Ibid.*, p. 400.
[137] Milton, John. *Paradise Lost*, Livro II, I. 1–6.

o que Milton defendia na causa parlamentarista. Ainda assim, como o sábio *tory* e o sábio *whig*, eles podiam concordar sobre os primeiros princípios: a cadeia de significado procedente de Deus, por meio da razão e da natureza, para os anjos e os homens. Johnson também poderia concordar com Milton sobre as consequências fatais para o indivíduo e a sociedade quando o significado é viciado pelo orgulho — o primeiro pecado, tanto na história quanto na teologia, a falha primordial da qual procede todo o mal. A compreensão de Johnson da natureza e da razão pode ser intimamente identificada com a de Milton, embora as conclusões políticas tiradas por eles dessa compreensão fossem amplamente divergentes. A ideia de natureza em Thomas Hobbes (1588-1679) e John Locke (1632-1704) falhou em causar qualquer impressão na concepção cristã tradicional de Johnson, derivada dos escolásticos e de Aristóteles.

Para Johnson, o diabo foi o primeiro *whig*. Facção é, no fundo, uma recusa em ocupar um papel criativo e positivo na ordem social, conformado à natureza, e envolvendo humildade e obediência. O apelo à natureza tornou-se altamente problemático, uma vez que a ideia foi confundida por Hobbes e Locke. Todos os lados poderiam fazer apelos fáceis para uma ideia cada vez mais nebulosa, mas Johnson não foge totalmente da palavra. Ele se refere à natureza no início de *Tributação Sem Tirania* (1775):

> Em todas as partes do conhecimento humano, seja terminando na ciência meramente especulativa, ou operando na vida privada ou civil, são admitidos alguns princípios fundamentais ou axiomas comuns que, sendo geralmente aceitos, são pouco duvidados e, portanto, foram raramente provados. Destas verdades gratuitas e reconhecidas, o destino é, muitas vezes, se tornarem menos evidentes por esforços para explicá-las, por mais necessários que tais esforços possam ser, graças a equívocos de absurdo ou sofismas de interesse[138].

Aqui também está o problema de especificar princípios e porque nos lembramos com mais frequência de Johnson em suas conclusões: o senso comum começa em algumas normas pré-verbais da mente humana, as quais a razão (entendida estritamente como a faculdade do raciocínio) não ilumina inteiramente. É mais fácil concordar ou discordar do que dizer por que o faze-

---

[138] Greene, *op. cit.*, p. 411.

mos. Sempre se acreditou que o amor ao país é uma coisa boa, diz Johnson. Aqui, ele concorda com o sentimento de patriotismo, se não com a hipocrisia. Contudo, muitos acreditam que a Grã-Bretanha não tem o direito de tributar as colônias contra sua vontade; colônias estas que fazem parte de uma comunidade política. Novamente, Johnson argumenta a partir da natureza:

> Esses preconceitos antipatrióticos [daqueles que apoiam os colonos] são o aborto da Loucura, impregnada pela Facção que, sendo produzida contra a ordem permanente da Natureza, não tem força suficiente para uma vida longa[139].

Ele pega uma ideia de um discurso do primeiro-ministro Chatham (1708-1778) e enxerga todos os colonos americanos como *whigs:*

> [...] o continente da América do Norte contém três milhões, não apenas de homens, mas de *whigs*. *Whigs* ferozes pela liberdade e desdenhosos do domínio. Eles se multiplicam com a fecundidade de suas próprias cascavéis de modo que, a cada quarto de século, seu número dobra[140].

A comparação com as cobras ecoa vagamente a metamorfose dos anjos caídos no Livro X de *Paraíso Perdido*. Ao romper com a mãe-pátria, Johnson vê os colonos rebeldes rompendo com o todo ao qual pertencem por natureza, por causa do orgulho, ganância e egoísmo. Quando os colonos e seus apoiadores apelam para "As leis da natureza, os direitos da Humanidade, a fé das cartas, as transgressões da usurpação"[141], eles estão abusando da razão, perdidos na "loucura da independência"[142].

A verdadeira antipatia de Johnson pelos americanos gira em torno deste ponto cardeal: sua objeção moral à hipocrisia em seus gritos de liberdade. Nem todas as leis são bem-feitas. Por vezes, elas devem ser revisadas e sua revisão não depende do consentimento de cada sujeito individual ou grupo. Quando os "direitos" legais apoiam as liberdades não naturais, eles não têm

---

[139] *Ibid.*, p. 412.
[140] *Ibid.*, p. 414.
[141] *Ibid.*, p. 418.
[142] *Ibid.*, p. 438.

significado, nem justiça, nem caráter inalterável — tudo de que depende a conformidade com a lei natural. Johnson duvidou que os americanos estivessem em posição de alertar os ingleses de que seus direitos estavam ameaçados pelas invasões da Coroa:

> Dizem que a sujeição dos americanos pode tender à diminuição de nossas próprias liberdades: um evento que ninguém, exceto os políticos mais perspicazes, são capazes de prever. Se a escravidão é tão fatalmente contagiosa, por que ouvimos os gritos mais altos por liberdade entre os condutores de negros[143]?

Johnson detestava a escravidão, vendo-a como contrária à lei natural; ele "duvidava que [ela] pudesse ser considerada a condição natural do homem"[144]. Boswell relata que:

> Quando na companhia de alguns homens muito sérios em Oxford, seu brinde foi: "Um brinde à próxima insurreição dos negros nas Índias Ocidentais"[145].

Assim, os "direitos" dos proprietários de escravos são tão sem sentido quanto o "direito" ao aborto para muitos de nós hoje em dia. As leis não podem ser legítimas quando violam o próprio fundamento da lei. Johnson era cético, cínico e desdenhoso daqueles que usavam a linguagem dos direitos e liberdades, garantidos pelo poder contra a autoridade, para seu próprio ganho egoísta e desordenado.

Johnson compreendeu, em parte devido à dura escola da tribulação pessoal, que a saúde do indivíduo e de toda a comunidade exigia o exercício vigoroso de poderes livres, dentro de uma ordem sancionada por Deus e pela natureza. A imensa autoridade, personificada pelo próprio Johnson, ilustra a tensão criativa, vinda de um ato livre de obediência a uma autoridade conformada à ordem natural. A própria autoridade de Johnson é altamente pessoal e, ocasionalmente, idiossincrática, apesar de suas constantes tentativas de evitá-la.

---
[143] *Ibid.*, p. 454.
[144] BOSWELL, James. *The Life of Samuel Johnson, LLD.* Vol. III. Oxford: Talboys and Wheeler, 1826, p. 181.
[145] *Ibid.*

Seu sentido de livre-arbítrio e responsabilidade pessoal, estendendo-se de si mesmo para os outros, foi derivado de um profundo sentido de uma ordem soberana fora de si mesmo, sob a qual reside a verdadeira liberdade. De maneira semelhante, e por razões similares, a experiência pessoal ensinou a Johnson o que G.K. Chesterton também aprendeu e transmitiu: que a ortodoxia é a última melhor esperança para o homem livre e a sanidade, assim como a liberdade, é consequência da ortodoxia.

CAPÍTULO 4

"A Cortina Decente da Vida"

A Unidade da Natureza e Arte em Edmund Burke

Polixenes: Portanto, donzela gentil
Você os negligencia?

Perdita: Pois ouvi dizer
Há uma arte que compartilha seu colorido
Com grande natureza criadora.

Polixenes: Digamos que haja;
Entretanto, a natureza não é melhorada de nenhuma forma
Mas a natureza faz a forma; então, sobre essa arte,
Que você diz adicionar à natureza, é uma arte
Feita pela natureza...............
A própria arte é a natureza.
WILLIAM SHAKESPEARE, CONTO DE INVERNO, ATO IV, CENA 4

Arte é a natureza do homem.
EDMUND BURKE, UM APELO DOS NOVOS AOS ANTIGOS WHIGS, 1791

No contexto de seu ensaio do debate renascentista sobre a relação entre arte e natureza, Shakespeare enfatiza a inocência de Perdita quando ela rejeita os cravos porque suas listras ousadas parecem artificiais, como se pintadas nas pétalas. Entretanto, a castidade de Perdita beira ao puritano. Ela é corrigida por Polixenes, que também se refere nesta cena à arte da horticultura, particularmente no enxerto de "mudas mais suaves" em "cepas mais selvagens" (*Conto de Inverno*, Ato IV, Cena IV). Shakespeare faz Perdita se submeter ao argumento de Polixenes. Contudo, a suspeita puritana da arte que ela dá voz viria mais tarde a emergir na forma de Rousseau e sua escola. Eles acreditavam que, se deixada por si mesma e não poluída pelas artes da civilização, a natureza produziria na sociedade do homem o paraíso natural. Como enfatizaram os puritanos ingleses, a arte é mentira e leva, especialmente no teatro, à corrupção moral. Shakespeare vingou-se deles em Malvolio[146], e sabemos em que lado estava Edmund Burke. Para Burke, Rousseau era "o insano Sócrates da Assembleia Nacional"[147] que inspirou a tentativa dos revolucionários franceses de retornar ao Ano Zero — o "estado de natureza", ou o país mítico no qual o Estado secou e cuja abordagem está repleta de cadáveres desde então, seja na França, na Rússia, na China, no Camboja. Em seu cerne está a falsa e, em última análise, homicida separação entre arte e natureza.

A primeira publicação importante de Burke foi *Uma Defesa da Sociedade Natural* (1756), uma sátira à escola do "estado da natureza" de Bolingbroke (1678-1751), na qual as ideias de John Locke estavam se transformando no naturalismo que inspiraria os radicais ingleses do final do século XVIII, tais como: William Godwin (1756-1836), Percy Bysshe Shelley (1792-1822), Mary Wollstonecraft (1759-1797) e Thomas Paine (1737-1809). A articulação do argumento de Burke era quase impecável, o que fez com que muitos dos primeiros leitores não captassem a sátira. Godwin, por exemplo, observou com alguma dor: "os males das instituições políticas existentes são exibidos com incomparável força de raciocínio e brilho de eloquência, enquanto a intenção era mostrar

---

[146] Personagem da peça Noite de Reis, trata-se do servo de Olívia, por quem é apaixonadotem por ambição máxima casar-se com Olívia e se tornar "Conde Malvolio". Na peça ele acaba enganado por sir. Toby e a empregada Maria, e acaba preso num quarto escuro. (N. E.)
[147] BURKE, Edmund. *The Writings and Speeches of Edmund Burke*. Vol. IV. Nova York, NY: Cosimo, Inc., 2008, p. 26.

que esses males deviam ser considerados triviais"[148]. A má-compreensão de Godwin sobre o propósito de Burke é, no fundo, uma má-compreensão da ideia tradicional cristã clássica de Burke sobre a natureza, o que Godwin e outros radicais substituíram por um paradigma muito restrito, falho em refletir a real complexidade da vida humana. A simplificação da "Natureza" e seu espírito orientador da "Razão" são muito bem articulados pela persona adotada por Burke em seu *Defesa*:

> Entretanto, infelizmente para nós, na proporção em que nos desviamos da regra simples de nossa natureza e voltamos nossa Razão contra si mesma, aumentamos, nessa proporção, as Loucuras e Misérias da Humanidade. Quanto mais profundamente penetramos no Labirinto da Arte, mais longe nos encontramos daqueles Fins para os quais entramos. Isso aconteceu em quase todas as Espécies da Sociedade Artificial e em todos os tempos[149].

Em um prefácio posterior, Burke precisou deixar claro que, longe de realmente acreditar nisso, ele considerava a "terra das fadas da filosofia". Esta expressão nos aponta para a verdadeira origem da "sociedade natural" no mito e na arte, ao invés de na história. A ironia de que sua ideia dominante era um produto da arte, e não da natureza, parece ter se perdido na escola naturalista, mas é, em certo sentido, a origem da sátira de Burke. A noção de uma "sociedade artificial" constituída por um corpo de lei positiva, religião cerimonial e constituições políticas complexas intrinsecamente, ao invés de contingentemente corrupta, não era o que Burke acreditava, mesmo que em grande parte de sua vida pública estivesse envolvido na luta contra a corrupção real. Burke sabia, no entanto, que a corrupção era da natureza original do homem, não de sua arte em si, mesmo que essa arte pudesse se corromper.

Seu conhecimento e compreensão da lei eram profundos. Em 1750, não muito antes do surgimento de *Defesa*, Burke chegou a Londres vindo da Irlanda, e começou a estudar direito no Middle Temple. Embora tenha decidido interromper o estudo formal do Direito, em favor de uma carreira literária e

---

[148] Cf. LOCK, F.P. *Edmund Burke: Vol. I: 1730–1784*. Oxford: Clarendon Press, 1998, p. 85–86.
[149] BURKE, Edmund. PAGANO, F. (Ed.). *A Vindication of Natural Society*. Indianapolis, IN: Liberty Fund, 1982, p. 72.

política, seus escritos e discursos mostram que isso é fundamental para sua visão. Como Peter J. Stanlis (1919-2011) mostrou, a concepção de direito de Burke estava enraizada na tradição do direito natural e, como com Thomas More, o direito comum inglês deu forma ao entendimento prudencial de Burke sobre o direito natural. Como Stanlis coloca:

> O entendimento de Burke do direito comum inglês é pertinente para determinar sua concepção do Direito Natural, porque, ao contrário de muitos escritores sobre jurisprudência durante o século XVIII, Burke nunca tratou o Direito Natural meramente como um código abstrato de ética, percebido diretamente pela razão nua e crua. Para Burke, o espírito do Direito Natural foi incorporado nas regras de equidade, que regiam o direito comum inglês, e foi transmitido por meio de precedentes legais e prescrição. Embora Burke de forma alguma identificasse o direito comum inglês e o Direito Natural, ele usou seu conhecimento de ambos para iluminar sua estreita relação recíproca[150].

A *Defesa*, como uma sátira a uma falsa compreensão de como e por que a civilização envolve corrupção, deve ser vista no contexto do humanismo cristão tradicional de Burke. Nela, o direito natural governa a concepção do homem na sociedade, ao invés de uma posterior e secular concepção da natureza.

Um dos primeiros exemplos de Burke do sentido das artes na civilização não deu certo no posterior *Tract on the Popery Laws* [*Tratado sobre as Leis dos Pobres*] (1765). Tal como acontece com Swift, o sentimento de injustiça de Burke é fomentado na Irlanda. No caso das leis penais aprovadas na Irlanda após a vitória de Guilherme de Orange (1533-1584) sobre a causa jacobita, as artes do governo e da legislação, ambas tão necessárias para a promoção de uma sociedade justa e feliz, tornaram-se um mecanismo perverso de opressão. Uma legislação calculada para excluir os direitos civis e políticos da maioria da comunidade é, nos diz Burke, um mau uso da lei, que existe para declarar direitos subsistentes em nossa natureza criada, dada por Deus. O argumento de Burke da natureza é tão explícito aqui que quase podemos entender por que tantos de seus contem-

---

[150] STANLIS, Peter J. *Edmund Burke and the Natural Law.* Ann Arbor: University of Michigan Press, 1965, p. 38.

porâneos, para não dizer leitores subsequentes, erroneamente veem nas obras posteriores uma reversão de seus princípios, um movimento de uma preocupação "progressista" com os oprimidos para uma defesa "conservadora" da autoridade. Entretanto, a defesa dos direitos de Burke está alicerçada em uma "natureza" diferente da quimera de Rousseau e sua escola, que confundiu a criação com o Criador. É uma natureza de ordem e beleza em consonância com a arte de um Deus pessoal:

> [O povo] não tem o direito de fazer uma lei prejudicial a toda a comunidade, embora os delinquentes, ao fazer tal, devam ser os primeiros a sofrer com isso, porque seria feito contra o princípio de uma lei superior, que não pode ser alterada por qualquer comunidade, nem por toda a raça humana — quero dizer, a vontade Daquele que nos deu nossa natureza, e ao dar, imprimiu uma lei invariável sobre ela. Seria difícil apontar qualquer erro mais verdadeiramente subversivo de toda a ordem e beleza, de toda a paz e felicidade da sociedade humana do que a posição de que qualquer grupo de homens tem o direito de fazer as leis que quiser — ou que as leis podem derivar qualquer autoridade meramente de sua instituição, independentemente da qualidade do assunto[151].

Burke está escrevendo aqui no contexto das leis penais, mas poderia ser no contexto da Revolução Francesa. Ambas estão em desacordo com seus *insights* sobre o funcionamento da lei natural, que por sua vez está em desacordo com a "Natureza" panteísta dos radicais.

A hostilidade à arte, característica não só dos radicais do século XVIII, mas dos fundamentalistas e extremistas de todos os matizes, antes e depois, costuma andar de mãos dadas com o despotismo político, ainda que usando os clichês da liberdade e da independência. A filosofia política burkeana, entretanto, é interpenetrada pela arte. É um dos poucos exemplos de pensamento político elevado ao nível de grande literatura; mais notavelmente em *Reflexões Sobre a Revolução na França* (1790). Na verdade, como F.P. Lock nos lembra: "As primeiras ambições de Burke eram literárias"[152]; ele queria se tonar poeta. Seu *Investi-*

---

[151] BURKE, Edmund. STANLIS, Peter J. (Ed.). *Tract on the Popery Laws*. In: *The Best of Burke: Selected Writings and Speeches of Edmund Burke*. Washington, DC: Regnery, 1963, p. 257.
[152] Lock, *op. cit.*, p. 91

gação Filosófica Sobre a Origem de Nossas Ideias do Sublime e do Belo (1757) teve uma enorme influência na compreensão e no tratamento artístico do sublime, no final do século XVIII e no início do século XIX. *Investigação* é caracterizado pelo ensaio provisório do autor, sobre algo reconhecido por ele como essencialmente misterioso e resistente à teoria sistemática, ou seja, o funcionamento da mente humana. Os exemplos são extraídos tanto da arte (especialmente, da poesia de Milton) quanto da vida em um método empírico ao invés de abstrato, como eram as "regras" da crítica neoclássica. As conclusões de Burke sinalizam um afastamento do esquema neoclássico, que Samuel Johnson também achou insuficiente como método crítico. Entretanto, Burke tem em comum com os neoclássicos uma suposição da universalidade e uniformidade da natureza humana.

Isso é anunciado bem no início de *Investigação*, na "Introdução ao Gosto":

> Em uma visão superficial, podemos parecer divergir muito amplamente uns dos outros em nossos raciocínios, e não menos em nossos prazeres: mas, apesar dessa diferença, que penso ser mais aparente do que real, é provável que o padrão, tanto da razão quanto do gosto, seja o mesmo em todas as criaturas humanas[153].

Boa parte da análise de Burke sobre o funcionamento do gosto, ou de como respondemos sentimentalmente a objetos naturais ou artísticos, é fisiológica. Ele discute, por exemplo, como os olhos e outros órgãos dos sentidos reagem a fenômenos sensoriais, como luz e escuridão, causando variações em nossas sensações de dor ou prazer. Desde o início, Burke faz questão de evitar simplificações excessivas, de avançar em direção a definições baseadas no conhecimento empírico, ao invés de começar com definições limitantes, e a interação entre o que ele chama de sublime e o que chama de belo é, em última análise, misteriosa. Entretanto, podemos resolver sob o título de sublime aquelas coisas que tendem a causar sensações dolorosas, especialmente de terror, como obscuridade, poder, privação, vastidão, infinito, sonoridade e amargura. A beleza, por outro lado, não é tanto uma questão de boa proporção, como na crítica neoclássica, mas aquela que cria sentimentos de amor. Assim, fica claro em seu

---

[153] BURKE, Edmund. PHILLIPS, Adam (Ed.). *A Philosophical Enquiry into the Origin of Our Ideas of the Sublime and Beautiful*. Oxford: OUP, 1990, p. 11.

Investigação, que Burke está considerando o misterioso funcionamento não só da mente, mas do universo, de tal forma que seus muitos exemplos do sublime extraídos de *Paraíso Perdido* de Milton são especialmente apropriados e reveladores. Além disso, seus *insights* sobre a natureza do sublime e do belo lhe dão autoridade especial sobre as convulsões da Revolução Francesa. Essa autoridade é até visionária e profética, quando consideramos quão cedo em seu processo ele escreveu.

Há um contraste instrutivo a ser feito entre a abordagem de Burke e a Revolução, com base em uma compreensão tradicional e sutil da natureza humana, e a resposta de radicais naturalistas como Thomas Paine e Mary Wollstonecraft, ambos rápidos produtores de réplicas ferozes às *Reflexões* de Burke.

O fardo de suas críticas, algumas de tipo literário, é que Burke substituiu a teatralidade verbal por uma avaliação honesta da injustiça humana. Essa crítica persiste até hoje na obra de vários leitores acadêmicos, que tentam ver Burke como um mero "retórico". A desconfiança da arte literária, como algo mais obscurecedor do que revelador, está implícita. Desde o início de *Uma Reivindicação dos Direitos do Homem* (1790), Wollstonecraft rejeita as falsidades da arte. Dirigindo-se a Burke, ela afirma que "não é necessário, com falta de sinceridade, pedir desculpas a você por me intrometer assim em seu precioso tempo" e rejeita "a linguagem equívoca da polidez para disfarçar meus sentimentos"[154]. (Considerando que Burke, em muitos lugares, nos lembra da importância das boas maneiras[155] para suavizar e agraciar as relações humanas, Wollstonecraft os vê como um impedimento desonesto às virtudes de ser franco). A arte de Burke "só é empregada para envernizar falhas que deveriam ter sido corrigidas". Suas *Reflexões* são comparadas a uma peça redundante de enfeites arquitetônicos, "um edifício arejado — uma loucura"[156]. Em contraste, Wollstonecraft tem um "sentido simples e não sofisticado" de liberdade, rejeitando os "costumes não naturais" que só serviram para transformar o homem em um "monstro artificial", especialmente os ricos, cujas "mentes, de fato, em vez de serem cultivadas, foram tão deformadas pela educação"[157].

---

[154] WOLLSTONECRAFT, Mary. *A Vindication of the Rights of Men*. Nova York, NY: Prometheus Books, 1996, p. 13.
[155] Cf. CROWE, Ian. "Edmund Burke on Manners", *Modern Age*, Outono 1997, Vol. 39, No. 4, p. 389ff.
[156] Wollstonecraft, *op. cit.*, p. 16.
[157] *Ibid.*, p. 14–19.

Wollstonecraft defende a simplicidade da razão em oposição às noções de senso comum de Burke. Aqui, ela zomba delas como sendo "jargão sentimental" (e isso de alguém que defendeu "sentimento" — sentimentos naturais, não ensinados — como um guia confiável):

> Supõe-se que uma espécie de instinto misterioso resida na alma. Instantaneamente, discerne a verdade, sem o tedioso trabalho do raciocínio. Esse instinto, pois não sei que outro nome dar a ele, foi denominado senso comum e, mais frequentemente, sensibilidade.
> Por uma espécie de direito irrevogável, supõe-se, pois direitos deste tipo não são facilmente provados, para reinar sobre as outras faculdades da mente e ser uma autoridade para a qual não há apelação[158].

No pensamento de Wollstonecraft, sentimento e razão não funcionam desta forma integrada. Entretanto, ela opta por explicá-los na figura do casamento, de forma que o sentimento "impregna" a razão, produzindo "seu único filho legítimo: virtude", em contraste com o "instinto", que é um "vício bastardo" (a "retórica" aqui é digna de nota.) Wollstonecraft entende suficientemente o propósito de Burke para fornecer esta paródia dele, e para reiterar a primazia da razão pura, para "Quem se aventurará a afirmar que a virtude não seria promovida pelo cultivo mais extenso da razão?" [159] e "Não conheço nenhuma natureza ou relação comum entre os homens, mas o que resulta da razão"[160]. Assim, ela não irá criticar a Assembleia Nacional Francesa "por aplicar mais ao entendimento do que à imaginação"[161], diferentemente de Burke. A implicação é que, dado o abismo mental fixado entre as duas faculdades, a razão deve ser a base mais confiável para o progresso político.

Direitos do Homem (1791) de Tom Paine, da mesma forma tenta uma crítica da linguagem de Burke. Logo no início, sinaliza sua divergência filosófica de Burke em uma citação de aprovação do Marquês de Lafayette (1757-1834):

---

[158] *Ibid.*, p. 49.
[159] *Ibid.*, p. 53.
[160] *Ibid.*, p. 64.
[161] *Ibid.*, p. 65.

Recordai os sentimentos gravados pela Natureza no coração de cada cidadão, que assumem uma nova força quando são solenemente reconhecidos por todos: para uma nação amar a liberdade, basta que ela a conheça; e para ser livre, é suficiente que ela o deseje[162].

É interessante ver como, nesta figura de uma gravura no coração que ecoa São Paulo (5-67 d.C.), "sentimentos" substituiu "lei" e "Natureza" substituiu "Deus": a diferença entre naturalismo por um lado, e a lei natural, por outro, dificilmente poderia ser mais claramente encapsulada. Em outro eco de São Paulo, Paine finge perceber no estilo de Burke um mero gongo, ou címbalo, tilintando, censurando "os períodos de Sr. Burke, com [sua] música no ouvido e nada no coração"[163]. Em outros lugares, Paine vê a linguagem de Burke como desnecessariamente ornamentada, "alegre e florida"[164], e especialmente como uma aplicação errada do tratamento literário à história:

> Quanto às pinturas trágicas pelas quais o Sr. Burke ultrajou sua imaginação e busca trabalhar a de seus leitores, elas são bem calculadas para a representação teatral, onde os fatos são fabricados para fins de exibição e acomodados para produzir, pela fraqueza da simpatia, um efeito de choro. Porém, o Sr. Burke deve se lembrar que está escrevendo História, e não Peças; e que seus leitores vão esperar a verdade e não o discurso retumbante de uma exclamação aguda[165].

A desconfiança de uma arte dramática como meio para a verdade é evidente aqui. As imagens de horror, chamadas por Paine de "as pinturas horríveis do Sr. Burke"[166], são condenadas em uma demonstração de decoro puritano e afetado. A arte, para Paine, faz parte da degeneração infligida à natureza primitiva pela civilização:

---

[162] PAINE, Thomas. *Rights of Man*. Nova York, NY: Alfred A. Knopf, 1994, p. 15.
[163] *Ibid.*, p. 16.
[164] *Ibid.*, p. 19.
[165] *Ibid.*, p. 21.
[166] *Ibid.*, p. 20.

A natureza foi mais gentil com o Sr. Burke do que ele com ela. Ele não é afetado pela realidade da angústia tocando seu coração, mas por um ostensivo simulacro dela atingindo sua imaginação. Ele tem pena da plumagem, mas se esquece do pássaro moribundo. Acostumado a beijar a mão aristocrática que o roubou de si mesmo, ele degenera em uma composição de arte, e a alma genuína da natureza o abandona[167].

Ao invés de ver Burke derrotando sua própria natureza por meio da arte, vemos Paine derrotando sua arte por meio de uma má interpretação da natureza. A famosa metáfora da plumagem e do pássaro moribundo é mal aplicada. Paine vê a plumagem como uma imagem de artifício redundante enquanto, claro, a plumagem é tão essencial para a vida do pássaro quanto seu corpo ao permitir, por exemplo, o voo.

No mínimo, a plumagem poderia servir como uma imagem da integração da arte e da natureza, o que Paine não reconhece.

A verdade das *Reflexões* de Burke devia ser confirmada pelos acontecimentos, e as esperanças que Wollstonecraft e Paine tinham da Revolução, não. As visões de terror de Burke estavam longe de serem fantasias irreais e acaloradas. É fácil esquecer, como é frequentemente observado, que ele estava escrevendo antes do Terror e da ascensão de Napoleão. A escrita de Burke, portanto, possui uma qualidade profética, por meio de sua integração da arte com seu conhecimento da natureza e história humanas. Em particular, sua compreensão do que chama de sublime permite-lhe receber essa visão. Ele é capaz de olhar para o abismo, não desviar os olhos, e contar o que viu. A retórica de Burke é a da realidade, ao invés da parcialidade, na medida em que é sensível a toda a natureza do homem, incluindo sua arte. A arte é o meio pelo qual a visão é apreendida e transmitida. Desta forma, a visão não é apenas recebida como uma mensagem automática, mas exige todo o poder artístico e criativo do autor encarnado em palavras. Longe do sentido literário e trágico ser inapropriado para a escrita política ou histórica, no caso de um evento de proporções cataclísmicas como a Revolução Francesa, é a única forma capaz de articular toda a sua realidade. Em nosso tempo, estamos acostumados a ouvir uma linguagem fria da política. Deste modo, a miséria humana é falada em termos como "liqui-

---

[167] *Ibid.*, p. 21.

dação" ou "limpeza étnica" com o efeito de mascarar as horríveis realidades com as quais o poder sanguinário secretamente se banqueteia. Burke quebra a máscara e suas "pinturas horríveis" mostram a coisa em si:

> Conspirações, massacres, assassinatos parecem, para algumas pessoas, um preço trivial para se obter uma revolução. Uma reforma barata e sem sangue, uma liberdade sem culpa, parece insípida e monótona para seu gosto. Deve haver uma grande mudança de cenário; deve haver um efeito de palco magnífico; deve haver um grande espetáculo para roubar a imaginação[168]...

O gosto diabólico por sangue não é concebido na mente de Burke, mas sim refletido no espelho de sua mente; o título *Reflexões* deve ser tratado. Sua visão do sublime o torna capaz de mostrar algo que a mente racionalista e naturalista não pode admitir (para sua ruína, eventualmente trazida pelos acontecimentos): o mal que não pode ser contido somente pela razão.

Ser humano, Burke nos lembra, é sentir-se revoltado, aterrorizado e enojado por esses "espetáculos" de reis, liderados em triunfo, e rainhas indignadas. Não porque estejam acima de nós na ordem social, mas porque representam a dimensão pessoal da autoridade e da sociedade, e a sustentam em nosso nome. Se a Humanidade deles é violada, então, a nossa também é e será ainda mais. Concordar com os maus-tratos da família real francesa é "a escolha degenerada de uma mente viciada"[169], não a manifestação da virtude racional. A famosa etiqueta de William Wordsworth (1770-1850) na Revolução Francesa, "Felicidade era estar vivo naquele amanhecer,/ Mas ser jovem era o paraíso"[170]. O poema em que esses versos apareceram originalmente expressa bem essa consideração introspectiva dos sentimentos utópicos. Substitui uma apreensão de uma realidade segundo a qual os sentimentos não podem vagar livremente, mas são inerentes a algum "objeto sensível". Este, Burke fornece, por exemplo, aqui:

---

[168] BURKE, Edmund. O'BRIEN, Conor Cruise (Ed.). *Reflections on the Revolution in France*. Londres: Penguin, 1968, p. 156. (A partir daqui referida somente como *Reflexões*).
[169] *Ibid.*, p. 160.
170 WORDSWORTH, William. "The French Revolution, as it Appeared to Enthusiasts at its Commencement". In: HUTCHINSON, Thomas (Ed.). *The Poetical Works of William* Wordsworth. Nova York, NY: Oxford University Press, 1933, p. 208.

A história registrará que na manhã de 6 de outubro de 1789, o rei e a rainha da França, após um dia de confusão, alarme, desânimo e massacre, deitaram-se, sob a promessa da fé pública, para ceder à natureza em algumas horas de trégua e um repouso melancólico conturbado. Desse sono, a rainha se assustou pela primeira vez com a voz da sentinela à sua porta. Este gritou para que ela se salvasse fugindo — pois esta era a última prova de fidelidade que poderia lhe dar —, pois eles estavam sobre ele e seria morto. Instantaneamente, ele foi morto. Um bando de rufiões e assassinos cruéis, fedendo a seu sangue, correu para a câmara da rainha e perfurou a cama com cem golpes de baionetas e punhais, de onde a mulher perseguida teve apenas tempo de voar, quase nua. Através de caminhos desconhecidos para os assassinos, havia escapado para buscar refúgio aos pés de um rei e marido, ele mesmo, em momento algum, seguro de sua própria vida.

Este rei, para não falar mais dele, e seus filhos pequenos (que, certa vez, teriam sido o orgulho e a esperança de um grande e generoso povo) foram então forçados a abandonar o refúgio do palácio mais esplêndido do mundo, o qual deixaram nadando em sangue, poluído pelo massacre e coberto com membros espalhados e carcaças mutiladas[171].

Nesta recriação dramática, Burke tenta estimular uma resposta moral no leitor, trabalhando em um idioma trágico, evocando a piedade e o terror do sublime. É um "espetáculo atroz" ao qual apenas uma resposta é humana. Porém, pergunta Burke:

> Por que me sinto tão diferente do reverendo dr. Price, e daqueles de seu rebanho leigo, que escolherão adotar os sentimentos de seu discurso? — [Como, podemos dizer, Paine e Wollstonecraft]. Por esta razão simples — porque é natural que eu deveria; porque somos feitos a ponto de sermos afetados por tais espetáculos melancólicos com sentimentos melancólicos sobre a condição instável da prosperidade mortal e a tremenda incerteza da grandeza humana; porque nesses sentimentos naturais aprendemos grandes lições; porque em eventos como esses nossas paixões instruem nossa razão; porque quando os reis são arremessados de seus tronos pelo Diretor Supremo deste grande drama, e

---

[171] Burke, *Reflexões*, p. 164.

se tornam objetos de insulto à base e de piedade aos bons, vemos tais desastres na moral como deveríamos contemplar um milagre na ordem física das coisas. Estamos assustados com a reflexão; nossas mentes (como foi observado há muito tempo) são purificadas pelo terror e pela piedade; nosso fraco orgulho irrefletido é humilhado, sob as dispensações de uma sabedoria misteriosa[172].

O uso aqui das palavras "simples", "razão" e "natural" ecoa ironicamente, e reapropria para um uso tradicional, a linguagem da escola radical de Rousseau. As paixões e a razão atuam na mente humana integrada de forma interdependente, garantindo o sentido de realidade do objeto. Nossas reações são no nível moral e consistem em pena ou desprezo, dependendo da saúde, ou não, de nossa própria condição moral.

Assim, a integração da arte e da natureza na mente de Burke, refletindo a complexidade da natureza humana, é a base da "imaginação moral" que subscreve uma política saudável, assim como uma cultura geral saudável. Em nenhum lugar, talvez, isso seja melhor expresso como na passagem seguinte. Ela vai ao cerne do que Burke quer conservar, e tem verdadeiro terror de perder:

> Porém, agora tudo deve ser mudado. Todas as ilusões agradáveis, que tornavam o poder suave e a obediência liberal, que harmonizavam as diferentes nuanças da vida e que, por uma assimilação branda, incorporavam à política os sentimentos embelezadores e suavizadores da sociedade privada, devem ser dissolvidas por este novo e conquistador império da luz e da razão. Todas as cortinas decentes da vida devem ser rudemente arrancadas. Todas as ideias acrescentadas, fornecidas a partir do figurino de uma imaginação moral, que o coração possui e o entendimento ratifica, conforme necessário, para cobrir os defeitos de nossa nua natureza trêmula e elevá-la à dignidade em nossa própria avaliação, deverão ser expostas como se fossem uma moda ridícula, absurda e antiquada[173].

Devemos ter cuidado para não ver como pejorativa a palavra "ilusões", no uso dela aqui feito por Burke; não mais do que seu uso de "teatro" ou "tea-

---
[172] *Ibid.*, p. 175.
[173] *Ibid.*, p. 171.

tral". Pois, diz ele com amarga ironia, "...o teatro é uma escola de sentimentos morais melhor do que as igrejas, onde os sentimentos da Humanidade são, portanto, [pelo sermão do Antigo Judaísmo do dr. Price] ultrajados"[174]. A imaginação moral subsiste principalmente na simpatia — literalmente, no sentimento pelo outro —, mas é interdependente do sentido ético, que nos permite ver quem é realmente a vítima — sejam reis e rainhas, a população católica irlandesa destituída de domínio, ou índios pagãos. A imaginação e a arte produzida por ela estão no cerne do que deve ser "... o Homem; cuja prerrogativa é ser, em grande parte, uma criatura de sua própria autoria"[175].

No idioma da compreensão burkeana do sublime, *Reflexões* é a identificação mais antiga da ameaça da Revolução na França para toda a sociedade civil. Entretanto, nos anos que se seguiram à Revolução Francesa e às convulsões europeias das Guerras Napoleônicas precipitadas por ela, o sublime burkeano iria encontrar seu caminho em outras respostas artísticas ao espírito da época. *Tempestade de Neve: Aníbal e Seu Exército a Atravessar os Alpes* (1812), de J.M.W. Turner (1775-1851), é uma das várias pinturas sobre temas cartagineses, nos quais a luta entre a Inglaterra e a França é vista como prefigurada na luta entre Roma e Cartago. Embora o propósito de Turner seja burkeano nas lições gerais sublimes e morais, envolvidas na contemplação da queda do poder humano e das ambições imperiais, uma identificação particular de Aníbal com Napoleão é retrospectivamente inevitável. (O anterior *A Queda de uma Avalanche nos Grisões*, de 1810, também evoca o sublime burkeano, e em ambas as pinturas o contexto alpino, de escuridão avassaladora e precipitada, é fortemente sentido.) O sofrimento humano, decorrente da irrupção de um caos tártaro na ordem da natureza, está conectado com o orgulho humano. A ultrapassagem do trem de bagagem cartaginês e sua matança brutal por selvagens tribos suíças, recebe um significado cósmico pelo envolvente ataque da tempestade de neve. O Sol, como um símbolo da ordem benéfica, é obscurecido, e as ambições de Aníbal, feitas distantes e pequenas na silhueta de seus elefantes no horizonte; sua derrota final é prefigurada. O resultado da ambição implacável de Napoleão é visto em *O Campo de Waterloo* (1818) de Turner, no qual a escuridão profundamente pálida é atravessada pelo luar mortalmente pálido, ou pela luz do fogo sangrenta, e os

---

[174] *Ibid.*, p. 176.
[175] *Ibid.*, p. 189.

cadáveres misturados de soldados britânicos e franceses nos fazem, como em qualquer visão do sublime, pausarmos com piedade e medo.

Reiterando o lembrete de Burke, é natural fazer uma pausa dessa forma. A maioria de nós não experimentaria essa experiência natural e salutar sem a intervenção da arte. A imaginação moral de Burke vê convulsões humanas de proporções históricas em termos de arte, especialmente drama. No período moderno, desde a Revolução Francesa, no entanto, a vida nos proporcionou muitos eventos de proporções terríveis, tão avassaladores quanto inesperados. Nas trincheiras da Primeira Guerra Mundial, nos campos de concentração, no *gulag*, no bombardeio comum ou atômico das cidades na Segunda Guerra Mundial, nos campos de morte do Camboja e, recentemente, na destruição de duas imensas e monumentais torres, símbolos do poder do homem ocidental industrial e comercial, sentimos pena e terror ao pensar em milhares no limite da dor e da perda.

Sentimos uma irrupção insuportável do caos na ordem e uma incompreensão e desorientação estupefatas. Sem uma concepção do mal, para a qual precisamos de um sistema de religião dogmática, tropeçamos. A desumanidade da ideologia é uma das características definidoras da Modernidade recente. É a respeito disso que Burke foi profético. A "era da cavalaria" desce para a Modernidade fria, mas sanguinária, dos "sofistas, economistas e calculadores" — os defensores cientificistas de um mundo novo, sem coração. Seja no comunismo, fascismo, nazismo, ou no terror islâmico mais recente, alimentado pelo fundamentalismo, a Modernidade tardia continua a imitar o paradigma da ideologia sanguinária, estabelecida na Revolução Francesa. A resposta política do Ocidente (agora uma mistura de liberalismo secular cristão e pós-cristão), na medida em que deve se opor às "doutrinas armadas" com objetivos globais, deve dar atenção à sabedoria perene do humanismo cristão de Edmund Burke.

Há, é claro, considerável antagonismo mútuo entre o pensamento humanista cristão e o liberalismo secular. Entretanto, certamente se torna cada vez mais óbvio que, sem a convicção moral, a profundidade de visão e a amplitude de compreensão vindas da crença religiosa, é improvável que o Ocidente possa se sustentar face a um ataque ideológico. Em particular, a menos que a profunda conexão entre religião e lei seja reconhecida, a própria lei se tornará anulada, incapaz de resistir à força do positivismo jurídico, por um lado, e da *sharia*, por outro. Nesse ponto, uma desconexão radical com o passado terá ocorrido.

Contudo, não está claro se a maioria das pessoas gostaria que essa quebra acontecesse. Como Burke nos lembra no *Tract on the Popery Laws*:

> A religião, para ter qualquer força no entendimento do homem, na verdade, para existir, deve ser considerada suprema em relação às leis, e independente de sua substância, em qualquer instituição humana. Caso contrário, seria a coisa mais absurda do mundo; uma fraude reconhecida. A religião, portanto, não é acreditada porque as leis a estabeleceram, mas é estabelecida porque a parte principal da comunidade já acreditava que fosse verdade[176].

Esta "parte dirigente da comunidade" equivale ao pensamento comum. Ele conecta o passado com o presente, fazendo da democracia dos mortos o patrimônio vital dos vivos. O humanismo cristão de Burke existe em um sentido profundo das raízes de sua própria civilização na história e seu crescimento simbiótico com a religião e a lei. Como todas as formas de humanismo cristão, é uma visão da sociedade tornada possível tanto pelo conhecimento quanto pela imaginação.

---

[176] Citado em Stanlis, *op. cit.*, p. 44.

CAPÍTULO 5

A Imaginação Integradora

de Samuel Taylor Coleridge

Ulysses: Há um mistério, em cuja relação
Não se deve intrometer, na alma do Estado,
Que tem uma operação mais divina,
Do que a voz ou a pena podem expressar
William Shakespeare, Troilo e Créssida, Ato III, cena 3

Se, então, a unanimidade baseada em sentimentos morais tem estado entre as
fontes menos equívocas de nossa glória nacional, aquele homem merece a
estima de seus conterrâneos, mesmo como patriotas, que dedicam sua vida e os
maiores esforços de seu intelecto à preservação e continuidade daquela
unanimidade, pela divulgação e estabelecimento de princípios [...]
Deixe o estudioso que duvidar desta afirmação,
se referir somente aos escritos de Edmund Burke [...].
Samuel Coleridge, Biografia Literária, 1817

> *A cristandade, desde seu primeiro acordo sobre os direitos feudais, tem sido até agora um grande corpo que, embora organizado de maneira imperfeita, encontrará um espírito semelhante em cada período por ter agido em todos os seus membros.*
> SAMUEL COLERIDGE, BIOGRAFIA LITERÁRIA, 1817

Na melhor das hipóteses, é difícil pensar em Coleridge, o inveterado fumante de ópio, como um conservador. Hoje em dia, o problema é agravado pelo fato de que as obras de Coleridge geralmente estudadas consistem na poesia inicial presente em *Baladas Líricas* (1798), que é considerada uma publicação "niveladora" por William Hazlitt (1778-1830), um produto de uma época em que Wordsworth e Coleridge eram cheios de radicalismo nas letras e na vida. Os modernos radicais titulares da academia soltarão um muxoxo de decepção ao perceber a desilusão pela qual ambos os poetas passaram quanto a Revolução Francesa, portanto, e não surpreendentemente, muitas vezes tais radicais sugerem que a melhor fase acabou cedo, especialmente no caso de Coleridge, e que depois disso ele escreveu pouca poesia e muita prosa entediante. Entretanto, há muito mais em um Coleridge posterior do que desilusão, mesmo quando os títulos dos dois volumes da biografia escrita por Richard Holmes, *Early Visions* [Primeiras Visões] e *Darker Reflections* [Reflexões Mais Obscuras], parecem particularmente apropriados. (A palavra "reflexões" também sugere, apropriadamente, a influência de Burke nesse Coleridge posterior). Além disso, como veremos, há continuidades de pensamento entre os melhores poemas e o pensamento posterior sobre a natureza da sociedade. Isso pode ser resumido, nas palavras de H.G. Schenk, como "a busca pela reintegração"[177], perseguida igualmente na alma e na comunidade.

Primeiro, seria-nos útil uma referência à crítica mais penetrante que temos do pensamento de Coleridge, e de seu oposto, Jeremy Bentham (1748-1832). No decorrer de dois ensaios, um sobre cada um desses dois filósofos, John

---

[177] SCHENK, H.G. *The Mind of the European Romantics*. Oxford: OUP, 1979, p. 22.

Stuart Mill (1806-1873) nos dá uma história detalhada das ideias do século XVIII até a sua própria época, e um esboço de dois modos de pensamento contrastantes. Estes dois modos de pensamento correspondem ao que chamamos aqui de mente comum, e o seu oposto de mente desintegradora. Enquanto Coleridge era integrador, tradicional, religioso e poético, Bentham era cético, racional, empírico e prosaico. A visão de Coleridge veio daquilo que ele viveu, da sua herança, enquanto a de Bentham era externa àquilo anterior a ele. Mais importante ainda, Mill aponta a maneira central através da qual o pensamento de Bentham está em desacordo com a mente comum:

> Sua segunda [desqualificação como filósofo] foi a incompletude de sua própria mente como representante da natureza humana universal. Ele não tinha simpatia por muitos dos sentimentos mais naturais e mais fortes da natureza humana; ele foi totalmente isolado de muitas de suas experiências mais impactantes; e a faculdade por meio da qual uma mente entende uma mente diferente de si mesma, e se lança nos sentimentos daquela outra mente, foi negada a ele por sua deficiência quanto a Imaginação[178].

Em Coleridge, ao contrário, vemos a importância da imaginação, não apenas em seu próprio pensamento e arte, mas também como representante de um tema contínuo nas mentes dos humanistas cristãos considerados neste livro. Sem a imaginação, podemos dizer, o homem está encerrado em si mesmo, no tempo presente, no mundo material e em seus processos lógicos; além disso, sem a imaginação ele está ainda mais inclinado a calar os outros também, em sua prisão limpa e arrumada. Mill mostra como Coleridge, e os pensadores alemães a quem ele tanto devia, ajudaram a libertar a mente da Inglaterra do racionalismo obsoleto do pensamento do século XVIII. Também podemos acrescentar que Coleridge, como os outros românticos ingleses, não tinha uma dívida insignificante com Burke e, como veremos no próximo capítulo, sem Coleridge poderia não ter havido o Movimento Oxford[179]. Coleridge tornou novamente o

---

[178] MILL, John Stuart. LEAVIS, F.R. (Ed.). *Mill on Bentham and Coleridge*. Cambridge: CUP, 1980, p. 61.
[179] Movimento Oxford foi um movimento religioso liderado por John Henry Newman e Edward Bouverie Pusey, que ocorreu na primeira metade do século XIX e envolveu anglo-católicos estudantes da Universidade de Oxford – chamados de tractarianos, por causa do evangelismo por

cristianismo tanto intelectualmente respeitável quanto relevante para o pensamento político, a sociedade, a literatura e a arte.

Voltando aos dois Coleridges, pode-se perceber que a continuidade da temática principal, entre o homem anterior e o posterior, é caracterizada pelo contraste metafórico, entre uma visão orgânica e uma visão mecanicista da vida. A revolução essencial no pensamento de Coleridge estava em sua rejeição da filosofia de David Hartley (1705-1757). A importância de Hartley para Coleridge era tanta, que havia dado ao seu primeiro filho o nome do médico de Cambridge, cujas ideias de necessidade e o funcionamento associativo da mente humana questionavam qualquer sentido moral inato no homem. Em 1801, Coleridge rejeitava aquilo que via como implicações ateístas da metafísica moderna, especialmente em Hartley. Coleridge nunca perdeu, nos caprichos de seu pensamento radical inicial, suas convicções cristãs. De fato, elas forneceram a fonte para suas preocupações com o que hoje em dia é comumente chamado de justiça social. Seu afastamento do radicalismo e sua aceitação da causa *tory*, portanto, são paralelos aos motivos de Swift para deixar os *whigs*: a percepção de que a preservação de um cristianismo místico das depredações causadas pelo racionalismo moderno era de suma importância na saúde da sociedade e que em nenhum lugar isso teve uma importância mais prática do que na defesa da Igreja estabelecida. O radicalismo social era inconsistente com ambas as partes deste objetivo.

Essa reação contra o racionalismo na filosofia estava inteiramente de acordo com a reação anterior de Coleridge contra a poesia neoclássica de Pope e sua escola. A poesia augustina, considerou Coleridge, era artificial e mecânica, assim como o racionalismo dos radicais. As ideias de Coleridge da "forma orgânica" na poesia, e sua elucidação das qualidades naturais de Shakespeare, antecipam sua defesa posterior da constituição orgânica da Grã-Bretanha:

> A forma é mecânica quando, em qualquer dado material, imprimimos uma forma pré-determinada, não necessariamente decorrente das propriedades do material. Como quando damos a uma massa de argila úmida qualquer forma

---

meio de panfletos (*tracts*, em inglês). O intuito era retirar a Igreja Anglicana da estagnação e permitir uma renovação espiritual por meio da ênfase na sua ligação com a Igreja Católica. (N.R.)

que desejamos que retenha quando endurecida. A forma orgânica, por outro lado, é inata. Ela se forma a partir de dentro, e a plenitude de seu desenvolvimento é una com a perfeição de sua forma externa [...] E mesmo assim, tal é a apropriada excelência do poeta escolhido [pela Natureza], de nosso próprio Shakespeare, ele mesmo uma natureza humanizada, uma compreensão genial, que dirige conscientemente um poder e uma sabedoria implícita, mais profunda do que a consciência[180].

Por extensão, podemos dizer que o racionalismo é a imposição de uma forma pré-determinada e mecânica de raciocínio, que não imita nem corresponde ao espírito da natureza — chamada por Coleridge, no contexto da poesia mecânica, "uma cópia cega de efeitos, ao invés de uma verdadeira imitação dos princípios essenciais"[181]. Os críticos neoclássicos franceses, e seus seguidores ingleses, tendiam a ver Shakespeare como um gênio bárbaro e acreditavam no dístico heroico como o verdadeiro meio da poesia em uma época mais refinada. O espírito de Voltaire (1694-1778) e o espírito de Rousseau se unem: o dístico heroico é o correlativo literário de uma constituição política abstrata imposta a qualquer nação, quaisquer sejam seus costumes e tradições.

Uma história que Coleridge gostava de contar sobre seu tempo em Nether Stowey ilustra seu afastamento da posição filosófica dos radicais, que se inclinavam para a visão da mente da criança como uma *tabula rasa*, sobre a qual as impressões de seu ambiente se acumulam. (A ideia deriva principalmente, no que diz respeito ao século XVIII, de John Locke). Sendo assim, segue-se uma presunção em favor do racionalismo à medida que a mente se desenvolve sob a causa e efeito necessários, e as implicações desta visão da mente para a educação foram desenvolvidas no *Emílio* de Rousseau. John Thelwall (1764-1834), um dos mais notórios radicais ingleses, e (em uma época em que os espiões do Ministério do Interior estavam no exterior) um visitante bastante óbvio de Coleridge e Wordsworth em Somerset, tornou-se alvo da crescente falta de inclinação de Coleridge para as ideias mecanicistas da mente humana:

---

[180] BLOOM, H.; TRILLING, L. (Eds.). *Romantic Poetry and Prose.* Nova York, NY: OUP, 1973, p. 656.
[181] *Ibid.*, p. 655.

[...] Coleridge, espirituosamente, atacou a ideia de Thelwall de que uma criança deveria ser criada como agnóstica até atingir uma idade de discrição para escolher entre religião e ateísmo. "Mostrei meu jardim a ele e disse que era meu jardim botânico. 'Como assim?', perguntou ele, 'está coberto de ervas daninhas'. 'Oh', respondi, 'isso é apenas porque ainda não atingiu a sua idade de critério e escolha. As ervas daninhas, perceba, tomaram a liberdade de crescer e eu achei injusto da minha parte prejudicar o solo em relação às rosas e morangos"[182].

Coleridge se opõe aqui a uma visão seca, mecânica e racionalista da mente, na qual o ambiente social é contido e racionalmente determinado, com uma visão de uma interação imaginativa e cultivo do que é dado. A história resume perfeitamente a importância para Coleridge da religião como veículo e tesouro da imaginação, e sua posição central em suas diferenças crescentes em relação ao projeto radical.

Foi por volta desse período de 1797-1798, quando ele residia em Nether Stowey, que Coleridge escreveu sua melhor poesia. Além da revolução interna ocorrendo em sua mente, o mundo externo estava cheio de uma agitação imensa. Os jacobinos franceses executaram o rei francês Luís XVI (1754-1793), deram início ao Terror e consagraram a catedral de Notre Dame à Razão. A Inglaterra estava em guerra com a França revolucionária, que perseguia objetivos continentais agressivos, e havia medo de invasão através do Canal da Mancha. O governo do primeiro-ministro britânico William Pitt (1759-1806) aprovou leis para conter a sedição e suspender o *habeas corpus*. A poesia de Coleridge dessa época reflete as escolhas urgentes que ele se sentiu obrigado a fazer, suas esperanças e medos quanto ao futuro, e a contemplação, em escala local, da natureza das relações sociais humanas. Talvez mais digna de nota, tanto antes como agora, seja a recuperação do sentido de mistério da vida e da arte, tão notavelmente reemergente em *Christabel* (1816) e na *Balada do Velho Marinheiro* (1798). Contudo, é nos "poemas de conversação" e em "França: uma Ode" (1798), que podemos perceber, principalmente, a influência das ideias de Burke sobre a natureza da sociedade, como sendo enraizada em afeições pessoais reais. Isso

---

[182] HOLMES, R. *Coleridge: Early Visions.* Londres: Harper Collins, 1999, p. 158.

foi especialmente importante para Coleridge naquela época. Como Marilyn Butler (1937-2014) coloca:

> O esquema pantisocrático, que teria feito uma comunidade ideal, havia falhado com ele; o movimento radical mais amplo havia falhado com ele; todos aqueles ainda suspeitos de opiniões radicais eram impopulares; seu casamento com Sara Fricker lhe trouxe pouca segurança ou companhia. No início da idade adulta, Coleridge experimentava não a comunidade, mas a alienação, e sua melhor poesia é o registro disso[183].

Este ponto é bem ilustrado em "This Lime-Tree Bower My Prison" ["Essa Casa de Tília, Minha Prisão"]. O poeta é impedido de sair com seus amigos por um pequeno acidente e permanece em um jardim sentado sob uma tília. É junho de 1797. O poema coloca em foco, emblematicamente, a alienação sentida por Coleridge, mas também a imensa importância atribuída por ele à amizade. O poeta cria uma comunicação, para além do momento no tempo, entre amigos separados no espaço, através do uso da memória e da imaginação. Embora o poema comece de forma bastante sombria, seu humor dominante não é melancólico. Isso porque o poeta, após imaginar a caminhada de seus amigos através de sua memória dos mesmos lugares, encontra uma unidade de experiência na natureza ao seu redor. A resolução de sentimentos, pessoas e lugares díspares, em uma unidade imaginativa, é caracteristicamente coleridgeana:

> Doravante saberei
> Que a Natureza nunca abandona o sábio e o puro;
> Nenhum enredo tão estreito haverá, além da Natureza
> Nenhum desperdício tão vago, mas pode muito bem empregar
> Cada faculdade dos sentidos, e manter o coração
> Desperto para o Amor e a Beleza![184]

---

[183] BUTLER, M. *Romantics, Rebels and Reactionaries*. Oxford: OUP, 1981, p. 83.
[184] SCHNEIDER, E. (Ed.). *Coleridge: Selected Poetry and Prose*. Nova York, NY: Holt, Rinehart and Winston, 1966, p. 48.

Essa resolução vem com o tempo e por meio da contemplação. O poema se move no tempo quase imperceptivelmente, da manhã à noite, sempre aparentemente presente, sempre aumentando o estoque de experiências passadas na memória e na imaginação, que podem sair do tempo. Essas faculdades permitem que ele alcance a "Vida Única" da natureza.

Além disso, no mês de fevereiro seguinte, Coleridge escreveu o requintado "Frost at Midnight" ["Geada à Meia-Noite"] (1798). A imagem verdejante do verão foi substituída por um cenário invernal, mas há uma semelhança com "This Lime-Tree Bower My Prison" tanto na forma quanto no conteúdo, e na intensidade predominante de afeto íntimo, desta vez focado em seu filho adormecido, Hartley. O movimento aparentemente simples, natural e orgânico da mente esconde um poema altamente elaborado, embora reflexo do espírito da natureza, conforme delineado na descrição de Coleridge da forma orgânica citada acima. Há, novamente, movimentos concêntricos, quase imperceptíveis, para longe do centro imóvel do poeta e de seu filho embalado. O princípio de associação, que Coleridge tirou do filósofo Hartley, agora assume tons mais burkeanos sobre o desenvolvimento da associação no sentido social. Marilyn Butler aponta como esses poemas estão de acordo com a imagem de Burke do "pequeno pelotão [...] o primeiro elo da corrente pela qual avançamos no amor ao nosso país e à Humanidade"[185]. Os afetos de Coleridge em "Frost at Midnight" estendem-se tanto no espaço quanto no tempo, conforme ele recua novamente na memória, antes de retornar, em um movimento circular, à imagem da geada preservando o presente, assim como o próprio poema. Entretanto, a força unificadora essencial é a própria natureza, a "linguagem eterna", o *logos* criativo de Deus.

Naquele mesmo fevereiro, os franceses invadiram a Suíça e Coleridge respondeu a esse desenvolvimento da doutrina revolucionária armada com "França: uma Ode". Novamente, há movimento da mente nesse poema, mas aqui há um registro da mudança nos sentimentos de Coleridge, do otimismo sentido pela queda da Bastilha à desilusão final com a invasão da Suíça neutra. Sua vergonha anterior com a adesão da Grã-Bretanha à tentativa dos monarcas europeus — como ele via então — de destruir a recém-descoberta liberdade

---

[185] Butler, *op. cit.*, p. 84.

francesa, foi substituída por uma vergonha mais profunda por ter pensado que a Revolução servia à liberdade:

> O Sensual e o Escuro revelam-se em vão,
> Escravos de sua própria compulsão! Em jogo louco
> Eles estouram suas algemas e usam o nome
> Da Liberdade, gravada em uma corrente mais pesada![186]

Novamente, há um movimento circular no poema, já que o poeta retorna na estrofe final às imagens abertas do poder natural na orla marítima, identificando as nuvens, ventos e ondas com o espírito da liberdade, da qual nunca hesitou. Na visão, ele tem um sentimento de intenso amor por todas as coisas, o que identifica com o verdadeiro espírito de liberdade.

Este sentimento de amor pelo próximo, promovido pelo efeito curativo da solidão no cenário natural, também caracteriza a meditação mais extensa de Coleridge, conectando a perturbação pessoal com o mundo mais amplo: "Medos na Solidão; Escrito em Abril de 1798, Durante o Alarme de uma Invasão". "Um pequeno e silencioso vale", uma imagem de casa, como a casa da tília, e a lareira da casa de campo, é o local a partir do qual os pensamentos do poeta se estendem "de Leste a Oeste", por todo o mundo que a Grã-Bretanha tem usado frequentemente de forma vergonhosa. Em linhas que antecipam em cem anos o "Recessional" ["Recessivo"] (1897) de Rudyard Kipling (1865-1936), Coleridge vê a fraqueza demasiadamente humana por trás do poder britânico, e pede perdão a Deus pelos crimes de seus compatriotas: "Poupe-nos ainda por um tempo,/ Pai e Deus! Oh! Poupe-nos ainda um pouco!"[187]. Sua vergonha quanto a aspectos da política interna inglesa, particularmente as deficiências contra católicos e dissidentes que menosprezaram o juramento, está ligada à sua própria vergonha de ser associado à causa radical. Ambos liberaram "o ateísmo corujinha" e as consequentes guerras, "e todos os nossos finos termos para fratricídio". Há uma sensação de que os erros cometidos em nome da Inglaterra estão colhendo uma colheita amarga em uma guerra que, no entanto, deve ser mantida e vigorosamente:

---

[186] Schneider, *op. cit.*, p. 98.
[187] *Ibid.*, p. 105.

> Avancem! Sejam homens! Repilam um inimigo ímpio,
> Ímpio e falso, uma raça leve, mas cruel
> Que ri de toda virtude, misturando alegria
> Com atos de homicídio; e ainda promovendo
> Liberdade, eles próprios sensuais demais para serem livres,
> Envenenam as amizades da vida, e enganam o coração
> De fé e esperança silenciosas, e tudo o que acalma,
> E tudo o que eleva o espírito![188]

Como em "França: uma Ode", Coleridge reage principalmente contra um ateísmo armado, mesmo que permaneça seu sentimento contra as injustiças da velha Europa monárquica. Seu patriotismo está enraizado em seus apegos locais, aos quais o poema retorna na estrutura circular dos poemas de conversação:

> Para casa sigo meu caminho; e eis! Recuperado
> De preságios que quase me esgotaram,
> Encontro-me no topo do morro, e paro
> Assustado! E depois de uma estada solitária
> Em um recanto tão tranquilo e cercado,
> Esta explosão de perspectiva, aqui o sombrio principal
> Obscuro, lá aquela poderosa majestade
> Daquele enorme anfiteatro de ricos
> E campos de olmos, parece a sociedade —
> Conversando com a mente, e dando a ela
> Um impulso mais vivo e uma dança de pensamento!
> E agora, amado Stowey! Eu observo
> Tua torre de igreja, e, penso eu, os quatro enormes olmos
> Agrupados, que marcam a mansão de meu amigo;
> E logo atrás deles, escondido da minha vista,
> Está minha própria cabana humilde, onde meu bebê
> E a mãe de meu bebê permanecem em paz![189]

---

[188] *Ibid.*, p. 106.
[189] *Ibid.*, p. 108.

Marilyn Butler percebe implicações burkeanas nessas frases:

> É a demonstração de que o pequeno pelotão ao qual pertencemos na sociedade é apegado à própria sociedade. Assim, as minúcias da vida real de Coleridge neste ano rico foram feitas para iluminar questões públicas. Hiperemocional, agudamente responsivo, ele captou o medo no humor público e aproveitou um momento em que sua própria insegurança poderia ser o correlativo da Inglaterra[190].

A natureza externa, como de costume em Coleridge, atua como um meio de cura, semelhante ao *logos* entre Deus e o homem. Assim, "o anfiteatro de ricos/ e campos de olmos, parece a sociedade", o "agrupamento" das árvores ao redor do pátio da igreja é um emblema das relações humanas divinamente ordenadas, o lugar do Deus do poeta e de seu amigo. O recanto por onde ele começou o deixou pronto para retornar ao "Amor e aos pensamentos que anseiam pela Humanidade". Apesar de todo o efeito de "nivelamento" das *Baladas Líricas*, e algumas ideias rousseaunianas da natureza expressas em "The Tables Turned" ["As Mesas Viradas"] de Wordsworth ("Um impulso de uma floresta vernal/ Pode ensinar-lhe mais do homem;/ Do mal moral e do bem,/ Do que todos os sábios podem"), podemos perceber a essência do Coleridge posterior neste poético *annus mirabilis* [ano incrível].

As obras em prosa posteriores consideram mais explicitamente os princípios pelos quais o indivíduo é integrado à natureza e à sociedade. Essa visão começa a emergir na *Biografia Literária* (1817), que é algo como uma biografia intelectual em forma confusa, associativa, cheia de anedotas e observações humorísticas. O que mais nos interessa aqui são os Capítulos X e XIII, nos quais Coleridge faz suas famosas distinções entre Razão e Compreensão, Fantasia e Imaginação. Claramente, essa discussão nos ajuda a ver a maneira pela qual a poesia discutida acima dá profundidade aos ensinamentos posteriores mais explícitos sobre a natureza da sociedade. Coleridge habitualmente fazia distinções em oposições emparelhadas, paralelas umas às outras. Já nos deparamos com a distinção mecânico-orgânica, na qual o funcionamento do primeiro item está em uma ordem de existência inferior

---

[190] Butler, *op. cit.*, p. 86.

ao do segundo item. É particularmente interessante no pensamento de Coleridge o resgate da ideia da razão de sua equação com o racionalismo e, portanto, de uma hostilidade implícita à imaginação e, consequentemente, às artes. Para Coleridge, razão e imaginação são cognatos como faculdades essencialmente visionárias, e entendimento e a fantasia são, portanto, modos inferiores, mais mecânicos — nas palavras de Hartley: associativos — de operação mental:

> A IMAGINAÇÃO, então, considero tanto primária quanto secundária. Considero ser a IMAGINAÇÃO primária o Poder vivo e o Agente principal de toda Percepção humana, e uma repetição na mente finita do ato eterno da criação no infinito EU SOU. Considero a Imaginação secundária como um eco da primeira, coexistindo com a vontade consciente, embora ainda idêntica à primária no tipo de ação e diferindo apenas em grau e modo de operação. Ela se dissolve, se difunde, se dissipa, a fim de recriar [...].
> FANTASIA, pelo contrário, não tem outras fichas com que jogar, sendo fixa e definida. A Fantasia não é nada além de uma forma de Memória, emancipada da ordem do tempo e do espaço. [...] Porém, tal qual a memória comum, a Fantasia deve receber todos os seus materiais já preparados a partir da lei da associação[191].

Os modos superiores de atividade mental consistem essencialmente em visão, a apreensão do todo, ao invés de uma fixação nas partes.

A distinção Imaginação-Fantasia era cognata com a maneira de Coleridge de ver o mundo como um todo, como um ser orgânico vivo, ao invés de uma soma de partes funcionais, como uma máquina. Entretanto, a distinção entre razão e entendimento possui mais relevância no caso das considerações filosóficas de Coleridge sobre o homem e a sociedade — embora a importância da imaginação como um modo de percepção na religião e na política também tem forte influência no final do século, principalmente nos trabalhos de Newman e Disraeli; ambos direta ou indiretamente, em dívida com Coleridge. Porém, a luta de Coleridge, como um reconhecido polemista, foi com o espírito utilitarista de Bentham. Como observou John Stuart Mill, era uma batalha

---

[191] Schneider, *op. cit.*, p. 268.

entre duas maneiras fundamentalmente diferentes de olhar o mundo. Esta foi uma luta contra uma filosofia que parecia varrer tudo à sua frente, pontuou Basil Willey (1897-1978):

> Ao estabelecer a Razão e a Imaginação acima da mente da carne, Coleridge procurava proteger a região da experiência espiritual contra todos os ataques do mero Entendimento, isto é, contra o *Zeitgeist* [...] O Entendimento, a cabeça separada do coração, a "mera faculdade reflexiva", só pode analisar e abstrair. Não pode construir as partes separadas em um todo. Esta é a função da Razão, onde cabeça e coração, luz e calor, estão trabalhando em uníssono[192].

Essa distinção também é explicitada pelo próprio Coleridge, em forma tabular, em seu *Ajuda à Reflexão* (1825)[193]:

ENTENDIMENTO	RAZÃO
1. Entendimento é discursivo.	1. Razão é fixa.
2. O Entendimento, em todos os seus julgamentos, refere-se a alguma outra Faculdade como sua autoridade final.	2. A Razão, em todas as suas decisões, apela a si mesma como fundamento e substância de sua verdade. (Hebreus 6:13.)
3. Entendimento é a Faculdade da Reflexão.	3. Razão ou Contemplação. Razão é de fato muito mais próxima de SENTIDO do que Entendimento, pois Razão (diz nosso grande HOOKER) é um aspecto direto da Verdade, uma Contemplação interior, tendo uma relação similar com o Inteligível ou Espiritual, como SENTIDO tem para o Material ou Fenomenal.

Assim, a religião estava totalmente de acordo com a razão e, de fato, continha seus alcances mais elevados. Ao apresentar esse argumento, Coleridge estava desfazendo o trabalho dos radicais, utilitaristas e liberais, que opunham razão à espiritualidade e acreditavam que religião e filosofia também

---

[192] WILLEY, B. *The English Moralists.* Garden City, NY: Anchor Books, 1967, p. 30.
[193] COLERIDGE, S.T. *Aids to Reflection.* Nova York, NY: Chelsea House, 1983, p. 148.

eram opostas. Considerando as questões de real importância para eles, a religião estava, de fato, muito abaixo para ser percebida. A reação de Coleridge, portanto, estava começando uma espécie de revolução no pensamento religioso do século XIX:

> Foi realmente surpreendente, para uma geração cujos filósofos haviam sido principalmente zombadores e desmascaradores, que filosofar pudesse levar à ortodoxia[194].

A "razão" de Coleridge tem mais em comum com o significado da palavra para os teólogos do século XVII do que com a *raison* dos *philosophes* franceses. A Idade da Razão deveria ter sido chamada mais apropriadamente de Idade do Entendimento, e o que não podia ser entendido, não valia a pena saber. A limitação da mente de um racionalista é a falta de imaginação e, portanto, da visão que só pode perceber a realidade como um todo, e não em partes.

No Capítulo X da *Biografia*, Coleridge aponta para o exemplo de Burke. Certa vez, Coleridge comparou desfavoravelmente *sir* James Mackintosh (1765-1832), o filósofo escocês que, à princípio, defendeu a Revolução Francesa, com Burke. "Burke era um metafísico; Mackintosh, um mero lógico"[195], escreveu Coleridge, em outra de suas características oposições emparelhadas. Coleridge aponta o que muitas vezes foi esquecido ou ignorado pelos leitores de Burke, ou seja, as opiniões dele sobre a América e sobre a França procediam dos mesmos princípios, e permitiram Burke de prever, corretamente, as consequências dessas revoltas:

> De onde ganhou essa superioridade de previsão? [...] A solução satisfatória é que Edmund Burke possuía, e aguçava diligentemente, o olho que vê todas as coisas, ações e eventos, em relação às leis que determinam sua existência e circunscrevem suas possibilidades. Ele se referia habitualmente a princípios. Ele era um estadista científico e, portanto, um vidente. Pois cada princípio contém em si os germes de uma profecia [...][196].

---

[194] Willey, *op. cit.*, p. 293.
[195] Holmes, *op. cit.*, p. 179.
[196] Schneider, *op. cit.*, p. 258.

Burke, portanto, empregou a imaginação na esfera política, a fim de criar uma imagem dos eventos além do momento presente.

No mesmo ano da publicação da *Biografia*, para delinear Coleridge como um tipo relativamente novo (na Inglaterra) de homem de letras intelectual, seu segundo *Lay Sermon* [*Sermão Laico*] (1817), "Dirigido às Classes Média e Alta", também apareceu. Aqui, Coleridge adota a forma elevada de sermão, que mais tarde caracterizou o discurso público vitoriano, mais notadamente nos escritos de John Ruskin (1819-1900) e Thomas Carlyle (1795-1881). Coleridge invoca conscientemente a linguagem bíblica da visão para desenvolver uma imagem da Inglaterra como uma sociedade cristã, a fim de combater o racionalismo ateísta. "É como se Coleridge tivesse nascido, apesar de si mesmo, para ser um polemista. Seus melhores anos foram aqueles de tumulto político universal: 1792-9, 1815-1818 e 1829-32"[197], escreveu Marilyn Butler. Os anos imediatamente seguintes a Waterloo, e o fim das Guerras Napoleônicas, foram de imensa angústia econômica — "dificuldades, desemprego, motins agrários, quebra de máquinas, marchas de protesto e, em 1817, insurreição localizada"[198]. Todos esses discursos de Coleridge em linguagem profética, repletos de Isaías e Jeremias, apontando para a necessidade de um retorno à filosofia para contrariar o materialismo da época.

As causas essenciais do descontentamento atual são, diz ele, "solucionáveis no desequilíbrio do espírito comercial, em consequência da ausência ou fraqueza dos contrapesos"[199]. Coleridge enfatiza que não é hostil ao comércio *per se*; muito pelo contrário, ele produz "a maior proporção de nossa liberdade real, e pelo menos uma parte tão grande de nossas virtudes, quanto de nossos vícios"[200]. Entretanto, Coleridge aponta para a necessidade de coisas como "o antigo sentimento de posição e ancestralidade" como um "contrapeso para a superstição mais grosseira de riqueza"[201]. Os homens também devem ser afastados da tirania do momento presente pela filosofia, que Coleridge gostaria de ver em uma posição mais segura e menos utilitária na sociedade em geral, pois

---
[197] Butler, *op. cit.*, p. 88.
[198] *Ibid.*, p. 88.
[199] COLERIDGE, S.T. *A Lay Sermon, Addressed to the Higher and Middle Classes*. Burlington, VT: Chauncey Goodrich, 1832, p. 140.
[200] *Ibid.*, p. 182n.
[201] *Ibid.*, p. 183.

[um] excesso em nosso apego a objetos temporais e pessoais pode ser neutralizado apenas por uma preocupação do intelecto e dos afetos com verdades permanentes, universais e eternas[202].

Nessa defesa de uma classe filosófica, honorífica, Coleridge busca uma versão do rei-filósofo platônico, capaz de representar a virtude moral dentro da constituição política. O principal qualificador é, claro, o equilíbrio. Não encontramos nenhum *tory* simplório zombando do "comércio" em Coleridge, mas achamos a necessidade de algum emprego prático nos Conselhos de Estado de coisas além do comércio. Se o comércio fosse o princípio e o fim de tudo, então, a esfera meramente presente e material seria, como os utilitaristas e seus aliados no mundo comercial sugeriam, a soma do homem. Entretanto, a vida humana vai além da eficiência. Os benefícios materiais da revolução industrial, ao criar condições para que um maior número de pessoas pudesse se alimentar, não desculpou seu efeito depredador sobre a vida dos seres humanos que trabalham nas fábricas:

> Já passei por muitas cidades industriais [...] e tenho visto muitos grupos de velhos e jovens, homens e mulheres, indo ou vindo de muitas fábricas [...]. Os homens, ainda acho, deveriam ser valorados, não contados. Seu valor deve ser a estimativa final de sua importância[203].

O árido cálculo da "maior felicidade do maior número" reduzia a verdadeira natureza dos seres humanos, e uma visão filosófica mais ampla era necessária para aliviar os males da emergente sociedade industrial:

> Se somos uma nação cristã, devemos aprender a agir tanto nacionalmente quanto individualmente como cristãos. Devemos remover as meias verdades, o mais perigoso dos erros (como os dos pobres visionários chamados "spenceanos"), por toda a verdade[204].

---

[202] *Ibid.*, p. 184.
[203] *Ibid.*, p. 212.
[204] *Ibid.*, p. 224.

Esta visão do todo operado na sociedade é longamente desenvolvida na obra final de Coleridge, *On the Constitution of Church and State According to the Idea of Each* [*Sobre a Constituição da Igreja e do Estado de Acordo com a Ideia de Cada Um*] (1830). A visão de Burke de uma estrutura orgânica, que evoluiu ao longo do tempo, é descrita de uma forma mais teórica do que o próprio Burke jamais tentou, ou estava inclinado a fazer; e muitas das suposições subjacentes estão presentes na prosa anterior de Coleridge, especialmente no segundo *Lay Sermon*. Quanto a Igreja e o Estado, é particularmente interessante outro par de oposições coleridgianas: Permanência e Progressão. Nos termos do *Lay Sermon*, esses são cognatos com as duas classes da pequena nobreza/aristocracia e a classe mercantil, ou terra e comércio. Outra oposição associada à Igreja e ao Estado é aquela entre Civilização e Cultivo. Como Coleridge colocou no *Lay Sermon*, "Ao sistema feudal devemos as formas, à Igreja, a substância da nossa liberdade"[205]. Há uma necessidade de forma, sistema, estrutura no Estado — cognato, podemos inferir, com a arte. Entretanto, também há a necessidade de substância, movimento, vida, comércio e pensamento — o que corresponde à natureza humana. Na verdade, a discussão de Coleridge sobre a Constituição britânica começa na natureza do homem e da lei. Tendo rejeitado o contrato social lockeano como um solecismo histórico (é "incapaz de prova histórica como um fato, e não tem sentido como teoria")[206], Coleridge situa o contrato como ideia "na própria constituição de nossa humanidade, que supõe o estado social"[207]. A Constituição existe como uma ideia platônica, trazida à realidade na sociedade humana como um depósito da tradição e aplicada às circunstâncias atuais pelo homem na sociedade. É cognata do direito comum, como Coleridge mostra ao citar o jurista do início do século XVII, *sir* John Davies, a respeito da Constituição inglesa,

> *Lex Sacra, Mater Legum*, que (diz ele), em seus fundamentos, nada pode ser proposto como mais certo, mais fecundo em suas consequências, ou que tenha em si uma razão mais harmônica; e que é tão conatural e essencial para o gênio e disposição inata desta nação, sendo gerada (como o bicho-da-seda) de maneira

---
[205] *Ibid.*, p. 215n.
[206] COLERIDGE, S.T. *On the Constitution of Church and State According to the Idea of Each*. Londres: Dent, 1972, p. 6.
[207] *Ibid.*

que nenhuma outra lei possa regulá-la — uma lei que não pode ser derivada de Alured, ou Alfred, ou Canute, ou outro ancião, ou promulgadores posteriores de leis particulares, mas que pode dizer de si mesma: Quando a razão e as leis de Deus vieram pela primeira vez, eu vim com elas[208].

A saúde da Constituição é, portanto, determinada por sua natureza, que é a natureza humana reificada na estrutura política e no funcionamento do governo. Quando a Constituição funciona de acordo com sua natureza, a civilização é preservada, porque suas raízes naturais são apreciadas. Caso contrário, a civilização pode se tornar desumana:

> Entretanto, a civilização em si é apenas um bem misto, se não muito mais uma influência corruptora, o caos da doença e não o florescimento da saúde, e uma nação tão distinta, mais apropriadamente chamada de povo envernizado do que polido, na qual esta civilização não está fundamentada no cultivo, no desenvolvimento harmonioso daquelas faculdades que caracterizam nossa humanidade. Devemos ser homens para sermos cidadãos[209].

Como Rousseau poderia ter concordado, se não conhecia o contexto em que essas palavras aparecem! Pois se Rousseau acreditava em preservar a criança da aprendizagem (no sentido tradicional), Coleridge acredita que para se tornarem homens e, portanto, cidadãos, o aprendizado é essencial. A distinção entre Coleridge e Rousseau está contida em seus diferentes sentidos de "natureza". Para Rousseau, natureza é criação; para Coleridge, é o princípio criativo, o *logos* que une o homem e seu Criador. A nação depende crucialmente da classe educada mencionada por Coleridge no segundo *Lay Sermon*, e que ele desenvolve mais plenamente no *Church and State* como a *clerisy*[210].

---

[208] *Ibid.*, p. 11.
[209] *Ibid.*, p. 33–34.
[210] Segundo o *Dicionário Merriam-Webster*, Coleridge criou o termo *clerisy* a partir do alemão *Klerisei*, ou seja, "clero", contudo, com a noção antiga da palavra, que significava "aprendizado", "conhecimento", e que era usada no provérbio *"an ounce of mother wit is worth a pound of clergy"* (em livre tradução: "poucas gramas da sabedoria materna valem meio quilo de conhecimento"). Algum tempo depois, por volta de 1900, a palavra *clergy* teria sido substituída pela russa *intelligentsia*. Disponível em: https://www.merriam-webster.com/dictionary/clerisy. Acesso em: 05 de

A necessidade dessa classe clerical/intelectual, que é uma versão mais amplamente definida do clero e, portanto, mais próxima do sentido que a palavra "clerk" ["escrivão"] tinha na Idade Média, surge de outro par de ideias opostas: Nacionalidade e Propriedade. Esta é a tentativa de Coleridge resolver o Um e os Muitos, a comunidade e o indivíduo. Ele concebe tanto as propriedades privadas herdadas quanto as doações nacionais das igrejas, escolas, faculdades e universidades, como sendo ambas as partes da mesma tutela que constitui a comunidade: "A terra não é sua; foi investida em sua linhagem, em confiança, pela nação"[211]. Assim, tanto a Igreja quanto o Estado (outra oposição coleridgeana, é claro) são partes do mesmo todo, e não podem, em última análise, ser considerados em separado. Para os homens se tornarem cidadãos, devem ser educados pelo *clerisy* para se tornarem pessoas capazes de ação civil. O professor e o clérigo locais eram essenciais para a comunidade, e dependiam de alguma forma de doação nacional para mantê-los. "O objetivo adequado e fim da Igreja nacional é a civilização com liberdade"[212], diz Coleridge, e neste objetivo podemos ver porque ele faz uma distinção importante e interessante entre a Igreja nacional e a Igreja cristã como um todo. Na verdade, o acontecimento impulsionador de seu ensaio foi a Emancipação Católica, em 1829, e o consequente debate sobre como isso se harmonizava, ou não, com a Constituição britânica. É parte do gênio de Coleridge poder conciliar, dentro da ideia da constituição tradicional, tanto a tolerância (da qual Coleridge sempre foi a favor) quanto o *establishment*. O ponto saliente, para ele, é que sem a Igreja não pode haver Estado, nem civilidade, nem comunidade, pois a perspectiva religiosa é a base de tudo de valor humano:

> O conhecimento dominante, o poder da verdade, dado ou obtido pela contemplação do assunto no espelho frontal da Ideia, está na Escritura, normalmente expresso pela Visão; e nenhum dom diferente, senão em seus caracteres essenciais do mesmo, fazem um grande Poeta vivo falar sobre, como "A VISÃO e a Faculdade divina".

---

julho de 2021. Vale também relacionar o termo "clero" ao fato histórico de que nos tempos mais antigos, apenas o clero possuía estudo ou permissão para ensinar e aprender. (N. R.)
[211] *Ibid.*, p. 40.
[212] *Ibid.*, p. 43.

E de muitas verdades políticas contidas no Antigo Testamento, não consigo me lembrar de nenhuma mais digna de ser selecionada como a Moral e L'ENVOY de uma História Universal, do que o texto em Provérbios: ONDE NÃO HÁ VISÃO, O POVO PERECE[213].

Muito em Coleridge o torna um pensador ainda relevante para nós, porque aquilo que ele combateu no *Zeitgeist* utilitarista de seu próprio tempo continua a nos ameaçar. Hoje, como em sua época, uma visão cristã detectará um "desequilíbrio do espírito comercial" e uma consequente desatenção ao princípio de permanência na sociedade humana. É presumido, pela classe gerencial onipresente, que o poder que hoje detém é aquele que Coleridge queria para sua *clerisy*, que a vida humana é guiada por "estruturas" sempre expressas em metáforas mecânicas e tecnológicas, podendo essa máquina ser manipulada com sucesso para atingir a perfeição humana. Ao contrário, Coleridge nos lembra da natureza orgânica da vida humana e da sociedade contra a visão mecânica e materialista. O sentimento de alienação de sua época é aquele com o qual podemos muito bem simpatizar enquanto tentamos dar sentido ao nosso. E o fato desse difícil homem de letras ter exercido o tipo de influência que exerceu pode nos encorajar a contrariar os mercenários intelectuais de nossos dias. A faceta mais esperançosa da vida de Coleridge é que, em tempos difíceis, ele inspirou o renascimento da religião dogmática e sobrenatural, que se tornou a graça salvadora da Inglaterra no século XIX. É difícil pensar em qualquer coisa mais benéfica para nossos tempos do que essa restauração.

---

[213] *Ibid.*, p. 46.

CAPÍTULO 6

JOHN HENRY NEWMAN

E A UNIDADE DA VERDADE

Existem mais coisas entre o céu e a terra do que sonha a sua filosofia, Horácio.
WILLIAM SHAKESPEARE, HAMLET, ATO I, CENA 5.

Vocês não podem dividir o Evangelho da Graça de Deus;
Homens de coração presunçoso! Eu conheço vocês bem.
Vocês são aqueles que planejam que nós devemos morar,
Cada um em seu lar tranquilo e lugar sagrado.
JOHN HENRY NEWMAN, "ON LIBERALISM" (1833),
VERSOS PARA OCASIÕES VÁRIAS, 1896

Os princípios essenciais da ética de Newman
estão longe de serem peculiares apenas a ele.
Eles são comuns a todo o Movimento de Oxford;
na verdade, eles fazem parte da herança comum do cristianismo.
Entretanto, o poder imaginativo e a sutileza intelectual da mente de Newman
os revelaram com uma clareza que surpreendeu o otimismo utilitarista da
cultura vitoriana
e o humanitarismo sentimental da religião moderna.
CHRISTOPHER DAWSON, THE SPIRIT OF THE OXFORD MOVEMENT, 1933

Escrevendo sobre os primeiros românticos em sua *Apologia Pro Vita Sua* (1864), John Henry Newman (1801-1890) citou um artigo que havia escrito muitos anos antes, eis:

> Enquanto a história em prosa e verso foi assim feita para ser o instrumento dos sentimentos e opiniões da Igreja, uma base filosófica foi lançada na Inglaterra por um pensador muito original que, embora se permitisse a liberdade de especulação, o que nenhum cristão pode tolerar, e defendesse conclusões frequentemente pagãs ao invés de cristãs, depois de tudo, instalou em mentes questionadoras uma filosofia superior, maior do que até então estavam acostumados a aceitar. Desta forma, ele testou a sua época, e foi bem-sucedido ao empenhar seu gênio a favor da causa da verdade católica[214].

Depois de aludir primeiro a *sir* Walter Scott (1771-1832), Newman refere-se aqui a Samuel Taylor Coleridge. Nesta avaliação dos fundamentos do avivamento de Oxford, ao apontar para a maneira pela qual está em dívida com, e se afasta do Romantismo inglês, sua apreciação por Coleridge é tão instrutiva quanto suas reservas. Por um lado, há uma continuidade de Newman na oposição, baseada em um sentido da natureza espiritual do homem, à visão mecânica, racionalista e utilitária da sociedade; por outro, a avaliação prática das deficiências da mente teórica coleridgiana *vis-à-vis* a ortodoxia católica. Contudo, muita coisa aconteceu entre a morte de Coleridge, em 1834, e a *Apologia* de Newman. Em *On the Constitution of Church and State* [*Sobre a Constituição da Igreja e do Estado*] (1839), Coleridge estava defendendo a ideia de uma Igreja nacional e estabelecida contra o espírito reformador ameaçador de sua existência. Na época da publicação de *Apologia*, Newman reconheceu a vitória dos liberais na Lei de Reforma de 1832; embora desse aparente desastre emergisse uma religião mais saudável e espiritual, tanto dentro do politicamente diminuído *establishment* anglicano quanto do catolicismo renovado do qual Newman se tornou uma luz principal. Talvez mais completamente do que Coleridge, Newman expressou a realidade prática da Igreja no mundo humano e sua relação integral com o mundo invisível. Newman descobriu que a "busca pela reinte-

---

[214] NEWMAN, John Henry. *Apologia pro Vita Sua*. Londres: Sheed and Ward, 1979, p. 65.

gração" de Coleridge, eventualmente, requer o abandono da Igreja nacional por uma além das nações e anos e, finalmente, além do tempo.

Primeiramente, entretanto, Newman sentiu uma sensação de alienação não totalmente diferente da de Coleridge: a alienação do humanismo cristão em uma era material. Porém, Newman veio da classe média (seu pai era banqueiro), que estava mais envolvida com o movimento em direção à reforma política e eclesiástica; e não foi apenas desde o momento em que entrou na Igreja Católica, e sim desde o início de sua vida, que o seu desenvolvimento espiritual o fez separar-se daqueles mais próximos a ele. Inevitavelmente, sua vida precisou se adequar a um sentido interior da verdade, de uma maneira que soa como o "sublime egoísta" de Wordsworth, e certamente mais protestante do que católico — se esquecêssemos que essa realidade percebida internamente é também a realidade da Igreja, a comunhão dos santos e a cristandade. Newman, de fato, como diz em "*On Liberalism*" [*Sobre o Liberalismo*] (1833), conhecia bem o "lar tranquilo e o lugar sagrado" pessoal, porém, ao contrário dos liberais, sabia também ser esta uma residência comum e não particular. Talvez essa intensidade do pessoal, por um lado, e a necessidade intransigente de uma autoridade suprapessoal (abrangendo, inteiramente, o humano e o divino), torne Newman atraente tanto para o conservador quanto para o liberal de nossos tempos.

Entretanto, Newman sempre estará mais desconfortável com os liberais, desde as cartas sobre o manifesto de *sir* Robert Peel (1788-1850) na Tamworth Reading Room, até seu discurso sobre receber o chapéu do cardeal, Newman deixou claro que sua batalha ao longo da vida foi contra o liberalismo. Na esfera política e social, o liberalismo envolveu a desintegração da religião real da sociedade de massa emergente da dispensa do primeiro Ato de Reforma. Em seu *Essay in Aid of a Grammar of Assent* [*Ensaio em Auxílio de uma Gramática de Consentimento*] (1870), Newman esclarece que, no discurso de Tamworth, Peel parecia estar capitulando ao espírito do liberalismo em sua forma benthamita:

> Essa doutrina era para, no sentido de as reivindicações da religião, poder garantí-las e sustentá-las na massa dos homens, e em particular nas classes mais baixas da sociedade, pelo conhecimento da literatura e das ciências físicas, e por meio da instrumentalidade dos Institutos de Mecânica e Salas

de Leitura, o que era um grave descrédito, ao que me parecia, à instrução cristã direta[215].

Newman prossegue citando a si mesmo em uma carta escrita ao *The Times* em 1841, em resposta ao discurso de Peel, em termos que revelam sua preocupação, tanto quanto os benthamitas com as realidades práticas, mesmo que tenha uma concepção mais profunda e razoável da diferença entre conhecimento e religião:

> As pessoas me dizem ser apenas um sonho supor que o cristianismo deva recuperar o poder orgânico na sociedade humana que uma vez possuiu. Eu não posso evitar. E eu nunca disse que poderia. Eu não sou um político. Não estou propondo medidas, mas expondo uma falácia e resistindo a um fingimento. Se os homens não têm aspirações, deixe o benthamismo reinar. Porém, não diga a eles para serem românticos e, em seguida, conforte-os com a "glória"; não tente pela filosofia o que foi feito uma vez pela religião. A ascendência da fé pode ser impraticável, mas o reino do conhecimento é incompreensível. O problema para os estadistas desta época é como educar as massas, e a literatura e a ciência não podem dar a solução [...][216]

Então, em primeiro lugar, a objeção de Newman ao liberalismo, mesmo em suas manifestações sociais e políticas, é filosófica. É também, como ele deixa claro na nota sobre o liberalismo no apêndice da *Apologia*, uma questão teológica. Nesta nota, Newman expande sua definição simples de liberalismo como "o princípio antidogmático":

> Sempre que os homens são capazes de agir, existe a chance de uma ação extrema e imoderada; portanto, quando há o exercício da mente, há a chance de um exercício instável ou errado. A liberdade de pensamento é em si um bem, porém dá uma abertura para a falsa liberdade. Agora, por Liberalismo, quero dizer a falsa liberdade de pensamento, ou o exercício do pensamento sobre

---

[215] NEWMAN, John Henry. *An Essay in Aid of a Grammar of Assent*. Notre Dame, IN: University of Notre Dame Press, 1979, p. 88.
[216] *Ibid.*

questões que, levando em consideração a constituição da mente humana, ele não pode obter qualquer sucesso, estando, portanto, fora do lugar. Entre essas questões estão os primeiros princípios de qualquer tipo; e destes, os mais sagrados e importantes devem ser considerados como as verdades do Apocalipse[217].

A oposição de Newman a Peel é uma resposta social e política, tendo suas raízes em princípios filosóficos e teológicos. Embora seja difícil distinguir os dois em Newman, visto que sua teologia frequentemente envolve considerações práticas do funcionamento da mente humana, o efeito é de grande precisão de pensamento e expressão. Para Newman, tanto quanto para Albert Einstein (1879-1955), Deus não joga dados.

Em 1841, Newman veio de uma posição *tory*, a de sua igreja e sua universidade, para criticar a direção em que o toryismo, assim como o conservadorismo de Peel, estava tendendo. A desintegração da religião da vida pública mina toda autoridade, não apenas a da Igreja, porque a autoridade torna-se tirana ao não reconhecer as reivindicações da Igreja, por mais que use a linguagem da liberdade. Como Christopher Dawson (1889-1970) colocou:

> Na medida em que o Movimento de Oxford era *tory*, seu toryismo não era o dos defensores dos interesses investidos, os "conservadores" que despertavam o desprezo de Hurrell Froude, mas o de Southey e Coleridge e do jovem Disraeli, que estiveram entre os primeiros a denunciar as injustiças da Revolução Industrial e a nova Lei dos Pobres, e os males dos sistemas fabris[218].

Não apenas o espírito cavalheiresco do romântico Froude (1803-1836) se opôs ao espírito das cabeças redondas do benthamismo e do conservadorismo peelita. Além do mais, na nota acima mencionada na *Apologia*, Newman escreve carinhosamente sobre John Keble (1792-1866) em termos que também nos ajudam a entender a perspectiva política de um Movimento que remetia a uma

---

[217] Newman, *Apologia*, p. 193.
[218] DAWSON, Christopher. *The Spirit of the Oxford Movement*. Londres: The Saint Austin Press, 2001, p. xi.

sociedade mais integrada, na qual a autoridade tem não apenas direitos, mas também deveres:

> [Keble] levou seu amor à autoridade e aos velhos tempos até o ponto de ser mais do que gentil com a religião católica, com a qual o toryismo de Oxford e da Igreja da Inglaterra não simpatizavam. Consequentemente, se minha memória estiver correta, ele nunca se arriscaria a lançar seu coração na oposição feita à Emancipação Católica, mesmo tendo se revoltado fortemente contra a política e os instrumentos pelos quais essa Emancipação foi conquistada. Imagino que ele não teria dificuldade em aceitar as palavras do dr. Johnson sobre "o primeiro *whig*"; e o entristecia e ofendia que a *"via prima salutis"* [a primeira via de segurança] fosse aberta ao corpo católico pelo grupo *whig*[219].

Keble, além disso, tendo julgado os princípios da Revolução de 1688 "muito frouxos", considerou as de 1776 e 1789 como "absolutamente e totalmente em desacordo com a verdade teológica"[220]. Porém, para os nossos propósitos aqui, ele ilustra a dificuldade em que os tractários se encontraram nos primeiros anos do Movimento e do Ato de Reforma, e com a qual os conservadores talvez sempre se encontrem em relação à modernidade; a saber, como lidar com autoridade estabelecida, quando esta se volta sobre si mesma, minando as bases filosóficas e teológicas da própria posição de autoridade, seja política, religiosa ou (antecipando) educacional.

Esse foi o ponto crucial sobre o qual o Movimento de Oxford se voltou: a natureza e a localização da autoridade eclesiástica. Todas as principais figuras do Movimento tiveram suas consciências duramente testadas para responder a este problema, e cada uma respondeu de uma forma diferente. Entretanto, indiferente qual forma fosse, ninguém poderia facilmente enquadrar a ideia de uma constituição integrada de Igreja e Estado com as incursões do Estado secular sobre as prerrogativas da Igreja por meio da Lei de Reforma de 1832. Como padres da Igreja da Inglaterra, os tractários tiveram pouca dificuldade em perceber onde recaía sua lealdade primeira: não tanto ao *establishment* anglicano como tal, mas mais à Igreja católica (um tanto nebulosamente concebida

---

[219] Newman, *Apologia*, p. 195.
[220] *Ibid.*

no início) e ao Evangelho, ao cristianismo, à ideia de cristandade e sociedade cristã. Eles acreditavam que estes eram a única fonte real da vida comum, em uma sociedade justa e ordenada. Para Newman, essa lealdade primeira levou inexoravelmente ao doloroso paradoxo de encontrar a reintegração na ampla tradição da herança católica, separando-se de seu reflexo no *establishment* anglicano. Além da dor envolvida no âmbito pessoal, foi visto por muitos simpáticos à sua perspectiva (como, mais importante, Benjamin Disraeli) como lamentável à causa (em um sentido vago, mas significativo) da restauração *tory* da Inglaterra romântica e medieval. Esse arrependimento foi veementemente expresso pelo crítico americano Paul Elmer More (1864-1937), no contexto de uma ampla crítica ao romantismo e a Newman, especialmente. Ao deixar a Igreja da Inglaterra, considerou More, foi esse aspecto de seu caráter que levou Newman a "[falhar] com seu país em sua hora de maior necessidade":

> Contudo, seria presunçoso terminar assim. Quando pensamos nas muitas forças moldando os pensamentos e ambições do século [XIX], do qual acabamos de emergir, do seu materialismo sombrio, seu orgulho intelectual, sua ganância por novidades, sua ânsia de mudança, seu egoísmo cruel e penitência cega de simpatia, suas virtudes e vícios errantes, seu legado de perplexidade espiritual — ao pensarmos em tudo isso, então, vamos lembrar também como o grande convertido se rendeu a essas coisas e as contabilizou como pó no balanço, ao lado da visão de sua própria alma cara a cara com Deus. Pode ser que sua reclusão no Oratório de Edgbaston estivesse relacionada à quase inevitável incapacidade do temperamento romântico de viver em harmonia com a sociedade [...][221].

Embora essa crítica a Newman leve pouco em conta a extensão e a profundidade de seu envolvimento no mundo prático dos negócios desde o momento de sua conversão (por exemplo, editar uma resenha, fundar e dirigir dois Oratórios e uma escola, e seu envolvimento na Universidade Católica da Irlanda), More está certo em apontar a dívida de Newman para com o romantismo e a importância para sua vida, e seu pensamento, do sentimento de sua alma ficar a sós com Deus. Isso é ilustrado no início da *Apologia*, em uma de suas

---

[221] MORE, Paul Elmer. *Shelburn Essays: Eighth Series*. Nova York, NY: Phaeton Press, 1967, p. 78.

passagens mais memoráveis, que descreve as primeiras apreensões espirituais do escritor:

> Eu a retive [a doutrina da perseverança final] até a idade de vinte e um anos, quando gradualmente ela desapareceu. Porém, acredito que tenha tido alguma influência em minhas opiniões, na direção daquelas imaginações infantis já mencionadas, particularmente, ao me isolar dos objetos que me cercavam, ao me confirmar na minha desconfiança da realidade dos fenômenos materiais, e me fazer descansar no pensamento de dois, e dois únicos seres absolutos e luminosamente evidentes, eu e meu Criador[222].

Newman também notou que, quando criança, "pensava que a vida poderia ser um sonho, ou eu, um anjo, e todo este mundo uma decepção e meus companheiros anjos, por um artifício lúdico, se escondendo de mim [...]"[223]. Contudo, por mais que essas imagens impressionantes e fantasiosas tenham impressionado Newman em sua lembrança delas, e a nós ao ler sobre elas, não devemos confundi-las com a certeza doutrinária do homem maduro, nem com lembranças particularmente egoístas. Além do sentido da realidade dos fenômenos espirituais, há um sentido do outro — seja do Criador, ou dos outros anjos —, e neste relacionamento profundamente pessoal com o invisível, *cor ad cor loquitur* [conversa de coração para coração], encontramos a característica espiritualidade newmaniana e a base essencial para sua compreensão da unidade da verdade, algo que emerge das relações. Entretanto, devemos estar errados, ao ver esse outro mundo de Newman, por exemplo, na translucidez do retrato do pintor John Everett Millais (1829-1896), como sendo a palavra final. Está nele a mola para a ação no mundo, pois, como Newman diz na *Grammar of Assent*, "A vida é para a ação"[224]. Contudo, na era vitoriana, como disse Paul Elmer More, de "materialismo negro", não pode ser considerado um pequeno serviço aos conterrâneos tentar convencê-los da realidade do mundo invisível. More menciona o sermão de Newman sobre "The Invisible World" ["O Mundo Invisível"], mas devemos lembrar também a extraordinária realização de "O

---

[222] Newman, *Apologia*, p. 3.
[223] *Ibid.*, p. 1.
[224] Newman, *Grammar*, p. 91.

Sonho de Gerôncio" (1865) e sua ampla popularização no cenário musical por Edward Elgar (1857-1934). Em se tratando da realização deste poema, não é pouca coisa que sua ação consiste quase inteiramente nas experiências da alma após a morte, em um lugar espiritual onde a imaginação poética, normalmente baseada nos sentidos, não encontra pontos de referência fáceis.

Podemos conceder prontamente, então, que uma parte importante do legado especial de Newman reside no pessoal e no sobrenatural e, como John F. Crosby argumentou, em um método totalmente diferente da objetividade impessoal de São Tomás de Aquino, por exemplo:

> Newman amava o indivíduo específico e, de fato, às vezes, beira o nominalismo extremo em sua afirmação do indivíduo. Ele está sempre alertando contra universalidades e sua tendência de drenar a concretude das coisas[225].

Newman não era um escolástico, mas sim um platônico. Em uma época democrática, espiritualizou a ideia do cavalheiro, do líder natural, para dar um novo sentido à função aristocrática. Entretanto, repetindo, seria errado vê-lo como uma figura remota em uma de torre de marfim. A vida de Newman foi de ação e contemplação, de trabalho entre os pobres e também entre a classe dirigente. No sentido da realidade do mundo invisível, somada a seu lado platônico (ou, talvez mais propriamente, seu lado neoplatônico) está a tendência, não menos importante em Newman, do empirismo inglês e da realidade da existência sublunar. Newman não se vê, em última análise, como um homem à parte. Crosby cita apropriadamente Newman ao falar de São Paulo:

> Newman escreve: "A natureza humana, a natureza comum de toda a raça de Adão, falou nele, agiu nele, com uma presença energética, com uma espécie de plenitude corporal. [...] E a consequência é que, tendo a natureza do homem tão forte dentro de si, ele é capaz de entrar na natureza humana e simpatizar com ela, com um dom peculiarmente seu". Também é assim com Newman[226].

---

[225] CROSBY, John F. "Newman and the Personal". *In*: *First Things*. Nova York, NY: Religion and Public Life, Agosto/Setembro de 2002, p. 47.
[226] *Ibid*.

Esse grande e simpático sentido de humanidade torna Newman bem-sucedido em descrever a condição humana e em uma variedade literária — sermão e tratado, poesia e prosa, divino e humano. Ele estava preocupado com a condição real de vida das pessoas, como nas *Lectures on the Present Position of Catholics in England* [*Palestras sobre a Posição Atual dos Católicos na Inglaterra*] (dirigidas aos leigos) (1851), e com a maneira real com a qual as pessoas passam a acreditar, como na *Grammar of Assent*. E essas eram pessoas comuns. Como disse C.S. Dessain, o objetivo de Newman na *Grammar*,

> [...] era reivindicar o direito do homem comum, e especialmente do simples e iletrado, de concordar e ter certeza sobre verdades que ele nunca teve e, provavelmente, nunca poderia demonstrar[227].

Em nenhum lugar a amplitude da preocupação humana de Newman é mais bem-vista do que em sua atitude para com os leigos, não apenas na condição social e moral de suas vidas, mas também em seu papel central na continuidade da tradição católica. Na opinião de Newman, foram os fiéis comuns que preservaram a ortodoxia cristã, quando muitos bispos do século IV estavam caindo na heresia ariana que negava a natureza divina do Filho de Deus. Em seu artigo "On Consulting the Faithful in Matters of Doctrine" ["Sobre Consultar os Fiéis em Matérias de Doutrina"] (1859), causador de tantas dificuldades na época, Newman escreve: "[...] O corpo dos fiéis é uma das testemunhas do fato da tradição da doutrina revelada e [...] seu consenso através da cristandade é a voz da Igreja Infalível"[228]. Como Ian Ker argumentou, Newman preferiu a palavra "fiel" a "leigo" uma vez que a primeira categorização inclui os leigos, sem fazer distinção entre clero e leigo. Ele preferiu um termo que enfatizasse a unidade da "Igreja" como sendo todos os batizados, não apenas o clero, e certamente não apenas a hierarquia. Este é o entendimento dos fiéis, do consenso e da cristandade de Thomas More, cerca de trezentos anos antes de Newman, quando ele, um leigo, viu quase todos os bispos ingleses aceitarem a heresia. O fundamento da extensa autoridade do

---

[227] DESSAIN, C.S. *John Henry Newman*. Oxford: Oxford University Press, 1980, p. 153.
[228] Citado em: KER, Ian. "Newman on the *Consensus Fidelium* as 'The Voice of the Infallible Church'". *In*: MERRIGAN, T.; KER, I.T. (Eds.). *Newman and the Word*. Leuven: Bélgica Peeters, 2000, p. 69.

consenso dos fiéis é, para More e Newman, enraizado na natureza humana e, em particular, na consciência:

> A consciência está sempre nos forçando, por meio de ameaças e promessas, de que devemos seguir o certo e evitar o errado; até agora é a mesma na mente de todos, quaisquer sejam seus erros particulares, em mentes particulares [...] Como temos, naturalmente, um sentido do belo e do gracioso na natureza e na arte, embora os gostos sejam proverbialmente diferentes, também temos um sentido de dever e obrigação, quer todos nós o associemos às mesmas certas ações em particular, ou não [...] A [c]onsciência não repousa sobre si mesma, mas avança vagamente para algo além de si mesma, e discerne vagamente uma sanção superior a si mesma para suas decisões, como é evidenciado naquele aguçado senso de obrigação e responsabilidade que as informa[229].

A consciência é a faculdade comum que nos permite, como pessoas, ir ao encontro dos outros de forma responsável. É também o fundamento do sentido religioso: "[...] os fenômenos da Consciência, como um ditame, servem para impressionar a imaginação com a imagem de um Governador Supremo, um Juiz, santo, justo, poderoso, que tudo vê, retributivo, e é o princípio criativo da religião, assim como o Sentido Moral é o princípio da ética"[230]. Além disso, essa adesão à consciência iluminada pela fé foi crucial para o próprio desenvolvimento espiritual pessoal de Newman, como é ilustrado em uma carta em *Apologia*:

> Certamente, sempre considerei a obediência, mesmo a uma consciência errônea, como um meio de obter elucidação, não importando onde um homem começou, pois ele começou no que veio à mão, e com fé; e que qualquer coisa pode se tornar um método divino da Verdade; e para os puros, todas as coisas são puras e têm uma virtude de autocorreção e um poder de germinar[231].

---
[229] Newman, *Grammar*, p. 99.
[230] *Ibid.*, p. 101.
[231] Newman, *Apologia*, p. 139.

A *Grammar of Assent*, tanto como obra de psicologia quanto de filosofia, sugere que, em um nível fundamental, o que é bom para o homem comum, é bom para todos. Uma das características proeminentes deste trabalho é a maneira como um tema tão complexo é tratado com palavras tão comuns (embora a eloquência seja extraordinária) e ilustrado com exemplos comuns. *Grammar* é, talvez, seu mais importante contraponto filosófico ao espírito racionalista e benthamita de sua época, na medida em que ensaia um propósito útil e prático, mas com fins consideravelmente mais elevados para o ser humano do que Bentham poderia ter concebido. Seu "Sentido Ilativo" corresponde à "Razão" de Coleridge, e também guarda semelhanças com a ideia desenvolvida de senso comum como um meio de percepção além da faculdade meramente raciocinativa, encontrada em pensadores iluministas escoceses como Thomas Reid (1710-1796). O sentido ilativo (ou inferencial) está além do meramente racionalista, mas longe de ser irracional em seu funcionamento, ou em suas conclusões. Inclui, como disse Russell Kirk,

> [...] impressões transmitidas a nós, de uma fonte mais profunda do que a nossa razão formal e consciente. É o produto combinado de intuição, instinto, imaginação e experiência longa e intricada[232].

A principal semelhança do senso ilativo com o senso comum é a sua consistência com a natureza da mente humana e a maneira como ela funciona na prática:

> Concordar sobre raciocínios não demonstrativos é um ato amplamente reconhecido para ser irracional, a menos que a natureza do homem seja irracional, familiar demais para os prudentes e lúcidos para ser uma enfermidade ou uma extravagância. Nenhum de nós pode pensar ou agir sem a aceitação de verdades, não intuitivas, não demonstradas, mas soberanas. Se nossa natureza tem qualquer constituição, qualquer lei, uma delas é a recepção absoluta de proposições como verdadeiras, que se encontram fora do estreito campo de conclusões, às quais a lógica, formal ou virtual, está amarrada;

---

[232] KIRK, Russell. *The Conservative Mind*, sétima edição revisada. Washington, DC: Regnery, 1985, p. 285.

nem qualquer teoria filosófica tem o poder de nos impor uma regra que não funcionará por um dia[233].

Entretanto, a diferença entre o senso comum e o senso ilativo é que este último depende mais da autoridade do que da natureza humana. Em sua forma mais elevada, mais desenvolvida e mais poderosa, é visto na capacidade dos homens de gênio de expressarem verdades sobre nossa natureza humana comum, normalmente não acessíveis ao senso comum, mas consistentes com ele, em sua forma mais esclarecedora. Podemos fazer uma inferência geral aqui de uma analogia na ordem social e política: existe uma necessidade de autoridade, ou o princípio da aristocracia, mas que deve cooperar com as reivindicações democráticas dos comuns. A constituição política deve refletir a constituição da natureza humana e do pensamento humano.

Tão importante é o pensamento humano, que é o tema central da ideia de Newman de educação liberal e da universidade onde é buscada. *Idea of a University* [Ideia de Universidade] (1852) de Newman contrapõe, por um lado, a tendência secularizante da educação vitoriana de assuntos "úteis", excluindo a divisiva teologia (como na Universidade de Londres de Bentham), e, por outro lado, o desejo da hierarquia da Igreja por uma universidade irlandesa que ensinasse apenas a verdade católica, com ênfase na divindade, de tal forma que a diferença entre a universidade e o seminário poderia se confundir. Entre esses polos está a *Ideia* de Newman, a maior obra do humanismo cristão a emergir do século XIX. O humano não deve ser negligenciado, diz Newman, por boas razões religiosas:

> Nós [católicos] temos uma boa herança. Isso pode nos fazer — não quero confiar muito na oração e na Bênção Divina, pois isso é impossível, mas às vezes esquecemos nosso dever de agradá-Lo mais e obter Dele o máximo, quando, de acordo com a Fábula, "nossa lei é trabalhar", quando usamos ao máximo o que nos foi dado pela natureza e, ao mesmo tempo, olhamos para além da natureza, na confiança da fé e da esperança[234].

---

[233] Newman, *Grammar*, p. 150.
[234] NEWMAN, John Henry. *The Idea of a University*. Notre Dame, IN: University of Notre Dame Press, 1982, p. 4.

Newman afirma, em seu discurso de abertura, que suas opiniões sobre a educação liberal não foram "levantadas" para a ocasião, ao invés disso, elas "cresceram em todo o meu sistema de pensamento e são, por assim dizer, parte de mim mesmo". Os princípios da educação liberal são alcançáveis "pela mera experiência de vida"[235]:

> Eles não vêm simplesmente de teologia; eles não implicam nenhum discernimento sobrenatural; eles não têm nenhuma conexão especial com a Revelação; quase surgem da natureza do caso; eles são ditados até mesmo pela prudência e sabedoria humanas, embora uma iluminação divina esteja ausente, eles são reconhecidos pelo senso comum, mesmo quando o interesse próprio não está presente para acelerá-lo; e, portanto, embora verdadeiros, justos e bons em si mesmos, eles não implicam em nada quanto à profissão religiosa daqueles que os mantêm. Eles podem ser mantidos por protestantes, bem como por católicos; não, há razão para antecipar que em certos tempos e lugares eles serão investigados de forma mais completa e serão melhor compreendidos, e mantidos com mais firmeza pelos protestantes do que por nós mesmos.
>
> É natural esperar isso das próprias circunstâncias em que a filosofia da educação se baseia, em verdades na ordem natural[236].

A universidade deve ensinar e refletir todo o conhecimento. Portanto não é, por definição, uma universidade, se excluir a teologia. No "bazar de palestras", como Coleridge chamou a universidade utilitarista, o conhecimento se desintegrou e produzirá pessoas não integradas, ou seja, o oposto do que Newman chamou de "cavalheiros", aristocratas morais capazes de reflexão independente e guiados pela própria personalidade integrada. Se em outro lugar, Newman aprova o espírito ateniense sobre o espartano, a virtude livre ao invés de controlada por regras que Péricles (c. 495/492-429 a.C.) fala em seu discurso fúnebre, citado por Tucídides (c.460-400 a.C.), pois o cavalheiro de Newman é um ateniense cristão, aproximando-se do totalmente humano[237].

---

[235] *Ibid.*
[236] *Ibid.*
[237] Ver Crosby, *op. cit.*

A objeção de Newman à abordagem utilitarista da educação para a sociedade de massa, criada em sua época, é uma acusação profética de sistema de escravidão mental ao invés da verdadeira libertação vinda de uma educação liberal. Ele não está protegendo um privilégio para uma classe particular, mas criticando um sistema que viria a substituir a forma superior de educação à qual as massas também poderiam ter acesso. E Newman ajudou a manter viva essa visão da educação, mesmo quando a escuridão da abordagem utilitarista se tornou, aparentemente, abrangente em nossa época. *Ideia* foi, portanto, um grande esforço para conservar uma filosofia da aprendizagem, que corria o risco de ser totalmente eclipsada, retardando, talvez até adiando totalmente, sua extinção. A educação liberal nutre a liberdade da mente humana, sem a qual não pode haver princípio ativo para impedir que a vida humana, nos níveis individual e comunitário, se torne uma prisão, onde tudo é visível precisamente porque está dessantificado e desmistificado — uma condição próxima ao panóptico de Bentham. Essa é a vida sem um princípio espiritual dinâmico que permita a mudança, sem a qual vem a ossificação. Como Burke, Newman viu a mudança como um meio de preservação, ao invés de um sinal de decadência.

Isso é percebido no *Essay on the Development of Christian Doctrine* [*Ensaio Sobre o Desenvolvimento da Doutrina Cristã*] (1845) de Newman, onde ouvimos não apenas o tom burkeano, mas também o coleridgeano, na ênfase no crescimento orgânico das ideias. Ao distinguir entre uma corrupção e um desenvolvimento verdadeiro em uma ideia, Newman observa a "ação conservadora da ideia sobre seu passado":

> Um verdadeiro desenvolvimento, então, pode ser descrito como conservador do curso dos desenvolvimentos antecedentes, sendo realmente aqueles antecedentes e algo além deles. É uma adição que ilustra, não obscurece, corrobora, não corrige, o corpo de pensamento do qual procede. E esta é sua característica, em contraste com uma corrupção[238].

As ilustrações religiosas de Newman sobre essa tese, incluindo a declaração de Jesus, de que veio para cumprir a Lei, não para destruí-la, são algumas

---

[238] NEWMAN, John Henry. *An Essay on the Development of Christian Doctrine.* Notre Dame, IN: University of Notre Dame Press, 1989, p. 200.

analogias interessantes das esferas temporais, da jurisprudência e da história moderna e antiga:

> Blackstone nos fornece um exemplo em outro assunto, de um desenvolvimento justificado por sua utilidade, quando observa que "uma vez formada a sociedade, o governo resulta, naturalmente, como necessário para preservar e manter essa sociedade em ordem".
>
> Ao contrário, quando o Longo Parlamento buscou usurpar o Executivo, eles prejudicaram as liberdades populares que pareciam estar promovendo. Pois a segurança dessas liberdades depende da separação dos poderes Executivo e Legislativo, ou dos legisladores serem súditos, não executores das leis.
>
> E, na história da Roma antiga, a partir do momento em que os privilégios conquistados pelos tribunos em nome do povo se tornaram um objeto de ambição para eles mesmos, o desenvolvimento se transformou em uma corrupção.
>
> Portanto, um sexto teste de um verdadeiro desenvolvimento é ele ser uma tendência conservadora daquilo que o precedeu[239].

Este aspecto conservador da ideia de desenvolvimento de Newman está no cerne de seu legado. Como disse Christopher Dawson:

> [Newman] percebeu, com excepcional agudeza de percepção e clareza de visão, os novos perigos ameaçadores da fé cristã e de toda a ordem tradicional da civilização cristã. Ao mesmo tempo, ele descobriu e investigou o princípio interno do desenvolvimento, na vida da Igreja, pela qual o que já está implicitamente contido na fé e na tradição cristã é desdobrado e aplicado para atender às necessidades da época [...][240].

A doutrina de desenvolvimento de Newman "foi inspirada por uma fé intensa nos poderes ilimitados de assimilação que a fé cristã possuía e que a tornavam um princípio unitivo na vida e pensamento"[241]. Numa época em que

---
[239] *Ibid.*, p. 202.
[240] Dawson, *Spirit*, p. 148.
[241] *Ibid.*, p. 151.

a tendência ao secularismo estava sendo meramente disfarçada por qualquer conservadorismo político capaz de moderar o avanço do liberalismo, Newman viu mais profundamente os princípios pelos quais a Igreja poderia continuar em seus próprios termos. Sua separação da Igreja nacional era uma parte essencial dessa visão mais profunda, envolvendo uma comunhão mais profunda com o passado cristão do que o compromisso nacional poderia acomodar.

A natureza sacrificial da saída de Newman do projeto anglicano (desde o seu início, uma tentativa de chegar a um acordo com o espírito secular) guarda muitas semelhanças com o sacrifício feito por Thomas More ao se apegar ao credo que Newman também abraçou. Ambos acreditavam na primazia de uma consciência que estava longe do julgamento privado; ambos evitavam uma tendência ao absolutismo papal, em favor de uma autoridade mais ampla de consenso histórico; ambos resistiram às tentativas do poder secular de confinar e mitigar o espírito da liberdade cristã em nome da liberdade; ambos localizavam essa liberdade em um aprendizado humanístico cristão, antipático aos tipos de absolutismo secular que, embora diferentes nos casos do rei inglês Henrique VIII e *sir* Robert Peel, ainda assim colocavam lealdades e responsabilidades seculares nacionais acima da liberdade da Igreja governar a si mesma. Afinal, isso é apenas o reflexo corporativo do autogoverno ao qual o cristão é chamado. A conclusão de Paul Elmer More de que Newman falhou com seu país, sugere que esse país era mais bem servido dentro da Igreja nacional, mas a questão para Newman era se isso significava integração, ou desintegração, do Reino do Céu. Sua conclusão em favor deste último não foi mais um triunfo do romantismo do que Thomas More, apesar das separações terrenas que ambos sofreram por isso. E o serviço feito pelos dois homens a seu país não foi totalmente contabilizado, pois ainda continua.

CAPÍTULO 7

Orestes Brownson

Sobre Comunhão e Constituição

[Nenhum] homem que estudou história pode, se tiver algum poder tolerável de generalização, duvidar que os princípios socialistas sejam aqueles hoje universalmente adotados.
Eles estão no fundo de quase todos os corações
e atuando em quase todas as mentes.
Orestes Brownson, "Socialism and the Church", 1849

Quando tomou conhecimento das obras do filósofo americano Orestes Brownson (1803-1876) pela primeira vez, T.S. Eliot escreveu a Russell Kirk que, deixando de lado algumas reservas sobre o estilo brownsoniano difuso e prolixo, "é notável um ianque, a um século atrás, ter defendido pontos de vista como ele – e deprimente ele ter sido tão ignorado que a maioria de nós nunca tenha ouvido falar deles"[242]. Kirk fez bastante para trazer Brown-

---

[242] BROWNSON, Orestes. *Selected Political Essays*. KIRK, R. (Ed.). New Brunswick, NJ: Transaction, 1990, p. 7.

son novamente à atenção do público americano ao reeditar algumas de suas obras, porém as conclusões humanistas cristãs de Brownson sobre a natureza da sociedade política, e especialmente sobre a natureza das constituições políticas, são ambas interessantes e úteis em ambos os lados do Atlântico. Notavelmente, em sua época, assim como na nossa, havia um preconceito enraizado entre aqueles que se consideravam atenciosos, ou progressistas, ou benignos, de que os princípios liberais ou socialistas eram um caminho concomitante e confiável, necessário para um futuro feliz; e o conservadorismo, especialmente aquele enraizado em séculos de humanismo cristão, sempre esteve na defensiva. Uma vez que a batalha de ideias, da qual se tornou protagonista, continua hoje, assim como a postura defensiva de tantos conservadores, ele pode inspirar nosso pensamento atual sobre quais podem ser os princípios de uma política cristã, do ponto de vista conservador. A ideia de que o socialismo, como teoria e prática, das três principais tradições políticas da sociedade ocidental é a menos adequada aos princípios cristãos e humanos, ainda pode parecer contraintuitivo para muitos cristãos, e não apenas para intelectuais *bien pensant*. Se o pensamento político cristão deve avançar para enfrentar os desafios do século XXI, não há crença mais insistente do que esta: o socialismo *é* a política do cristianismo. Ninguém viu a falsidade desta ideia com mais clareza do que Orestes Brownson.

Dada a negligência a seu respeito, é necessária uma observação sobre o desenvolvimento intelectual de Brownson. Orestes Augustus Brownson nasceu em Vermont, filho de ianques, em 1803. Ele foi essencialmente autodidata. Era um homem grande, corpulento e hirsuto, apelidado posteriormente de Ursus Major. Ele rejeitou o severo calvinismo do presbiterianismo no qual foi criado, e mudou-se para a igreja universalista liberal, onde foi ordenado pastor. A negação da autoridade no unitarismo levou Brownson, como observou mais tarde, a se tornar não apenas não-cristão, mas também anticristão[243]. Ele deu palestras e leu muito, influenciado por esquemas socialistas, tais os de Robert Owen (1771-1858) e William Godwin (1756-1836), para a melhoria social. Durante um período de descrença, ele leu muito as obras de escritores católicos franceses liberais, como Félicité Robert de Lamennais (1782-1854), Henri Lacordaire (1802-1861) e Charles Forbes René de Montalembert (1810-1870). Ele passou

---

[243] Ver HERRERA, R. A. *Orestes Brownson: Sign of Contradiction*. Wilmington, DE: ISI Books, 1999, p. 8.

a descrever suas crenças como "unitarismo liberal"[244] e, embora suas aspirações socialistas esfriassem, nutria um ódio permanente pelo industrialismo moderno, comparando desfavoravelmente as condições dos trabalhadores nas cidades do Norte da América com as dos escravos no Sul. Brownson estava convencido de que o progresso social não poderia acontecer sem a religião, mas neste momento, entretanto, ele estava preocupado em criar uma religião da Humanidade para substituir a ausência de Deus. O espírito de Jesus era o espírito de reforma radical[245] e democracia popular. Apesar da associação posterior de Brownson com os transcendentalistas, que incluíam, principalmente, Ralph Waldo Emerson (1803-1882) e Henry David Thoreau (1817-1862), Brownson nunca perdeu essa preocupação com a condição material das pessoas, ou (embora vagamente entendida) uma crença no Evangelho de Cristo. Pode-se ver facilmente que esta ideia não é exclusiva de Brownson. A conexão lógica aparentemente óbvia entre o Evangelho e a reforma social progressiva há muito está presente no não-conformismo e no metodismo inglês, e persiste em todas as formas de cristianismo liberal e não dogmático até hoje[246].

As opiniões políticas de Brownson refletiam e estavam entrelaçadas com sua visão religiosa. Inicialmente, Brownson identificou-se com os democratas contra os *whigs* e durante anos que também ocorreram muitas revoltas sociais e políticas na Inglaterra e no Continente, Brownson inicialmente apoiou um programa jacksoniano radical de reforma democrática popular. Ele produziu panfletos de apoio aos democratas, mas se desiludiu com a democracia popular com a derrota dos democratas pelos *whigs* nas eleições presidenciais de 1840. Pouco depois, influenciado pelo pensamento do francês Pierre Leroux (1798-1871) e, com a consequente desilusão quanto às possibilidades de progresso social, afastou-se completamente do transcendentalismo, aprofundando-se cada vez mais em uma convicção sobre a realidade do pecado. Por meio de um estudo da Idade Média, sentiu-se atraído pelo catolicismo, sendo finalmente recebido na Igreja Católica Romana em 1844, um ano antes da recepção de John Henry Newman na mesma comunhão. (Brownson se correspondeu e discutiu com Newman, especialmente sobre sua doutrina do desenvolvimento).

---

[244] *Ibid.*
[245] *Ibid.*, p. 11.
[246] Muitas vezes foi observado, com razão, por exemplo, que o Partido Trabalhista britânico deve mais ao Metodismo do que a Marx.

Em seguida, Brownson desenvolveu uma tese de que o catolicismo, ou "catolicidade" como ele o chamou, é o princípio essencial da liberdade, privada e pública, e, em última análise, o único a preservar duradouramente a república americana, a qual passou a ver como o reflexo secular mais completo da religião católica. Brownson passou a ser chamado de "Newman da América" e, assim como Newman, frequentemente tinha relações difíceis com seus superiores religiosos. Newman classificou Brownson como o maior pensador que a América havia produzido, apesar de às vezes se sentir afrontado com a grosseria de Brownson e de ter reservas quanto a leigos envolvidos com teologia. Na verdade, Brownson é mais uma versão católica americana de um Thomas Carlyle (1795-1881) ou Ruskin — volumoso, prolixo, estrondoso e profético. Ele se tornou um pensador confessadamente conservador, embora nisso ele antecipe e se pareça com G.K. Chesterton. Ambos passaram a ver na ortodoxia religiosa as origens e o poder preservador da liberdade, pela qual mantinham uma consideração duradoura. Nenhum deles pode ser identificado com uma defesa reacionária do *status quo*, ou de poderosos interesses econômicos e financeiros. De uma forma que distingue Chesterton e Brownson da tradição burkeana no humanismo cristão conservador, ambos continuaram com certa simpatia pela Revolução Francesa.

Em outro aspecto, Brownson também antecipa Chesterton em sua crítica à sociedade industrial moderna do ponto de vista de um sentido cristão da natureza e potencial do homem. Contrariamente, Brownson observa, comparada à escravidão mecanizada do industrialismo moderno, a Idade Média não era tão sombria quanto foi frequentemente apresentada pela cultura protestante na qual ele havia sido criado. Em "The Present State of Society" ["O Estado Atual da Sociedade"] (1843), ele olha ao seu redor, e é preenchido com um *saeva indignatio* [indignação feroz] swiftiana na autodevoração da espécie humana, e conclui que "os homens substituíram a adoração de Mamon pela adoração a Deus"[247]. Não houve um avanço absoluto na condição humana desde o nascimento da Modernidade, uma vez que "nenhum período de trezentos anos, desde que os homens começaram a nascer e morrer neste planeta, em

---
[247] *Essays*, ed. Kirk, *op. cit.*, p. 32.

geral, foi pior, para a alma e para o corpo, para a grande massa da população trabalhadora"[248]:

> Orgulhamo-nos de nossa luz; denunciamos o antigo feudalismo e a Idade Média, e julgamos valer a pena um *Te Deum* por termos nos livrado deles; ainda assim, o historiador imparcial e perspicaz ao ser questionado sobre qual teria sido o melhor período para a grande massa da população europeia, considerando todas as coisas, responde, sem hesitação, ter sido o período em que o feudalismo e a Igreja estavam em sua maior glória. Isto é, do século X ao final do século XIV. Compare a condição do que Carlyle chama de "trabalhadores" da Inglaterra, a terra de nossos ancestrais, durante aquele período, com a condição da classe correspondente no presente, e ficamos quase emudecidos com o contraste[249].

Brownson não era nenhum defensor do feudalismo como tal, como ele deixou claro mais tarde em *The American Republic* [*A República Americana*]. O fator central no alívio do patrimônio do homem foi a Igreja, em sua comunicação, por meio do clero, das artes da paz e das virtudes morais para a população em geral. Porém, a sutileza do argumento de Brownson reside especialmente em ele não ser um mero reacionário. Ele não voltaria à Idade Média, por mais que a admire, mesmo que reconheça no feudalismo um princípio importante:

> Contudo, mesmo que não reconstruíssemos a velha sociedade feudal e católica, teríamos o que o feudalismo e a catolicidade medieval procuraram realizar; e, até certo ponto, embora de maneira talvez rude e imperfeita, conseguiram. Queremos que os homens sejam governados, e bem governados, quaisquer sejam os governadores, ou qualquer seja a forma de selecioná-los[250].

A conquista essencial da Idade Média foi, para Brownson, o estabelecimento de uma sociedade que funcionou de acordo com aquilo que foi dado pela

---

[248] *Ibid.*, p. 35.
[249] *Ibid.*, p. 36.
[250] *Ibid.*, p. 62.

natureza e pela Revelação como o fim adequado para o homem. As normas da cultura medieval se ajustavam, de forma exemplar, à natureza do homem.

Como vimos, Brownson levou alguns anos para ficar, por fim, satisfeito com o que chamou de catolicidade, isto é, ao que realmente era a natureza do homem, contudo, o humanismo, em várias formas, sempre esteve presente em seu pensamento, sendo mais bem descrito, num primeiro momento, como humanitarismo. Mesmo quando, mais tarde, como um crítico incisivo (embora sempre parcialmente simpático) do liberalismo, do socialismo e da democracia, ele reafirma a base cristã de uma humanidade comum:

> Há algo que não permite a ridicularização do espírito livre e nobre que busca quebrar as barreiras artificiais que separam o homem do homem, e a nação da nação, e funde todos em uma grande irmandade. Se há algo certo, é que a igreja sempre afirmou a unidade da raça, e a igualdade natural de todos os homens. Um homem é igual a um homem em todo o mundo e, portanto, como ensina o Papa São Gregório I, o homem, embora tenha recebido o domínio sobre a criação inferior, não recebeu domínio sobre o homem, e os príncipes são obrigados a governar como pastores, não como senhores; posto isso, uma vez que todos os homens são iguais por natureza, os governados são como homens iguais e irmãos dos governantes[251].

A afirmação de Brownson dessa igualdade é, em parte, uma defesa da natureza humana contra o calvinismo, com o qual ele estava familiarizado em sua educação presbiteriana. O calvinismo cria uma espécie de aristocracia dos eleitos, anula a natureza humana como sendo totalmente degenerada e então funda a ordem política somente na graça. Somente os santos têm direitos nesta ordem. Em contraste com esta versão do calvinismo, Brownson proclama a lei natural:

> O calvinista não mente ao fundar nossos títulos para a vida eterna na graça e somente na graça, mas nega a lei natural na qual o homem retém todos os seus direitos originais na ordem natural e que, nesta, todos os homens têm direitos

---
[251] *Ibid.*, p. 141.

iguais, e mesmo os eleitos ou os elevados pela graça devem respeitá-los como sagrados e invioláveis[252].

Assim como Brownson aponta a maneira pela qual o relato calvinista do cristianismo é deficiente, também afirma a deficiência do humanismo clássico, apontando seu efeito na cristandade durante a Renascença:

> O avivamento e o estudo geral dos clássicos tendiam, por seu caráter, a destruir o poder da Igreja da Idade Média, ao introduzir uma ordem de pensamento favorável à supremacia da ordem civil sobre a eclesiástica, cujo efeito é visto no crescimento repentino da autoridade monárquica ou real [...][253].

O catolicismo integra os clássicos com a doutrina da graça, principalmente na doutrina da lei natural. O calvinismo e o paganismo clássico operam seu próprio processo de desintegração na Modernidade. Portanto, o cristianismo católico é inclusivo e unificador nos níveis intelectual e social:

> O cristianismo ensinou o mundo a dar alta estima à dignidade da natureza humana, e desenvolveu sentimentos nobres e humanos, que foram sendo perdidos com o progresso da sociedade moderna. O caráter foi enfraquecido e degradado, e não encontramos mais a marcada individualidade, a energia pessoal, a masculinidade, a força, a nobreza de pensamento e propósito e o alto senso de honra, tão comuns no mundo medieval e nos melhores períodos da antiguidade[254].

A crítica de Brownson da modernidade é essencialmente moral, e sua visão de um futuro melhor combina natureza e graça — ou o desejo humano natural de liberdade, com uma restrição moral que vem da religião — em uma nova, e essencialmente moderna, síntese republicana.

A modernidade de Brownson se mostra em sua consideração permanente pelo espírito da Revolução Francesa, e especialmente pelos pensadores

---

[252] *Ibid.*, p. 143.
[253] *Ibid.*, p. 50.
[254] *Ibid.*, p. 177.

liberais franceses — alguns católicos, outros não — do início do século XIX. Mesmo com seu estado de espírito posterior, quando declaradamente conservador, ele sempre se interessou mais pelo que tinham a dizer do que por monarquistas conservadores como Joseph De Maistre (1753-1821) e o espanhol Juan Donoso Cortés (1809-1853). Ele nunca quis ver revivida uma relíquia feudal como a monarquia. Entretanto, escrevendo em "Socialism and the Church" ["Socialismo e a Igreja"] (1849), um ano depois das revoluções por toda a Europa, as quais ameaçavam engolfar o resto das nações ocidentais, Brownson procurou se distanciar de sua simpatia anterior pelo socialismo e da doutrina de Lamennais de que religião e liberdade humana estavam em total acordo. Agora, ao invés de apontar as semelhanças para um propósito positivo e inclusivo, Brownson preferia ver o socialismo como uma falsificação do cristianismo, seu objetivo sendo atrair adeptos cristãos, mesmo que enfraquecendo sua religião. Os astutos adeptos do socialismo trabalham assim, fingindo estender, tornar mais católica, a interpretação do cristianismo tradicional, definido de forma muito restrita:

> O símbolo cristão precisa de uma interpretação nova e mais católica, adaptada ao nosso estágio no progresso universal. Onde a antiga interpretação usa as palavras Deus, igreja e céu, você deve entender Humanidade, sociedade e terra, e você terá, então, a verdadeira ideia cristã e trará o Evangelho à ordem da natureza e dentro do escopo da razão humana. Porém, enquanto você coloca o sentido humano e terreno nas velhas palavras católicas, tome cuidado e retenha as próprias palavras. Ao tomar cuidado ao fazer isso, você pode garantir o apoio dos adeptos do cristianismo que, ao se depararem com seus antigos termos familiares, não sentirão falta de suas velhas e familiares ideias. Assim, você será capaz de reconciliar o velho mundo católico e o novo, e continuar com a Humanidade em seu triunfante progresso através dos tempos[255].

Este tipo de "inclusão" é desonesto, porque retém a linguagem do cristianismo, ao mesmo tempo o eviscerando de seu caráter transcendente e sobrenatural. "Visto que professa ser cristão e realmente nega a fé, o socialismo

---

[255] *Ibid.*, p. 94.

é uma heresia [...]"²⁵⁶. Ele não assegurará o bem comum enquanto negar o espiritual e o religioso, manifestamente ou secretamente. A mente secular e humanitária é inevitavelmente atraída para uma reorganização socialista da sociedade, contudo, a tradição cristã tem uma ideia bem diferente de "bem comum"; apesar das semelhanças superficiais com o socialismo, que nos ajudam a entender por que, mesmo hoje, muitos cristãos veem o socialismo como a extensão natural de sua religião na esfera política e social. Entretanto, uma compreensão cristã da democracia deve tomar "o bem comum" como referência, não a ideia secular e racionalista de socialismo:

> [E] isto é apenas o que os grandes doutores da Igreja sempre ensinaram, quando definiram o fim do governo como o bem da comunidade, o bem público ou o bem comum de todos — não o bem especial de alguns, nem ainda o bem maior para o maior número, como o ensinado por aquele grande e elaborado embuste, Jeremy Bentham, mas o bem comum de todos, aquele bem comum a todos os membros da comunidade, sejam grandes ou pequenos, ricos ou pobres²⁵⁷.

Em vários momentos e em várias circunstâncias políticas, feito uma grimpa, Brownson aprovou ou condenou aspectos do liberalismo e do socialismo ao longo de um processo que culminou numa maior defesa da república americana como o grande paradigma do pensamento social católico na prática, do que da monarquia europeia (constitucional ou não).

Para fazer essa defesa, no entanto, as ideias de Brownson sobre constituições políticas precisavam de uma ideia facilitadora. Isso ele encontrou na obra do pensador liberal e socialista francês Pierre Leroux, cuja doutrina da comunhão Brownson reintegrou ao catolicismo. É com este aspecto do pensamento de Brownson que estamos principalmente preocupados aqui. O caráter conservador, alicerçado em sua filosofia cristã-humanista, de sua compreensão da sociedade como uma comunidade, ajuda-nos a arrancar esta palavra do alcance das filosofias liberal e socialista que a descaracterizaram, de forma a tornar a realidade de nossa sociedade no presente, na opinião de muitos, pro-

---
²⁵⁶ *Ibid.*
²⁵⁷ *Ibid.*, p. 180.

fundamente ofensiva ao espírito humano. Leroux considerou que as implicações sociais do Evangelho foram esquecidas pelo cristianismo e, em sua doutrina da comunhão, enfatizou o aprimoramento corporativo da humanidade, envolvendo uma crença no progresso. Em "Liberalism and Socialism" ["Liberalismo e Socialismo"] (1855), Brownson reconheceu francamente sua dívida para com os escritos de Leroux, os quais, ele escreveu, "se tornaram a ocasião de nossa conversão ao catolicismo"[258]. Então, ele aponta o erro de Leroux, basicamente,

> [...] a heresia eutiquiana, ou a confusão do humano e do divino, e realmente, embora talvez inconscientemente, explica o divino pelo humano, reduzindo assim o cristianismo a puro humanismo ou naturalismo[259].

O próprio Brownson agiu assim com a religião por algum tempo, embora, no processo, sempre reconhecesse sua importância crucial em qualquer esquema de melhoria social. Sua crítica a Leroux, no entanto, é feita no contexto mais importante de uma análise do humanismo limitado e, por último, autodestrutivo, do liberalismo e do socialismo. Até onde vão, Brownson pode simpatizar com os objetivos humanistas seculares, mas ele altera a ideia de Leroux— a de que o homem comunga com a natureza por meio da propriedade, com seus semelhantes por meio da família e do Estado, e com Deus por meio da Humanidade — em uma formulação mais ortodoxa, reintegrando a religião à vida humana:

> O homem tem uma natureza tríplice e vive em comunhão com Deus, homem e natureza. Ele comunga com Deus na religião, com o homem na sociedade e com a natureza na propriedade, e qualquer ordem política ou social que atinja qualquer um deles, ou atrapalhe ou obstrua esta comunhão tríplice, como Leroux bem afirma, é igualmente repugnante à vontade de Deus e aos maiores interesses da Humanidade. E os esforços feitos para tornar esta comunhão livre e desobstruída, para dar liberdade na aquisição e segurança na posse de bens, para proteger a família como a base da sociedade, para quebrar as barreiras às

---

[258] *Ibid.*, p. 125.
[259] *Ibid.*

relações sociais interpostas por preconceitos de nascimento ou casta e para garantir a liberdade de culto ou religião, são, em princípio, deveres grandes e solenes, igualmente obrigatórios para todos os homens[260].

A ideia essencial, a de que os seres humanos devem ter algum objeto fora de si com o qual comungar, chegou a Brownson por Leroux, e por isso aquele sempre se sentiu em dívida, mesmo quando criticava Leroux. Brownson sempre esteve ciente dos aspectos positivos do socialismo, mesmo quando rejeitou suas bases humanitárias seculares. O pensamento de Donoso Cortés ajudou-o ao fornecer uma ligação entre a ideia de comunhão de Leroux e a fé católica. Assim como Burke e Coleridge usaram a metáfora orgânica extraída do mundo natural como uma metáfora para a sociedade, Cortés usou a forma sobrenatural da trindade, tanto um como muitos, uma comunidade de amor para transmitir a verdadeira natureza da vida social humana.

A compreensão de Brownson da vida do homem em sociedade como uma comunhão nos níveis natural e sobrenatural dá forma a sua discussão sobre as constituições políticas e, especialmente, a da América. Com uma clareza que cresceu ao longo de sua vida, até se converter ao catolicismo, Brownson soube, por meio de Burke, que o homem é um animal religioso e inferiu que a ordem política não pode ser separada da religiosa. Na verdade, a religião sustenta a constituição de um estado, como a alma sustenta o corpo, do qual não pode, em última análise, ser separada. Como ele afirma em "Liberalism and Progress" ["Liberalismo e Progresso"] (1864), "Uma nação de ateus foi um solecismo na história"[261]:

> Os antigos legisladores sempre buscaram para suas leis não apenas uma sanção moral, mas também religiosa, e onde a voz de Deus não fala, de alguma forma, às consciências dos homens, e pede a eles obedecerem ao poder superior, o governo pode subsistir apenas como um ofício ou como força absoluta a quem ninguém é obrigado a obedecer[262].

---

[260] *Ibid.*, p. 156.
[261] *Ibid.*, p. 172.
[262] *Ibid.*

A religião, ao invés da ideologia (como na modernidade), fornece o contexto moral e espiritual em que a sociedade política humana funciona:

> Os políticos podem fazer como quiserem, desde que não violem nenhuma lei de direito, nenhum princípio de justiça, nenhuma lei de Deus; porém, em nenhum mundo, em nenhuma ordem, em nenhuma classe, em nenhuma condição, os homens têm o direito de fazer o errado. A religião, se é alguma coisa, é a *lex* suprema, e aquilo que é proibido por ela, nenhum homem tem o direito de fazer. Esta é uma lição esquecida pelo liberalismo[263].

Pode-se acrescentar que o liberalismo tende a minar a autoridade política, ao mesmo tempo, parecendo fortalecer a ordem secular contra a espiritual. Por outro lado, circunscrever a autoridade de políticos e governos com a religião também fortalece seus direitos, onde sustenta a autoridade dos magistrados para governar. (Como diz Brownson, "os políticos podem fazer como quiserem [...]"). Brownson seguiu Burke e De Maistre, diferindo deles apenas em seu republicanismo, em ver a constituição de uma nação como sua alma; e, como cristão e católico, ele sabia que o cuidado da alma exigia religião. Seu argumento é humanista, desde a semelhança correspondente da nação com o indivíduo. Como Brownson diz, perto do início de seu trabalho principal, *The American Republic* [*A República Americana*] (1865), "As nações são apenas indivíduos em uma escala maior"[264]. Elas são como seres humanos, não como máquinas, ou, mais pertinentemente, ideias abstratas. Brownson, como Burke, é mordaz no assunto das constituições escritas:

> A [E]xperiência provou que constituições escritas, salvo se escritas com os sentimentos, convicções, consciências, maneiras, costumes, hábitos e organização do povo, não são melhores do que papel usado, e não podem conter o povo mais do que as vergas de vime fresco com as quais os filisteus amarraram os membros do poderoso Sansão[265].

---

[263] *Ibid.*, p. 173.
[264] BROWNSON, Orestes. D. LAPATI, Americo (Ed.). *The American Republic*. New Haven, CT: College and University Press, 1972, p. 31.
[265] *Essays*, Kirk (Ed.), *op. cit.*, p. 200.

O trabalho de contenção só pode ser feito por algo de origem super-humana, ou seja, a religião, então, a constituição deve estar enraizada na consciência, se quiser desfrutar de um direito válido de obediência e lealdade do povo. A constituição não deriva sua autoridade meramente da convenção dos representantes do povo que podem tê-la formado:

> A origem convencional da constituição exclui seu direito moral ou divino. Portanto, nega toda obrigação na consciência do povo, seja coletiva ou individualmente, de obedecê-la. Nada contém, que alguém seja moralmente obrigado a tratar como sagrado e inviolável. Sua violação não é uma ofensa moral, pois não é a violação de nenhum direito eterno e imutável. Nada impede as pessoas, quando encontram a constituição no caminho de algum projeto predileto sobre o qual se inclinam, de pisoteá-la sob seus pés[266].

Brownson, é importante enfatizar, não está aqui defendendo as pessoas que rejeitam quaisquer restrições constitucionais, muito pelo contrário. O governo deve ser exercido, tem um propósito divino, é essencial para a sociedade humana, há uma necessidade de ordem antes da liberdade, mas será simplesmente natural um povo rejeitar constituições desprovidas de raízes na consciência e nos costumes. A constituição reflete as tradições de um povo, e um povo não pode ser forçado a algo em que não se encaixa.

A consciência inclina as pessoas a obedecer à autoridade legal, e faz parte da crítica de Brownson ao liberalismo, que enfraquece o vínculo entre consciência e autoridade, ao remover a religião da esfera civil:

> A tentativa maluca de separar o progresso da sociedade da religião tornou o liberalismo moderno destrutivo em todos os lugares, e um fracasso em todos os lugares. Ela minou os alicerces da sociedade e tornou o governo, salvo como puro despotismo, impraticável, ao tirar da lei sua sacralidade, e da autoridade sua inviolabilidade, no entendimento e na consciência dos homens[267].

---

[266] *Ibid.*, p. 207.
[267] *Ibid.*, p. 174.

Na medida em que a mente liberal, ao empurrar a sociedade política para uma forma cada vez mais pura de democracia, rompe a conexão entre as ordens religiosa e política, ela, na verdade, vira a democracia contra a consciência, com o consequente efeito de desmoralizar um povo. A legislação, então, torna-se supérflua:

> [L]eis são impotentes quando o povo se torna venal e são facilmente evadidas, ou abertamente violadas, com impunidade, quando não são consagradas e tornadas invioláveis pela consciência nacional: e é da essência da democracia dispensar a consciência e tentar manter um governo sábio e benéfico, sem recorrer à ordem moral, apenas por considerações de utilidade pública e privada[268].

As leis procedentes meramente da suposta vontade da maioria, que supostamente representariam o mandato democrático das idéias utilitárias benthamitas, deixam de se tornar leis verdadeiras:

> Nenhum governo que tenha autoridade real para governar pode se originar somente por convenção [em uma assembleia para decidir *ab initio* ou *de novo*]; pois a própria convenção precisa ser autorizada por uma lei, ou autoridade, superior a ela; como São Paulo ensina, *Non est potestas nisi a Deo* ["Não há autoridade senão a de Deus"]. Onde não há lei das nações, que a própria nação seja obrigada a obedecer, pode haver força nacional, mas nenhum direito nacional ou autoridade para governar. Leis emanadas do povo, ou obrigatórias apenas em virtude do consentimento dos governados, ou emanadas de qualquer fonte humana apenas, não têm nenhuma das características essenciais da lei, pois não vinculam a consciência e não restringem a vontade, exceto pela força[269].

Embora Brownson tenha aprovado um certo grau do que poderíamos chamar de democracia consciente, a constituição, devidamente formada, representa a consciência do povo no ordenamento formal da república.

---

[268] *Ibid.*, p. 219.
[269] *Ibid.*, p. 196.

Brownson defende esse argumento, em sua forma mais madura e desenvolvida, em *The American Republic*, escrita parcialmente como uma justificativa da causa da União na Guerra Civil Americana. Notavelmente, Brownson considera a Constituição americana em sua relação com a providência, a lógica e a religião, apresentando-a como um exemplo forte não apenas adequado ao povo americano, e mais agradável à razão humana e divina do que qualquer outra na terra. A este respeito, embora não possa ser facilmente transplantada para outros países, serve como um exemplo proeminente para eles. A constituição política americana, diz Brownson, reflete uma constituição anterior, chamada por ele "constituição providencial", aquilo que é dado, os costumes, tradições, caráter do povo que, podemos dizer, deve muito à terra e a religião de onde as pessoas obtêm seu alimento físico e espiritual. Qualquer constituição formal escrita deve refletir de perto a constituição providencial, ou não vale o papel onde está escrita:

> Thomas Paine não admitia ser a Constituição nada além de um documento escrito, que ele poderia dobrar e colocar no bolso, ou arquivar em uma gaveta. O Abade Sieyès declarou ser a política uma ciência que ele havia concluído e estava pronto para lhe entregar constituições por encomenda, sem nenhum outro defeito além dos que elas tinham, como Carlyle espirituosamente diz, "sem pés, e não podiam ir"[270].

Esse entendimento burkeano das constituições políticas deve gerar uma certa humildade em um povo, uma certa cautela quanto a ser capaz de exportá-lo no atacado:

> O governo inglês é, sem dúvida, o mais viável na Grã-Bretanha, pelo menos, no momento, mas provou ser um fracasso em qualquer outro lugar que tenha sido tentado. O sistema americano provou ser, apesar da formidável rebelião que ocorreu recentemente para derrubá-lo, o melhor e único governo viável para os Estados Unidos, mas é inviável em qualquer outro lugar, e todas as

---

[270] *The American Republic*, Americo D. Lapati (Ed.), *op. cit.*, p. 108.

tentativas de qualquer Estado europeu ou outro Estado americano de introduzi-lo só podem terminar em desastre[271].

Na medida em que essa advertência se refere aos americanos, Brownson a considera um alerta oportuno, e podemos sentir a relevância dela para o pensamento esquerdista americano sobre a Revolução Russa (1917-1923) e a União Soviética, e sobre o Império Britânico, que se queria desmantelado em troca do apoio americano durante a Segunda Guerra Mundial (1939-1945), entre outros lugares antes e depois:

> Os democratas americanos também são grandes propagandistas políticos, e estão dispostos a simpatizar com qualquer rebelião, insurreição ou movimento em nome da democracia, em qualquer parte do mundo, por mais mesquinho e desprezível, feroz ou sangrento que seja. Entretanto, tudo isso é tão anti-estadista quanto injusto; anti-estadista, pois nenhuma forma de governo pode suportar o transplante, e porque toda nação independente é o único juiz do que melhor se adapta aos seus próprios interesses [...][272].

As constituições políticas, escritas ou não, devem refletir a natureza orgânica da nação que governariam. "Ajuste seus sapatos aos pés"[273], diz Brownson, incisivamente.

Por outro lado, sentimos aquela parte de Brownson simpática ao racionalismo liberal quando ele afirma existir algum princípio lógico dentro da Humanidade, em última análise, a ser identificado com a Palavra Divina ou *Logos*, que se esforça para fazer seus artefatos — incluindo constituições políticas — consistentes com este universo inerentemente razoável criado por Deus. A constituição deve refletir o caráter trinitário da realidade criada. A este respeito, a Constituição inglesa, com seus freios e contrapesos, fica aquém:

> O sistema inglês, que se baseia em elementos antagônicos, em opostos, sem o meio termo conciliador para uni-los e torná-los dialeticamente um, copia

---

[271] *Ibid.*, p. 124.
[272] *Ibid.*, p. 125.
[273] *Ibid.*

o modelo divino apenas em suas distinções que, consideradas isoladamente, são opostas ou contrárias. Nega, se os ingleses pudessem apenas ver, a unidade de Deus[274].

A Constituição inglesa é instável, sempre sujeita a mudanças de poder entre a Coroa, senhores e comuns, não satisfazendo a ninguém. Ao contrário da Constituição americana, não há divisão de poderes estabelecida que dê direção ao poder, ao invés de anulá-lo, como no sistema inglês. A Constituição americana, Brownson nos diz, reflete a ordem do universo, conforme revelada pela verdade católica, e é nessa versão do excepcionalismo americano que a América encontra seu papel no cenário mundial. O sistema civil greco-romano trabalhou ao longo do tempo para se livrar de seus elementos bárbaros e tribais, até ser finalmente superado pelos bárbaros de fora de suas muralhas: as tribos germânicas no Ocidente, e os turcos e tártaros (muito mais tarde) no Oriente. É na América que este sistema civil romano foi revivido com mais sucesso, e os europeus precisam imitá-lo, livrando-se de seus elementos bárbaros e feudais para encontrar suas próprias formas apropriadas do sistema civil republicano.

A América tem uma dimensão religiosa para este destino e missão, que é "tornar praticável e realizar as relações normais entre a Igreja e o Estado"[275]. Na Europa, a Igreja foi feita, de diferentes maneiras, criatura do Estado, corrompendo a ambos. Na América, cada um opera livremente em sua esfera apropriada, ambos refletindo em seus diferentes reinos, natural e espiritual, a natureza "católica" inerente ao universo. Enquanto a Igreja e o Estado operarem de acordo com os princípios católicos, não pode haver conflito entre eles. Brownson enfatiza que o não estabelecimento da religião nos Estados Unidos faz parte da liberdade da Igreja.

Brownson é um pensador estimulante, dedicado à ideia da América, sendo ao mesmo tempo um crítico inteligente dela na prática. Particularmente, ele aprecia o que em sua época era a perversão potencial da ideia (em nossa época, uma má orientação mais completa e lamentavelmente perseguida) pelo espírito da democracia liberal, combinado com o espírito comercial (do qual houve, na frase de Coleridge, um "superávit" tanto na América como na Grã-

---

[274] *Ibid.*, p. 236.
[275] *Ibid.*, p. 242.

-Bretanha). Em um eco curioso da crítica de Samuel Johnson (embora por razões diferentes) à América, Brownson lamenta o domínio *whiggery* no país:

> Em uma palavra, as classes de negócios, de acordo com o "partido urbano" da época de Swift ou Addison, ou do reinado da Rainha Anne, têm posse permanente do governo, usando-o para promover seus próprios interesses, o que é um dano; pois este país está preparado para ser, e realmente é, um grande país agrícola[276].

A democracia americana cria uma paixão pela riqueza que, na análise de Brownson, causa miséria e crime, e surge de uma sensação da pobreza ser uma vergonha. Nesse sentido, a América está afastada do que deveria ser como nação "católica", pois a Igreja Católica ensina que a pobreza é algo a ser honrado, e os pobres virtuosos, respeitados. Ao ler a crítica de Brownson sobre sua época e seu país, sobre o liberalismo e o socialismo, percebe-se que a mesma luta continua entre o humanismo cristão e a modernidade. Para parafrasear T.S. Eliot, a batalha não está ganha, mas também não está perdida, e para nós só resta tentar.

Orestes Brownson, escrevendo sobre comunhão e constituição, tem muito a nos dizer hoje, em uma época em que a interpretação liberal da relação entre Igreja e Estado está causando muitos transtornos constitucionais, de forma a ameaçar, com um secularismo militante, a natureza da América como nação religiosa. A reforma constitucional na Grã-Bretanha também está sendo conduzida pelo pensamento liberal, ao qual os conservadores muitas vezes parecem ter poucas ideias para responder. O movimento em direção à integração europeia, um "Estados Unidos da Europa", por exemplo, também está sendo liderado pelo pensamento político de esquerda, e a advertência de Brownson de que as constituições não podem ser importadas e impostas, poderia ser uma palavra de advertência salutar antes que um castelo de cartas possa se desfazer, vítima de sua própria instabilidade inerente. Em uma época, também, quando os Estados Unidos e a Grã-Bretanha estão envolvidos na "construção de uma nação" em outras partes do mundo, as ideias de Brownson podem fornecer um guia útil sobre o que eles podem e não podem fazer.

---

[276] *Essays*, Kirk (Ed.), *op. cit.*, p. 210.

CAPÍTULO 8

BENJAMIN DISRELI UMA NAÇÃO

Esse lote abençoado, essa terra, esse reino, essa Inglaterra,
Essa ama, esse útero abundante de Reis,
Temidos por sua raça, e famosos por nascimento,
Reconhecidos por seus feitos longe de casa,
Por serviço cristão e verdadeiro cavalheirismo.
WILLIAM SHAKESPEARE, RICARDO II, ATO II, CENA 1.

Arte é ordem, método, resultados harmoniosos obtidos por princípios refinados e poderosos.
Não vejo arte em nossa condição. O povo deste país deixou de ser uma nação. Eles são uma multidão, apenas mantidos em alguma rude disciplina provisória dos restos daquele antigo sistema que eles estão diariamente destruindo.
BENJAMIN DISRAELI, TANCRED, 1847

Em comparação com Gladstone, [Disraeli] era um filósofo e estadista; em comparação a um homem de grande talento, ele era um gênio — como é justo dizer que o conservadorismo é, em geral, a intuição do gênio, enquanto o liberalismo é a eficiência do talento.
PAUL ELMER MORE, "DISRAELI AND CONSERVATISM", 1915

Benjamin Disraeli (1804-1881) é notável na história da literatura inglesa por ser, até o momento, o único exemplo de um romancista que se tornou político e acabou sendo primeiro-ministro da Grã-Bretanha. Ele também foi o primeiro ex-primeiro-ministro a publicar um romance, *Lothair*, em 1870. Pelo fato de combinar vida pública e literatura de maneira única, ele é digno de nossa atenção. Entretanto, mais importante, ele combinou vida pública, cartas e uma perspectiva religiosa incomum, para não dizer idiossincrática. Ele é o único primeiro-ministro britânico nascido na fé judaica, um fato notável no que era então uma nação conscientemente cristã, mas seus pensamentos sobre a importância do cristianismo tradicional na vida da nação, explorados com imaginação em seus romances, significam que ele pode ser considerado dentro da tradição humanista cristã. Em Disraeli, literatura, política e religião trabalham juntas para formar uma filosofia clara de integração social em uma época de medo generalizado da desintegração nacional. Como veremos, a imaginação está no cerne desse projeto disraeliano, concebido, tal o de Newman, como um contraponto à ascensão do utilitarismo. Em aspectos importantes, na esfera política Disraeli é a contraparte de Newman. No campo religioso, contudo, aquele escreveu mais sobre religião do que Newman jamais escreveu sobre política. Este fato por si só nos mostra o quão importante era a religião para Disraeli, assim como a literatura, e ambos forneceram os materiais com os quais ele regenerou o mito nacional. Como será visto, existem alguns ecos contemporâneos notáveis da guerra entre o romantismo *tory* disraeliano e os utilitaristas "sofistas, economistas e calculadores" da geração anterior, e sugestões de que a renovação pode, portanto, não ser uma esperança vã.

Como muitos estudiosos e leitores sugeriram, a filosofia política de Disraeli (exceto por seus elementos imperiais) foi formada e expressada no início de sua carreira, e mais claramente demonstrada em seu *Vindication of the English Constitution* [*Defesa da Constituição Inglesa*] (1835) e na trilogia de romances Young England [Jovem Inglaterra]: *Coningsby* (1844), *Sybil* (1845), e *Tancred* (1847). Estas são as principais obras examinadas aqui, as quais constituem os fundamentos da crítica de Disraeli ao *whiggery* e, mais particularmente, sua manifestação contemporânea: o utilitarismo. Em seu *Vindication*, Disraeli defende uma interpretação *tory* da história e, na trilogia Young England, traz esse ideal à vida imaginativa. A imaginação é a pedra angular do ataque disraeliano ao utilitarismo e ao amálgama peelita com o espírito da época. Em sua biografia sobre *lord* George Bentinck

(1802-1848), Disraeli considerou Peel "talentoso" e "realizado", mas ele "tinha uma grande deficiência: não tinha imaginação"[277]. (Paul Elmer More observa: o que Disraeli diz de Peel era igualmente verdadeiro a Gladstone). A importância desta deficiência para Disraeli é explicada por seu comentário escrito em seu diário em 1833: "Os utilitaristas na política são como os unitaristas na religião; ambos omitem a imaginação em seus sistemas e a imaginação governa a Humanidade"[278]. Esta é uma convicção surpreendente, inteiramente oposta ao espírito do liberalismo e da religião do progresso, que depende de um racionalismo purgado de tudo que cheira a fantasia, fé ou intuição. Entretanto, Disraeli não debate se a imaginação é superior à razão; ele a considera um fato da natureza humana, a imaginação como uma força mais poderosa do que a razão em se tratando de um agente impulsionador, ou compulsivo, nos assuntos públicos e privados da Humanidade. Portanto, o estadista sábio é aquele que leva isso em consideração no desenvolvimento e execução da política nacional.

Uma vez que reside na imaginação nacional, os escritos de Disraeli atestam e reafirmam o mito inglês a ser trazido por sucessivas gerações de novos contadores de histórias. Primeiramente, em seu *Vindication*, que é um relato abrangente da história inglesa, Disraeli contrapõe-se ao racionalismo dos utilitaristas, cujas ideias ele caracteriza satiricamente como forma dos piores aspectos da escolástica medieval, da razão desconectada da vida:

> E agora temos um sistema político *a priori*. Os escolásticos são revividos no século XIX, e vão reger a situação com suas definições fulminantes, suas logomaquias infrutíferas e dialética estéril[279].

Disraeli, assim como Burke, faz oposição àqueles cujo objetivo é

> [...] formar instituições políticas com base em princípios abstratos da ciência teórica, ao invés de permitir que surjam do curso dos eventos, e sejam criadas naturalmente pelas necessidades das nações[280].

---

[277] MORE, Paul Elmer. *Shelburn Essays: Eighth Series*. Nova York, NY: Phaeton Press, 1967, p. 173.
[278] Citado em *ibid.*, p. 171.
[279] DISRAELI, Benjamin. *Vindication of the English Constitution*. Londres: Saunders and Otley, 1835, p. 15.
[280] *Ibid.*

O respeito pelo precedente, prescrição e antiguidade, tão desprezado pelos utilitaristas, surge, na visão de Disraeli, de um "profundo conhecimento da natureza humana"[281]; e governo não é uma ciência, no sentido moderno da palavra, ao contrário, "um Estado é uma criação complicada de refinada arte"[282], uma arte em consonância com a natureza humana, a qual trabalha com a veia do povo inglês. Aqueles nossos sábios ancestrais, que governaram o Estado em tempos difíceis, "não tolerariam a natureza lutando contra a arte, ou a teoria contra o hábito"[283] — como acontece quando sistemas abstratos são impostos a um povo. A razão, tal qual o sentido que a palavra passou a ter no século XVIII, tem suas limitações. A estabilidade do Estado inglês, por exemplo, está fundamentada na prescrição, que é "colocada acima da lei e considerada superior à razão"[284]. A França, ao contrário, está em um "estado ao estilo laputa"[285], "divididos" pelos cientistas malucos de Swift "em departamentos geométricos iguais"[286], apesar da natureza, destruindo as antigas províncias com suas diferenças de solo, população, modos e temperamentos.

O utilitarismo, então, não é apenas *whiggery*, mas também cientificismo jacobino. Contra essa teorização política abstrata, em que formas racionalistas de governo podem ser impostasdesastrosamente a qualquer povo, em qualquer lugar, Disraeli argumenta: a Constituição inglesa cresceu a partir da lei da terra, baseada no costume e no respeito à prescrição. Até mesmo convulsões constitucionais apelam a algum antigo princípio de direito:

> Em suma, todas as nossas lutas pela liberdade cheiram a lei. Há, ao longo de toda a corrente da nossa história, um sabor jurídico muito salutar. E monarcas arbitrários e parlamentos rebeldes ocultam suas invasões sob o véu sagrado do direito, citam precedentes e se apegam a prescrições[287].

---

[281] *Ibid.*, p. 23.
[282] *Ibid.*
[283] *Ibid.*, p. 25.
[284] *Ibid.*
[285] *Ibid.*, p. 29.
[286] *Ibid.*
[287] *Ibid.*, p. 22.

Mesmo no pior dos casos, as convulsões da Inglaterra são bastante diferentes das da França: "Uma revolução inglesa é, pelo menos, um sacrifício solene. Uma revolução francesa é um massacre indecente"[288]. A constituição é uma criação do gênio do lugar, e Disraeli (como Orestes Brownson, alguns anos mais tarde) aponta para a loucura de tentar impor a Constituição inglesa a outros países, como a pobre e aflita França: "Estou apenas surpreso por essa impostura ridícula ter durado tanto tempo"[289]. A Constituição americana também não pode ser exportada para os países sul-americanos, o que se foi tentado e falhou:

> [A] Constituição dos Estados Unidos não tinha mais raízes no solo do México, Peru e Chili [sic], do que a Constituição da Inglaterra tinha na França, Espanha e Portugal; não foi fundada nos hábitos ou nas opiniões daqueles a quem orientava, regulava e controlava[290].

Em contraste com essa loucura está o conservadorismo inato da prática inglesa, em que

> [...] um estadista sábio tomará cuidado para que todos os novos direitos surjam, por assim dizer, de nossos antigos estabelecimentos. Somente este sistema permite, ao mesmo tempo, purificar o antigo e tornar permanente o novo[291].

A concepção de Disraeli da Constituição inglesa sendo baseada no direito comum é enfatizada por seu amplo entendimento da própria Constituição, incluindo a lei e os tribunais:

> Ao longo dessas observações, ao falar da Constituição inglesa, falo daquele esquema de governo Legislativo e Executivo que consiste no rei e nas duas casas do Parlamento; porém, esta é uma visão muito parcial da Constituição inglesa, e eu uso o termo mais em deferência às associações estabelecidas do que por desconhecer que a política de nosso país seja constituída por outras

---

[288] *Ibid.*, p. 45.
[289] *Ibid.*, p. 34.
[290] *Ibid.*, p. 57.
[291] *Ibid.*, p. 50.

instituições não menos preciosas e importantes que as do rei, lordes e comuns. Tribunal do júri, *habeas corpus*, tribunal da corte do rei, tribunal das sessões trimestrais, a provisão obrigatória para os pobres, por mais que tenha sido adulterada, as franquias de corporações municipais, ultimamente tão imprudentemente consideradas por estadistas míopes, são todas as disposições essenciais da Constituição inglesa [...] As instituições políticas da Inglaterra surgiram de suas instituições jurídicas. Elas têm sua origem em nossas leis e costumes[292].

Disraeli afirma que, como o costume e a lei comum, a Constituição é um artefato naturalmente originado da natureza humana incorporada, e podemos inferir que sua autoridade deriva, em última instância, da lei natural vinda de Deus. Da mesma forma, a Constituição tem autoridade e exige nossa lealdade à medida em que está de acordo com essas autoridades prescritivas e transcendentes.

Tudo isso é o prelúdio da narrativa *tory* de Disraeli a respeito de uma nação representada pela Constituição, ao contrário de, na história *whig*, o povo ser (em maior ou menor grau, dependendo da maré do progresso) representado pela Câmara dos Comuns. A Câmara dos Comuns não é a casa do povo, argumenta Disraeli, mas a casa dos cavaleiros, da baixa nobreza, da ordem equestre que gradualmente admitia os burgueses em suas fileiras— para formar aquela ordem peculiarmente inglesa,

> [...] os cavalheiros da Inglaterra; uma classe para qual é difícil decidir se sua excelência moral, ou sua utilidade política, são mais eminentes, conspícuas e inspiradoras[293].

Para ser preciso, Disraeli diz, a lei inglesa não reconhece a "nobreza", caracterizada por ele como uma classe francesa inútil e parasita, a ser contrastada com os "pares" e "comuns" ingleses, que viram "sua posição como uma instituição política para o bem público, e não um privilégio para sua gratificação privada"[294]. A fim de estabelecer seu caso contra os *whigs* modernos, e removê-

---

[292] *Ibid.*, p. 67–68.
[293] *Ibid.*, p. 86.
[294] *Ibid.*, p. 87.

-los de seu pretenso papel de defensores do povo, ele mostra como a nobreza *whig* cresceu a partir dos partidários do rei inglês Henrique VIII, beneficiados pela espoliação das terras monásticas na época da Reforma. Essa classe acabaria por dominar a monarquia e instalar um sistema "veneziano", no qual o rei era apenas uma figura limitada, governando ao gosto da aristocracia. Assim, a Constituição foi subvertida por uma classe, como os comuns haviam feito durante a Guerra Civil. Alguns dos pontos mais reveladores de Disraeli são feitos ao traçar paralelos entre essas convulsões do século XVII e as do próprio tempo de Disraeli; e que são relevantes também para nós:

> Os bispos expulsos da Câmara dos Lordes, o rei desafiado, depois preso e decapitado, a Câmara dos Lordes desconsiderada e, em seguida, formalmente abolida, considerada "um incômodo inútil" — veja, meu Senhor, havia utilitaristas, mesmo naqueles dias, — vejam o grande objetivo, finalmente consumado, de concentrar todo o poder e autoridade do governo em uma classe do reino[295].

Esta usurpação da Constituição foi feita com base no fato de a Câmara dos Comuns representar o povo, tendo os comuns declarado "que o povo é a origem de todo poder justo", um axioma ao qual qualquer pessoa pode anexar qualquer significado desejado[296]. Disraeli, então, aponta a tirania que se seguiu à Guerra Civil, ordem que só veio com o despotismo militar de Cromwell. Tudo isso foi mais de um século antes da Revolução Francesa e do período do Terror, paralelos que não podemos deixar de considerar. A aristocracia, Disraeli nos lembra, restaurou a liberdade com a Revolução de 1688, mas depois disso os *whigs* estabeleceram controle excessivo sobre a monarquia, tornando-o um doge veneziano.

Em contraste com este modelo, Disraeli nos apresenta uma união *tory* entre o povo e o rei, que é verdadeiramente democrática. A supremacia *whig* foi derrubada:

> [I]ncentivada pelo exemplo de um monarca popular em George III, e de um ministro democrático no sr. Pitt, a nação elevou ao poder o Tory, ou Partido

---
[295] *Ibid.*, p. 117–118.
[296] *Ibid.*, p. 118.

Nacional da Inglaterra, sob cujo sistema abrangente e consistente, vigoroso e estritamente democrático, esta ilha se tornou a metrópole de um poderoso império, ao mesmo tempo, com o soberano mais poderoso e o povo mais livre [...]²⁹⁷.

Entretanto, na época em que Disraeli escrevia sua *Vindication*, os *whigs* haviam voltado ao poder para continuar o desmantelamento da Constituição e, portanto, da nação, de uma forma que nos faz lembrar dos governos de nosso próprio tempo:

[O]s Whigs são um partido antinacional. Para cumprir seu objetivo de estabelecer uma república oligárquica e de concentrar o governo do Estado nas mãos de algumas grandes famílias, os *whigs* são obrigados a declarar guerra contra todas as grandes instituições nacionais, cujo poder e influência apresentam obstáculos ao cumprimento de seu propósito. São essas instituições que nos tornam uma nação. Sem nossa Coroa, nossa Igreja, nossas universidades, nossas grandes corporações municipais e comerciais, nossa magistratura e seu esquema dependente de política provincial, os habitantes da Inglaterra, ao invés de serem uma nação, apresentariam apenas uma massa de indivíduos governados por uma metrópole, de onde um senado arbitrário emitiria os severos decretos de seu despotismo rigoroso e cruel²⁹⁸.

O toryismo de Disraeli se opõe àquele espírito político maligno e sempre presente, que faz uso dos queixosos para aumentar seu próprio poder; que não tem amor por aqueles centros locais e dispersos de autoridade, que frustrariam seus propósitos em qualquer nível; e isso substituiria o fértil mito nacional por um culto banal da novidade. Entretanto, a abordagem de Disraeli não é simplesmente defensiva. A característica mais marcante de *Vindication* está na forma como se constrói em direção ao seu tema principal, ou seja, mostrar o Partido Tory como o verdadeiro partido democrático, apesar da apropriação desse papel pelos *whigs* e liberais (isso seria semelhante a um caso ainda totalmente imaginativo do moderno Partido Tory argumentando, com base na de-

---
²⁹⁷ *Ibid.*, p. 173.
²⁹⁸ *Ibid.*, p. 181–182.

fesa das instituições britânicas tradicionais, que é o partido realmente europeu). A democracia, para Disraeli, tem a ver com fins e não com meios, e ele entende o termo empiricamente ao invés de abstratamente:

> O Partido Tory neste país é o partido nacional. É o partido realmente democrático da Inglaterra. Apoia as instituições do país, porque foram estabelecidas para o bem comum e porque asseguram a igualdade dos direitos civis, sem os quais, qualquer seja seu nome, nenhum governo pode ser livre, e com base nesse princípio, todo governo, qualquer seja o seu estilo, é, de fato, uma democracia[299].

Além disso, aqueles aspectos geralmente reconhecidos como sendo característicos da democracia, especialmente a liberdade e a igualdade, Disraeli os percebe como tendo sido estabelecidos no sistema inglês, com mais sucesso e durabilidade do que em qualquer outro lugar, devido a (não apesar de) uma Constituição em que o poder hereditário natural recebe deveres públicos. Disraeli distingue nitidamente a igualdade francesa da igualdade inglesa; o primeiro não torna ninguém privilegiado, o último torna todos privilegiados:

> Assim, o mais mesquinho súdito de nosso rei nasce com grandes e importantes privilégios; um inglês, por mais humilde que seja seu nascimento, seja ele condenado ao arado ou destinado ao tear, nasce com a mais nobre de todas as heranças, a igualdade dos direitos civis. Ele nasceu para a liberdade, ele nasceu para a justiça, e ele nasceu para a propriedade. Não há posição a que ele não possa aspirar; não há mestre a quem ele seja obrigado a servir; não há magistrado que se atreva a encarcerá-lo contra a lei; e o solo no qual trabalha deve fornecer-lhe uma manutenção honesta e decorosa. Esses são direitos e privilégios tão valiosos quanto reis, senhores e comuns. E é apenas uma nação assim educada, e embalada nos princípios e práticas da liberdade que, de fato, poderia manter tais instituições. Assim, os ingleses na política são como os antigos hebreus na religião, um "povo favorecido e peculiar"[300].

---
[299] *Ibid.*, p. 182–183.
[300] *Ibid.*, p. 204–205.

O senso de excepcionalismo inglês de Disraeli é reforçado pela comparação com um sentimento hebraico de religião, cuja importância ele elaboraria mais tarde em *Tancred*. A política anglo-saxônica e a religião judaico-cristã têm em si uma qualidade comum, ausente dos modos especulativos e abstratos de pensamento, como Disraeli aponta neste notável *insight*:

> A igualdade inglesa governa o assunto pelas influências, unidas e mescladas, da razão e da imaginação. A igualdade francesa, tendo rejeitado a imaginação e aspirado à razão[,] na realidade, apenas se transformou em uma fantasia estéril. A Constituição da Inglaterra é baseada não apenas em um profundo conhecimento da natureza humana, mas da natureza humana na Inglaterra. O esquema político da França origina-se não apenas de uma profunda ignorância da natureza humana em geral, mas da natureza humana francesa em particular[301].

A Constituição integrada é o reflexo de uma visão integrada da natureza humana, na qual razão e imaginação se combinam, assim como direitos e deveres. Finalmente, a compreensão de Disraeli sobre igualdade e liberdade deriva do sentido religioso de sua relação com a lei, que se desenvolve ao longo do tempo, no contexto de um povo específico em um lugar específico.

O pensamento de Disraeli está sempre buscando essa combinação paradoxal de universalidade e particularidade, sempre buscando uma compreensão inclusiva de uma Constituição inglesa aparentemente exclusiva. Em *Coningsby*, o primeiro de seus romances Young England, Disraeli resiste ao que o toryismo havia se tornado e critica os sucessores de Pitt por transformarem o toryismo em um sinônimo de exclusão de setores da população da Constituição:

> Usurpando impudentemente o nome daquele partido do qual a nacionalidade e, portanto, a universalidade, é a essência, esses pseudo-*tories* fizeram da exclusão o princípio de sua constituição política e da restrição, o gênio do código comercial[302].

---

[301] *Ibid.*, p. 206-207.
[302] DISRAELI, Benjamin. BRAUN, T. (Ed.). *Coningsby*. Londres: Penguin, 1983, p. 95.

Disraeli vê Pitt como representante da autêntica visão conservadora, envolvendo uma extensão liberal de direitos a vários grupos que demonstrassem lealdade à Coroa e políticas liberais no comércio. A restrição dos direitos constitucionais andava de mãos dadas com a restrição do comércio e ambas eram estranhas às "maneiras e costumes do povo inglês"[303]. Ouvimos na discussão de Disraeli sobre Pitt uma observação inicial sobre a "democracia *tory*", bem como sua simpatia pela situação dos católicos:

> Uma ampliação de nosso esquema eleitoral, grandes facilidades no comércio, e o resgate de nossos companheiros católicos romanos do jugo puritano, dos grilhões colocados neles pelos parlamentos ingleses, apesar dos soberanos ingleses; estes foram os três grandes elementos e verdades fundamentais do verdadeiro sistema Pitt[304].

Os personagens do romance: o latifundiário católico Eustace Lyle; o fabricante do norte, Millbank; e o financista judeu Sidonia — todos insatisfeitos com o culto da utilidade, mas são inspiração para o jovem Coningsby — representam a abrangência de Disraeli sobre aqueles que ele desejava que tivessem um lugar reconhecido na antiga Constituição inglesa. Eles se distinguem por sua visão religiosa, sua imaginação e seu apego a seres humanos reais ao invés de idéias abstratas; todos se opõem às "teorias frígidas de uma era generalizante"[305]. Particularmente, Disraeli reconhece o conservadorismo instintivo (ou, no termo preferido de Disraeli, toryismo) de judeus e católicos, ambas manifestações da tradição judaico-cristã apoiadoras da monarquia e dos valores religiosos tradicionais. A essência do toryismo para Disraeli é uma monarquia livre e uma religião tradicional livre. Ambos dirigem o curso de uma nação através de um profundo efeito na imaginação humana e apontam para a divindade que é o coração de nossa humanidade. Sidonia nos lembra que a razão não é responsável por nenhuma das grandes conquistas do homem — nem mesmo pela Revolução Francesa: "O homem só é verdadeiramente grande quando age a partir

---

[303] *Ibid.*, p. 101.
[304] *Ibid.*
[305] *Ibid.*, p. 495.

das paixões; nunca irresistível, exceto quando apela à imaginação. Até Mórmon conta mais devotos do que Bentham"[306].

Em contraste com uma ampla Constituição nacional, que permite a expressão frutífera e a transmissão da vitalidade humana natural, especialmente a fé, está a mão morta da utilidade (novos esquemas racionais, dando origem a toda uma nova classe de burocratas e administradores). Em sua resposta ao Manifesto Tamworth de Peel, o apaziguamento da utilidade e do liberalismo, que também estimulou de maneira crucial John Henry Newman à ação, Disraeli vê a perigosa perspectiva de uma evisceração da Constituição, de modo que o cadáver seria animado, por assim dizer, por uma técnica mecânica. Seria "homens *tory* e medidas *whig*":

> O Manifesto de Tamworth de 1834 foi uma tentativa de construir um partido sem princípios. Sua base, portanto, era necessariamente o latitudinarismo. E sua consequência inevitável tem sido a infidelidade política[307].

A evisceração peelita do toryismo, em favor do novo liberalismo, significaria uma evisceração da Constituição. Daí a famosa pergunta de Coningsby — que tipifica o talento de Disraeli para inverter as palavras, como ele faz com "democracia" — sobre aqueles que as mal-utilizam ao enxergá-las como meras formas: "O que você quer dizer com conservar? Você pretende conservar coisas ou apenas nomes, realidades, ou apenas aparências?"[308]. Assim como Newman resistiu ao afastamento de uma fé religiosa vital como base da Igreja nacional, Disraeli resistiu ao afastamento da fé política no espírito vivo da Constituição inglesa. Este assentamento uniu rei e povo por meio do exercício do cavalheirismo, uma ideia que Newman definiu e na qual Disraeli também acreditava. Os romances da Young England, descritos como a contraparte política do tractarismo, estão repletos do ideal de Newman. O próprio Coningsby é um personagem próximo ao de Hurrell Froude, a quem Newman identificou como o fundador espiritual do movimento tractário:

---

[306] *Ibid.*, p. 262.
[307] *Ibid.*, p. 125.
[308] *Ibid.*, p. 343.

Sua mente gostava de levar cada questão até o centro. Porém, não foi um espírito de ceticismo que impulsionou esse hábito. Pelo contrário, era o espírito de fé. Coningsby descobriu ter nascido em uma época de infidelidade a todas as coisas e seu coração lhe assegurou ser a falta de fé uma falta de natureza. Contudo, seu intelecto vigoroso não poderia se refugiar naquele substituto piegas da crença, que consiste no patrocínio de teorias fantásticas. Ele precisava daquela convicção, profunda e duradoura, de que o coração e o intelecto, sentimento e razão unidos, podem suprir sozinhos. Ele se perguntou por que os governos eram odiados e as religiões, desprezadas? Por que a lealdade estava morta e a reverência era apenas um cadáver galvanizado?[309]

Esse movimento de fé teria muito sucesso em renovar o cristianismo tradicional no século XIX e tornar o conservadorismo político disraeliano ao invés de peelita.

Sybil é um livro mais dramático do que *Coningsby*, com personagens mais variados e vívidos e um tema social mais profundo. A sátira é, no mínimo, mais penetrante e antecipa divertidamente os mundos de Oscar Wilde (1854-1900) e Evelyn Waugh (1903-1966). ("Eu gosto de vinho ruim", disse o Sr. Mountchesney; "a gente fica tão entediado com vinho bom"[310]). O tema religioso estabelecido em Coningsby é mais desenvolvido, particularmente em sua relação com a condição do povo inglês. A Reforma Inglesa é apresentada mais de perto como um imenso desastre, principalmente para os pobres que se beneficiaram do alívio e das melhorias proporcionados pelos mosteiros, embora nem todos os católicos do romance sejam inteiramente louváveis; para o proprietário de terras ideal, Trafford, existe o intrigante fabricante de *pedigrees* pseudoaristocráticos, Hatton (Disraeli é um romancista imaginativo o suficiente para não lidar com caracterização esquemática, podendo tornar simpáticos personagens com pontos de vista opostos aos seus). Contudo, o espírito da Igreja pré-reformada é representado por Aubrey Saint Lys, um tipo de sacerdote anglicano (para se tornar cada vez mais evidente com a disseminação das ideias do tratado) fiel às antigas formas da Igreja e devotado à melhoria da condição espiritual e material das pessoas. A sociedade industrial é contrastada com o mundo integrado da Idade Média:

---

[309] *Ibid.*, p. 149–150.
[310] DISRAELI, Benjamin. *Sybil*. Ware, Herts: Wordsworth Editions Ltd., 1995, p. 4.

"Quanto à comunidade", disse uma voz, que não era nem de Egremont, nem do estranho, "com os mosteiros expirou o único tipo que já tivemos na Inglaterra de tal tipo de relação. Não há comunidade na Inglaterra; há agregação, mas agregação sob circunstâncias que a tornam mais um princípio dissociador do que unificador"[311].

Isto vem do socialista Morley, que se refere ao uso comunitário de propriedade, entretanto, a distinção entre comunidade e agregação é aquela que Disraeli pretende nos fazer aceitar. Ele faz uma distinção semelhante entre uma "nação" e uma "mera multidão" em *Tancred*. Porém, Disraeli nos mostra que a religião é a base da comunidade, não uma redistribuição de riqueza. Saint Lys lamenta a separação entre a Igreja Inglesa e o povo:

"Eu culpo apenas a Igreja. A Igreja abandonou o povo; e desde aquele momento, a Igreja está em perigo e o povo, degradado. Antigamente, a religião se comprometia a satisfazer as nobres necessidades da natureza humana e, por meio de seus festivais, aliviaria o doloroso cansaço do trabalho duro. O dia de descanso era consagrado quase sempre, se não ao pensamento elevado, pelo menos, a sentimentos nobres e doces. A Igreja se reunia para as suas solenidades, sob os seus esplêndidos e mais celestes telhados, entre os mais belos monumentos de arte erguidos por mãos humanas, toda a população cristã; pois ali, na presença de Deus, todos eram irmãos"[312].

Em sua abrangência, Disraeli parece ver na Igreja o modelo para a constituição política da nação. Além disso, sua concepção da Igreja é profundamente simpática para aqueles, como católicos e judeus, que se apegam às suas antigas tradições, enquanto o é menos para aqueles sectários, desligados da tradição. "O cristianismo é o judaísmo completo, ou não é nada", diz Saint Lys. "O cristianismo é incompreensível sem o judaísmo, como o judaísmo é incompleto sem o cristianismo"[313]. Entretanto, a constituição pode ser mais inclusiva do que uma tradição religiosa particular (o naturalmente superior Sidonia pode

---

[311] *Ibid.*, p. 57
[312] *Ibid.*, p. 96.
[313] *Ibid.*, p. 97.

ser um súdito inglês e um judeu praticante, uma vez que pode ser apropriadamente leal e sinceramente a ambas as tradições antigas).

A Igreja é a culpada por se desligar do povo, assim como a aristocracia. Embora os personagens principais dos romances de Disraeli sejam aristocráticos, a aristocracia recebe uma boa dose de tratamento satírico ao não cumprir seu papel de liderança do povo e decair no interesse próprio. A sátira contra a aquisição de *pedigrees* antigos falsos por aqueles desejosos por nobreza é apenas uma parte de um ataque, o que inclui Lorde Marney, ganancioso e sem princípios, cujas terras foram tomadas da Igreja na Reforma. Em *Coningsby*, Lorde Monmouth é um estudo semelhante em egocentrismo. Entretanto, Disraeli está preocupado com a geração mais jovem e com a renovação do senso de dever na aristocracia, como em todas as ordens da sociedade; nenhuma classe deve isolar-se das outras; cada uma tem um dever a cumprir que beneficia o todo. A conexão entre a aristocracia e o povo é essencial, como diz Egremont a Sybil:

> A nova geração da aristocracia da Inglaterra não é tirana, nem opressora, Sybil, como você insiste em acreditar. Suas inteligências, melhor do que isso, seus corações, estão abertos à responsabilidade de suas posições. Entretanto, o que está diante deles não é trabalho temporário. A febre do impulso superficial não pode remover as barreiras profundamente estabelecidas por séculos de ignorância e crime. É suficiente que suas simpatias sejam despertadas. O tempo e o pensamento trarão o resto. Eles são os líderes naturais do povo[314].

Muitas vezes, os líderes que emergem do povo vêm para traí-los, diz Egremont. A alternativa aos deveres de classe, sugere Disraeli, é a luta de classes, por meio da qual as pessoas sofrem mais. O projeto disraeliano de reintegração nacional e reencantamento requer uma revitalização das ordens e classes tradicionais, e a substituição da fé por uma suspeita e antagonismo céticos e mutuamente hostis. Só então, as duas nações do subtítulo de *Sybil*, "The Two Nations" ["As Duas Nações"], se tornarão uma novamente.

Disraeli tinha orgulho da maneira como pertencia e era estrangeiro ao país em que nasceu, e em cuja religião foi batizado. Outra faceta notável de sua imaginação integradora é a combinação da importância do partido nacional

---

[314] DISRAELI, Benjamin. *Tancred*. Londres: Peter Davies, 1927, p. 126.

inglês (os *tories*) e "o grande mistério asiático" — frase de Sidonia em *Tancred*, que se tornou satiricamente aplicada por uma sagacidade ao próprio Disraeli. Certamente, parte do objetivo de Disraeli de reencantar seu tempo por meio de uma apreciação mais profunda do imaginativo e misterioso caráter da religião cristã envolvia colocar-se no papel de iniciado e, assim, dar à sua história a força da profecia (entretanto, ele não foi, de forma alguma, o único vitoriano a desempenhar esse papel; foi uma época de profetas barbudos patriarcais). *Tancred* começa com uma crítica penetrante de uma Inglaterra afastada de si mesma, um pouco como o discurso de John de Gaunt em *Ricardo II*, sobre sua imagem de uma Inglaterra ideal, decaída em sujeira e despojada, como o "cortiço ou fazenda de peles" de Gaunt. O jovem aristocrata, Tancredo, lamenta a falta de fé da época, seja política ou religiosa, e decide fazer uma peregrinação à Terra Santa para descobrir o princípio por trás de ambos. A Inglaterra, Tancredo disse a Sidonia, perdeu a inspiração religiosa, está "dividida entre a infidelidade de um lado e a anarquia de credos do outro"[315] (mais adiante no romance, outro personagem explica a peregrinação de Tancredo, dizendo que "os ingleses não são nem judeus, nem cristãos, mas seguem uma espécie de religião própria, que é feita todos os anos por seus bispos"[316]). Tancredo lamenta: "Ninguém pensa no Céu agora. Eles nunca sonham com anjos. Toda a sua existência está concentrada em barcos a vapor e ferrovias."[317]. A civilização foi rejeitada em favor do dinheiro e do conforto. Sidonia reconhece em Tancredo "não um visionário vão e vago, mas um ser em que as faculdades da razão e da imaginação eram da mais alta classe"[318]. Com uma sugestão de significado simbólico, o financista judeu possibilita a renovação espiritual do jovem aristocrata, dando-lhe contatos para sua jornada na Terra Santa.

Tancred, no entanto, termina em uma linha memoravelmente inconclusiva, anunciando a chegada dos pais de Tancredo a Jerusalém. Contudo, o romance está cheio de percepções interessantes sobre as ideias políticas de Disraeli. Especialmente, como vimos, sobre a relação entre política e religião, mas também entre política e oportunidade. O peso deste capítulo é que Disraeli era um homem de princípios profundos, embora idiossincráticos e, mesmo assim, é

---

[315] DISRAELI, Benjamin. *Tancred*. Londres: Peter Davies, 1927, p. 126.
[316] *Ibid.*, p. 215.
[317] *Ibid.*, p. 135.
[318] *Ibid.*, p. 127.

frequentemente considerado um oportunista. De certa forma, porém, ele era ambos. Assim como a filosofia política de Burke, que envolve uma compreensão sofisticada da relação entre princípios e circunstâncias, também é a de Disraeli. "A oportunidade é mais poderosa até do que conquistadores e profetas"[319], escreve Disraeli na voz narrativa de *Tancred*. O estadista de sucesso promover o bem comum nas circunstâncias que surgirem é parte da prudência política, o que envolve a imaginação. É importante ele não ser confinado por esquemas, dogmas ideológicos ou promessas precipitadas. Sendo a política, de fato, uma arte e não uma ciência, um certo mistério deve pairar sobre sua arte como a de qualquer artista. Ele deve ser livre para exercer uma imaginação moral nas coisas humanas, de modo que permaneçam humanas, e não sejam removidas para o reino das abstrações áridas e metáforas mecânicas. Edgar Feuchtwanger sugeriu que o Fakredeen, sem princípios e intrigante, se assemelha a Disraeli "no que ele queria ser e no que temia realmente ser"[320]. Porém, existe um diálogo interessante entre o idealista Tancredo e o habilidoso operador Fakredeen, o que sugere outra possibilidade. Tancredo diz,

> Não acredito que algo grande seja realizado pela administração. Toda essa intriga, da qual você parece um adepto, pode ser de alguma utilidade em um tribunal, ou em um senado exclusivo; mas, para libertar uma nação, é necessário algo mais vigoroso e mais simples. Esse sistema de intriga na Europa é bastante antiquado. É uma das superstições deixadas para nós pelo miserável século XVIII, um período em que a aristocracia era galopante em toda a cristandade. E quais foram as consequências? Toda fé em Deus e no homem, toda grandeza de propósito, toda nobreza de pensamento e toda beleza de sentimento murcharam e murcharam [...] Se você deseja libertar seu país [...] você deve agir como Moisés e Maomé[321].

Tancredo faz parte tanto de Disraeli quanto Fakredeen. Ninguém pode duvidar que Disraeli gostava de intrigas e do grande jogo da política, mas seria errado supor que ele não tivesse fé como Fakredeen. Disraeli tinha o grande

---
[319] *Ibid.*, p. 389.
[320] FEUCHTWANGER, Edgar. *Disraeli*. Londres: Arnold, 2000, p. 70.
[321] DISRAELI, Benjamin. *Tancred*, p. 266.

propósito de tentar casar ideais imaginativos com a realidade humana, tanto em si mesmo quanto na nação.

Esta abordagem integrativa caracterizou principalmente a política de Disraeli, que foi, escreve J.P. Parry,

> [...] reativo e restaurador, ao invés de reacionário. Ele enfrentou desafios específicos. Ele era um político prático, não um visionário [...] o objetivo sempre foi restabelecer uma unidade orgânica a partir do caos, construir uma síntese a partir do conflito; tornar a Inglaterra uma nação novamente, reunir sua igreja, resolver as tensões em seus grandes interesses fundiários, realizar seu papel nacional no mundo para salvar seu império[322].

A abordagem de Disraeli ao Império Britânico está além do escopo deste capítulo, embora possamos notar em paralelo que seu sentido de imaginação, e a imaginação oriental, foi fundamental para sua moção para que a rainha Vitória (1819-1901) recebesse o título de imperatriz da Índia. Embora a nação fosse central para a visão de Disraeli da Inglaterra, ele não pode ser descrito em um sentido estrito como um nacionalista. Como sua visão religiosa não era nem redutivamente latitudinária, nem difusamente católica, mas profundamente enraizada em uma tradição antiga e mundial[323], assim era o seu senso do propósito da nação inglesa, o que significava que ela não poderia ser confinada em uma pequena ilha. Disraeli foi um criador de mitos, cuja mente literária foi uma parte importante de sua visão política; e não é pequena a parte de seu sucesso considerável ao ter salvo seu partido e seu país de uma capitulação total nesse outro lado cinzento da Inglaterra vitoriana: materialista, científico, redutor, desumano. O Partido Conservador ainda tem seu lado cinza, peelita e conservador, em tensão com seu lado colorido, *tory* e disraeliano. Disraeli não era um visionário, porém era um homem com visão. Seu registro escrito dessa visão ainda pode inspirar e ensinar, e pode ajudar a lembrar, tanto a Inglaterra, quanto o Partido Conservador, de algumas verdades centrais humanas e divinas.

---

[322] PARRY, J.P. "Disraeli and England", *The Historical Journal*, 43, 3 (2000), p. 705.
[323] É intrigante notar, em uma frase que o anglicano Disraeli poderia ter escrito, que o papa Pio XII (1876-1958) certa vez afirmou que "espiritualmente falando, somos todos semitas".

CAPÍTULO 9

G.K. Chesterton

E A Autoridade do Senso Comum

> *Teseu: O lunático, o amante, e o poeta,*
> *São, de imaginação, todos compactos:*
> ....
> *E, conforme a imaginação avança*
> *As formas de coisas desconhecidas, a pena do poeta*
> *Transforma-os em formas, e dá ao arejado nada*
> *Uma habitação local e um nome.*
> WILLIAM SHAKESPEARE, SONHO DE UMA NOITE DE VERÃO, ATO V, CENA 1

> *Uma página de estatísticas, um plano de habitações modelo, qualquer coisa que seja racional, é sempre difícil para os leigos.*
> *Contudo, o que é irracional, qualquer um pode entender. Por isso, a religião veio tão cedo ao mundo e se espalhou tão longe, enquanto a ciência veio tão tarde ao mundo e não se espalhou. A história atesta unanimemente o fato de que só o misticismo tem a menor chance de ser compreendido pelo povo.*
> *O senso comum deve ser mantido como um segredo esotérico, no escuro templo da cultura.*
> G. K. CHESTERTON, HEREGES, 1905

G.K. Chesterton (1874-1936) foi chamado, apropriadamente, de "apóstolo do senso comum"[324]. As palavras "senso comum" frequentemente se repetem em seus escritos e podem ser usadas para descrever tanto a forma quanto o conteúdo da própria escrita. Como Roger Scruton (1944-2020) observou, os maneirismos estilísticos de Chesterton são bastante semelhantes aos de seu oponente, George Bernard Shaw (1856-1950), isto é, "um tom opinativo, uma afetação do senso comum e uma afronta que emprestou entusiasmo ao seu amor pelo paradoxo"[325]. Entretanto, há mais do que afetação no apego de Chesterton ao senso comum — embora uma investigação sobre o que ele quis dizer com a palavra possa ser útil, visto que a ideia é mais frequentemente mencionada do que compreendida. O senso comum pode, de fato, ser considerado a ideia central de Chesterton, uma vez que outros conceitos importantes, aos quais ele estava ligado, podem ser estar de acordo com esse conceito principal. A ortodoxia, o catolicismo, a sanidade, o comum, o normal, o "cêntrico", o mito e o conto de fadas, a democracia, o liberalismo, a revolução, a distribuição, a proporção e a imaginação, de alguma forma Chesterton conecta todas essas ideias com o "senso comum". Por outro lado, o senso comum também é fundamental no trabalho e as realizações de Chesterton. John Henry Newman, ao final de sua longa vida, mencionou o liberalismo como a ideia central contra a qual ele lutou, e se podemos resumir a obra da vida de Chesterton em uma palavra, podemos dizer que foi a luta contra o ceticismo. Como Benjamin Disraeli sugeriu em diversos lugares, a fé é o princípio criativo e integrador na vida humana; assim, em contrapartida, poderíamos dizer que o ceticismo é o princípio destrutivo e desintegrador na religião e na sociedade, na alma e na mente. O senso comum, portanto, está no cerne da luta de Chesterton contra o ceticismo.

Antes de considerarmos o senso comum como Chesterton usava e entendia o termo, ter algum contexto — do seu uso anterior e contemporâneo — ajudará a esclarecer essa ideia fugidia. O *sensus communis* medieval é similar ao consenso (e também ao "consentimento"), o que geralmente é creditado, admitido e considerado verdadeiro. Nesse sentido, sua autoridade é quantitativa e deriva do número esmagador de pessoas, ou nações, que defendem, ou man-

---

[324] Esta denominação foi dada pela primeira vez, acredito, por Dale Ahlquist.
[325] SCRUTON, Roger (Ed.). *Conservative Texts: An Anthology*. Londres: Macmillan, 1991, p. 59.

tiveram, um determinado credo, doutrina ou opinião. *Securus judicat orbis terrarum* ["o veredito de todo mundo é conclusivo"], diz Augustine. Essa autoridade é consistente com a ideia de lei natural, pois implica que todos os fiéis são capazes de julgar, se sua opinião deve ser valorizada. A consciência, então, é uma parte vital do *sensus communis*, e é fácil ver como a civilização cristã da Idade Média leva à autoridade da razão humana e à democracia nas civilizações sucessivas. O senso comum está em oposição à gnose, aquele conhecimento que só é revelado a uns poucos e está oculto à multidão, e na medida em que a heresia é uma forma de gnose, uma revelação especial da verdade, o senso comum é ortodoxia. É mais um princípio inclusivo do que exclusivo, e associativo ao invés de sectário. Sua autoridade é Deus e a comunidade, ao invés de Deus e um indivíduo exclusivamente inspirado.

Após a Reforma, o senso comum parece ter ficado em suspenso, contudo, goza de uma espécie de renascimento no século XVIII entre os radicais ingleses, quando é associado à simplicidade e pureza da razão humana. Foi também uma importante fonte de autoridade para Edmund Burke, seu principal adversário. É nessa época que o senso comum recebe alguma consideração qualitativa e filosófica, mais notavelmente dos pensadores iluministas escoceses. Para os radicais, tais Mary Wollstonecraft e Thomas Paine, o "Sr. Senso Comum" — como ficou conhecido nas ruas da Filadélfia — é o óbvio, o menor denominador comum do pensamento. Ele atravessa as falsidades da arte e da retórica e não se mistura com a pouco confiável imaginação. Wollstonecraft e Paine parecem ter desconfiado da imaginação tanto quanto os primeiros neoclássicos e, nesse sentido, o "senso comum" pode ser encontrado no contexto do pensamento racionalista que levou, subsequentemente, ao utilitarismo. O senso comum pode muitas vezes significar, especialmente no contexto inglês, uma praticidade direta e honesta, e exclui os alcances mais elevados da especulação intelectual, raciocínio complexo e imaginação artística, a todos os quais é hostil. Para o radical rousseauniano, o senso comum é uma faculdade natural de percepção que reside nas pessoas comuns, assim não sendo poluído pelo aprendizado ou pelos costumes corruptos. A democracia jacksoniana e a Era do Homem Comum pós-guerra de 1812 devem algo a esse radicalismo. O sétimo presidente americano, Andrew Jackson (1767-1845), desconfiava da "aristocracia natural" jeffersoniana, acreditando ser o senso comum tudo o que um estadista precisava. Por mais curta que fosse a Era do Homem Comum de Jackson, o século XX seria dedicado ao homem comum, e o apelo ao senso comum, ainda que ocasionalmente, se faz sentir em campanhas políticas (geralmente conservadoras).

    Uma filosofia de senso comum foi desenvolvida na Escola de Senso comum Escocesa, do século XVIII e início do século XIX, em reação ao ceticismo de Hume e ao idealismo de Berkeley, que tendiam a dissociar a mente individual do mundo externo, incluindo outras pessoas. Para Thomas Reid (como vimos, um membro importante desta escola), a percepção de objetos externos envolve uma crença nas qualidades pertencentes a eles. Uma ênfase excessiva nas ideias como premissas leva a absurdos, à medida em que a realidade é submetida a essas ideias (lembremos da resposta baseada no senso comum do dr. Johnson a Berkeley quando ele chutou a pedra, e em uma reviravolta apropriada, ou irônica, quando a filosofia escocesa se tornou a filosofia oficial da França do início do século XIX até 1870). A filosofia escocesa do senso comum também é associativa ao implicar uma continuidade entre sujeito e objeto, opondo-se à divisão cartesiana entre mente e matéria, isto é, o sujeito tem algo em comum com o mundo do qual faz parte. No século XX, o filósofo de Cambridge, G.E. Moore (1873-1958) também defendeu o senso comum e direcionou a filosofia acadêmica para uma análise das certezas comumente sustentadas. Hoje em dia, o senso comum ainda carrega autoridade popularmente, em uma época em que toda autoridade é questionada, e é bem possível que os absurdos dos pensadores pós-modernistas seja uma preparação de terreno para sua reavaliação, assim como quanto ao ceticismo do século XVIII. Este continua sendo um dos poucos conceitos filosóficos usado por todos os tipos de pessoas, embora raramente seja elaborado, ou minuciosamente examinado. Talvez deva ser assim, mas certamente vale a pena pensar a respeito no contexto do pensamento de G.K. Chesterton, e no contexto de um mundo fragmentado, necessitado de uma compreensão das bases da comunidade.

    Para resumir, podemos dizer que o senso comum é um princípio ativo tanto da autoridade quantitativa quanto qualitativa, e opera nos níveis geral e particular. No plano geral, significa o consenso, o campo no qual minha opinião pode ou não estar, segundo penso com a mente comum integrada, ou com a mente individual e singular. Algumas pessoas têm mais senso comum do que outras; alguns têm uma mente mais integrada ao grupo, ou comunidade, nação, Igreja, cultura, civilização, do que outros. Depende de sua imersão nas tradições do grupo, de sua consciência da conversa atual do grupo e de seu comprometimento com a perpetuação do grupo. É característico de nossa época, claro, buscar o original, o estranho, o *outré*, ao invés das coisas da mente comum. No nível do particular, deixamos de nos ver como parte de uma comunidade, tradição ou cultura. Falhamos ao usar nosso senso comum como uma faculdade de percepção por meio da qual o sujeito entra em comunhão com os objetos ao seu redor. Somos fascinados por histórias sugerindo não existir "realidade" fora de nós, que pode ser gerada por computador, reflexo de muitos de nós que vivemos nossas vidas como fantasias, em mundos de tela feitos por máquinas de um tipo ou outro. A "realidade virtual" não é mais um paradoxo, mas é totalmente consistente com o subjetivismo pós-moderno. Significa a perda da realidade e a atomização dos indivíduos, a aceitação e celebração da alienação. O senso comum soa enfadonho por comparação.

Em *Ortodoxia* (1908), o primeiro grande ataque de Chesterton ao ceticismo filosófico, ele aceita o uso do termo, ao mesmo tempo explorando seu significado mais profundo:

> Todos esquecemos o que realmente somos. Tudo o que chamamos de senso comum e racionalidade e praticidade e positivismo significa apenas que, em certos níveis mortos de nossa vida, esquecemos que esquecemos. Tudo o que chamamos de espírito e arte e êxtase significa apenas que, por um terrível instante, nos lembramos que esquecemos[326].

Chesterton está preocupado em desafiar essa noção de senso comum, assim como faz com a noção de conservadorismo em outros lugares. Ambas as ideias, diz Chesterton, tornaram-se uma crosta rançosa sobre as fontes mais profundas de vitalidade, ou uma aceitação cansada de um *status quo* morto. Na medida em que senso comum e conservadorismo são palavras às vezes usadas irrefletidamente, podemos entender prontamente o que ele quer dizer. O próprio capítulo "A Ética da Terra dos Elfos" é uma das considerações mais importantes de Chesterton sobre o senso comum, e uma ideia genuinamente conservadora de sociedade, que podemos reconhecer como sendo notavelmente

---

[326] CHESTERTON, G.K. *Orthodoxy*. Nova York, NY: Doubleday, 1990, p. 54. No Brasil destacamos a seguinte edição: CHESTERTON, G. K., Ortodoxia, 2ª Ed. Campinas: Ecclesiae, 2018. (N. E.)

semelhante a Burke em todos os detalhes importantes, e até mais ainda a Disraeli, que incorporou a ideia de democracia ao pensamento de Burke. Chesterton expressa memoravelmente a ideia de *common sense* como consenso, o que conecta com sua política liberal e democrática:

> Fui criado como liberal e sempre acreditei na democracia, na doutrina liberal elementar de uma Humanidade autogovernada. Se alguém achar a frase vaga ou surrada, posso apenas fazer uma pausa por um momento para explicar que o princípio da democracia, como eu o quero dizer, pode ser expresso em duas proposições. A primeira é esta: que as coisas comuns a todos os homens são mais importantes do que as coisas peculiares a qualquer homem. Coisas comuns são mais valiosas do que coisas extraordinárias. Não, elas são mais extraordinárias. O homem é algo mais terrível do que os homens. Algo mais estranho. A sensação do milagre da própria humanidade deve ser sempre mais vívida para nós do que quaisquer maravilhas de poder, intelecto, arte ou civilização[327].

Como Chesterton mostra, o milagre essencial da vida humana é inerente ao comum: "Este é o primeiro princípio da democracia: as coisas essenciais nos homens são as coisas que possuem em comum, não as que possuem separadamente. E o segundo princípio é apenas este: que o instinto, ou desejo político, é uma dessas coisas em comum"[328]. Chesterton conta que sua crença na democracia liberal o levou à ortodoxia cristã em uma reversão do processo histórico pelo qual essa conduziu a civilização ocidental à democracia liberal por meio da doutrina da igualdade.

Chesterton se afasta da corrente de pensamento liberal — que busca se libertar das garras de um passado inferior — em sua defesa conservadora da tradição, é claro, pois é vista por ele como uma extensão tanto da democracia quanto do senso comum. Um pouco dissimuladamente, talvez, ele diz:

> Nunca fui capaz de entender de onde as pessoas tiraram a ideia de a democracia ser, de certa forma, oposta à tradição. A tradição, obviamente, é apenas a

---

[327] *Ibid.*, p. 46–47.
[328] *Ibid.*, p. 47.

democracia estendida ao longo do tempo. É confiar em um consenso de vozes humanas comuns ao invés de algum registro isolado, ou arbitrário [...] A tradição pode ser definida como uma extensão da franquia. Tradição significa dar votos à mais obscura de todas as classes, os nossos ancestrais. É a democracia dos mortos. A tradição se recusa a se submeter à pequena e arrogante oligarquia daqueles que, por acaso, estão andando por aí[329].

Há muitas coisas divertidas nessa declaração memorável, e ela mostra um ponto muito significativo, mas apresenta problemas se a interpretarmos literalmente. A "extensão da franquia", devemos lembrar, é metafórica. Pessoas mortas não podem votar. Entretanto, Chesterton nos lembra, assim como Disraeli, que a democracia, se corretamente ordenada e significando mais do que apenas votar, pode ser um meio de conservação tão útil quanto a aristocracia. Chesterton também nos lembra da exigência da natureza da raça humana para incluirmos, em qualquer questão de momento, aqueles que se foram antes de nós, e (lembrando Burke) aqueles que ainda não nasceram. A democracia, como qualquer questão humana importante, não existe apenas no presente.

Tendo estabelecido o vínculo entre o senso comum e a democracia e a tradição, "A Ética da Terra dos Elfos" também conecta o senso comum com o mito e o conto de fadas na impressionante formulação: "A terra das fadas nada mais é do que o ensolarado país do senso comum"[330]. Como a tradição, o conto de fadas é a destilação de verdades comumente aceitas, com a autoridade adicional das pessoas comuns, em quem Chesterton tende a confiar mais do que em outras classes:

> Sempre estive mais inclinado a acreditar na confusão de pessoas que trabalham duro do que naquela classe literária especial e problemática a qual pertenço. Prefiro até as fantasias e preconceitos dos que veem a vida de dentro, às mais claras demonstrações de quem vê a vida de fora[331].

---

[329] *Ibid.*, p. 47–48.
[330] *Ibid.*, p. 49.
[331] *Ibid.*, p. 48.

Aqui, o "especial" é contrastado com o comum, e está conectado com a preferência de Chesterton pelo amador em relação ao profissional, e sua suspeita de elites presunçosas e desconectadas, particularmente cientistas e aristocratas. Parte da autoridade do mito e do conto de fadas é quantitativa, visto ter sido testada e confirmada por muitas gerações de indivíduos, porém também é qualitativa, na medida em que é um meio mais confiável de percepção da realidade das coisas por ser imaginativo. Ao absorver os contos de fadas quando crianças, vemos a vida na imaginação antes de experimentá-la. Como diz Chesterton: "Eu conhecia o pé de feijão mágico antes de provar o feijão. Eu tinha certeza do Homem da Lua antes de ter certeza da Lua"[332]. O senso comum é a sabedoria integrada do grupo, mas também é a sabedoria da pessoa integrada, e em ambos envolve a imaginação como um aspecto da percepção da verdade. A imaginação é parte da verdadeira Razão — como Coleridge teria dito, e como Chesterton afirma em "O Maníaco", o segundo capítulo do *Ortodoxia*. Aqui, novamente, Chesterton resiste ao uso do "senso comum" como puro racionalismo, ou intelecto científico, o que ele associa à loucura:

> Aquele sentimento, ou nota, inconfundível que eu ouço do asilo para lunáticos em Hanwell, ouço também de metade das cadeiras de ciência e de ensino hoje. A maioria dos médicos malucos é médico maluco em mais de um sentido. Todos eles têm exatamente aquela combinação de uma razão expansiva e exaustiva com um senso comum contraído. Eles são universais apenas no sentido de pegarem uma explicação muito estreita e a levarem muito longe[333].

Essa definição de loucura corresponde à heresia, a ênfase desequilibrada em uma meia-verdade aparentemente abrangente. A ciência e a razão estritamente definidas, excluindo a imaginação, são menos capazes de expressar a realidade do que a literatura e a arte que, na melhor das hipóteses, envolvem imaginação e razão (grande parte da discussão de Chesterton sobre contos de fadas no Capítulo 5 envolve as "leis" inquebráveis da terra das fadas). A imaginação não se opõe ao senso comum, mas é parte dele:

---

[332] *Ibid.*, p. 49.
[333] *Ibid.*, p. 22.

Há uma noção, à deriva em todos os lugares, de que a imaginação, especialmente a imaginação mística, é perigosa para o equilíbrio mental do homem. Os poetas são comumente considerados psicologicamente não confiáveis, e há uma vaga associação entre espalhar louros em seu cabelo e colocar palhas nele. Fatos e história contradizem totalmente essa visão [...] A imaginação não gera insanidade; o que gera insanidade é exatamente a razão[334].

A ênfase excessiva e exclusiva na razão e a ausência do equilíbrio que a imaginação ajuda a trazer, provocam a perda de proporção do que é sanidade: "O louco não é o homem que perdeu a razão. O louco é o homem que perdeu tudo, exceto a razão"[335]. O verdadeiro senso comum envolve uma visão de totalidade, significando integridade e interconexão: "A maioria das coisas do senso comum vêm [...] um tanto vagamente e como em uma visão — isto é, pelo mero olhar das coisas"[336].

Ortodoxia surgiu da luta inicial de Chesterton com certas ideias correntes na literatura e na arte de seu tempo, uma das quais era o realismo literário. O ataque aos pressupostos materialistas do realismo literário é um tema recorrente em várias obras de Chesterton na primeira década do século XX. Sua defesa, em *Charles Dickens* (1906), do grande vitoriano contra os ataques daqueles que o acusavam de não ser fiel à vida, envolve a ideia da "mente comum", o que inclui as maiores e mais comuns mentes em uma reflexão normativa da verdadeira natureza humana, veiculada na história e no mito. A grandeza de Dickens (1812-1870), observa Chesterton, reside em ser um mitólogo, e não apenas um romancista. Dickens, no entanto, seguindo Carlyle, não entendeu a Revolução Francesa e, portanto, dá uma imagem falsa dela em *Um Conto de Duas Cidades* (1859). Para Chesterton, a Revolução tratava da recuperação, no nível social, de normas sãs da natureza humana:

> Nós, os ingleses modernos, não podemos compreender facilmente a Revolução Francesa, porque não podemos compreender facilmente a ideia de uma batalha sangrenta pelo puro senso comum. Não podemos entender o senso comum

---
[334] *Ibid.*, p. 16–17.
[335] *Ibid.*, p. 19.
[336] CHESTERTON, G.K. *Eugenics and Other Evils.* Londres: Cassell and Co. Ltd., 1922, p. 120.

em armas e conquistas. Na Inglaterra moderna, o senso comum parece significar suportar as condições existentes. Para nós, um político prático realmente significa um homem em quem se pode confiar totalmente para não fazer nada, e é aí que entra sua praticidade. O sentimento francês — o sentimento por trás da Revolução — era que quanto mais sensato um homem era, mais deveria buscar a matança[337].

Esta é uma visão liberal e democrática, ao invés de conservadora, da Revolução Francesa, mas incorpora uma ideia essencialmente conservadora de revolução como restauração. (A Revolução Gloriosa de 1688 e a Revolução Americana de 1776 podem ser vistas como revoluções conservadoras, destinadas a proteger a ordem existente contra as mudanças ameaçadoras dessa ordem. Entretanto, se enxergarmos como Burke, então, não veremos mais a Revolução Francesa sob essa luz tanto quanto a Revolução Bolchevique de 1917). "Os melhores homens da Revolução foram simplesmente homens comuns em seu melhor"[338], acreditava Chesterton, e parece pensar deles o que pensava sobre William Cobbett, que "não sentia exatamente estar 'revoltado'; ele sentia várias instituições idiotas se revoltando contra a razão e contra ele"[339]. Chesterton entendeu assim o princípio revolucionário, que sempre preferiu ao evolucionário — sempre e gradualmente se tornando, mas nunca repentinamente sendo. A revolução é uma espécie de conversão para a ordem certa, ocorrida em um piscar de olhos, e não gradualmente:

> Para os ortodoxos, sempre deve haver um caso para revolução, pois, no coração dos homens, Deus foi colocado aos pés de Satanás. No mundo superior, o Inferno já se rebelou contra o Céu. Porém, neste mundo, o Céu está se rebelando contra o Inferno. Para o ortodoxo, sempre pode haver uma revolução,

---

[337] CHESTERTON, G.K. *Charles Dickens*. Londres: House of Stratus, 2001, p. 101.
[338] *Ibid.*, p. 4.
[339] *Ibid.*, p. 101. *A History of the Protestant Reformation in England and Ireland* [*Uma História da Reforma Protestante na Inglaterra e Irlanda*] de Cobbett (escrito entre 1824 e 1827) é um relato revisionista profundamente conservador, até reacionário, da Reforma, em favor do *status quo ante*. Pode ser comparado com o livro mais recente de Eamon Duffy, *The Stripping of the Altars* [*A Remoção dos Altares*]. *William Cobbett* (1925), o estudo biográfico de Chesterton, torna "o velho radical" um proto-distributista.

pois uma revolução é uma restauração. A qualquer momento, você pode dar um golpe pela perfeição que nenhum homem viu desde Adão[340].

Para Chesterton, senso comum é a habilidade de qualquer pessoa de pensar de acordo com sua razão natural e em sua própria consciência. Ele pode ter confiança na autoridade da consciência iluminada pela revelação; então, ele será guiado ao normal, ao ordinário, ao lícito, ao são — aquelas coisas que o conectam à ampla corrente de seus semelhantes. Chesterton se opôs à usurpação desta autoridade comum pelo especialista. O problema do governo do especialista não é tanto ele saber mais sobre alguma coisa do que as outras pessoas, mas sim ele ver tudo através daquela única coisa que conhece, embora a conheça bem. Chesterton percebe que, cada vez mais no mundo moderno, a ideia de que as pessoas comuns deveriam, na medida do possível, governar a si mesmas, está perdendo terreno para o fato de cada vez mais facetas da vida humana estarem sendo colocadas nas mãos de especialistas. Seguindo o ceticismo sobre a existência de Deus, surge um profundo ceticismo sobre a existência dos seres humanos, pelo menos no sentido tradicional do homem antes da Modernidade, e um ceticismo sobre o homem envolve um ceticismo sobre o senso comum. Tudo, inclusive o homem, é redefinido pela ciência moderna, que foi colocada acima do homem, onde antes o homem estava acima da ciência. Isso é bem ilustrado em *Eugenia e Outros Males* (1922), em grande parte escrito em resposta ao eugenista Ato de Deficiência Mental, de 1913. O livro de Chesterton mostra como a ciência (no sentido limitado do método empírico aplicado a coisas mensuráveis e, muitas vezes, incomensuráveis) arrogou inteiramente para si a autoridade por meio da qual sabemos qualquer coisa. Isso pode servir como uma definição de cientificismo, diretamente antitética ao senso comum, em que o conhecimento está aberto a muitos e não apenas a poucos. O cientificismo não deixa espaço para o conhecimento instintivo, uma dimensão importante do senso comum, como é mostrado, por exemplo, nesta passagem do primeiro ensaio do livro, "O Que É Eugenia?":

> Dr. S.R. Steinmetz, com aquela assustadora simplicidade de espírito dos eugenistas que gela o sangue, observa que "ainda não sabemos com certeza" quais

---

[340] Chesterton, *Orthodox*, p. 110.

eram "os motivos do horror" daquela coisa horrível chamada agonia de Édipo. Com intenção inteiramente amável, peço ao dr. S.R. Steinmetz para falar por si mesmo. Eu sei os motivos para considerar uma mãe ou irmã separada de outras mulheres; nem os alcancei por meio de pesquisas curiosas. Eu os descobri no lugar onde encontrei uma aversão análoga a comer um bebê no café da manhã. Eu os encontrei em um ódio enraizado na alma humana por gostar de uma coisa de uma maneira, quando você já gosta de outra totalmente incompatível[341].

O assessor científico especialmente qualificado de um governo presunçoso dá conselhos duvidosos, com base nos quais o Estado usurpa o papel adequado do senso comum:

> Se algo finalmente descoberto pela lâmpada da aprendizagem é algo posto em prática desde o início pela luz da natureza humana, isto (até onde vai) claramente não é um argumento para importunar as pessoas, mas um argumento para deixá-las em paz. Se os homens não se casavam com as avós quando era, pelo que sabiam, um hábito extremamente higiênico; se sabemos agora que eles instintivamente evitaram o perigo científico; que, até onde vai, é um ponto a favor para deixar as pessoas se casarem com quem elas gostam[342].

A eugenia, agora vista como uma pseudociência ao invés de ciência real, e apesar de suas afinidades com a "bioética" moderna, sugeriu que seria melhor para a Humanidade se as pessoas fossem criadas usando princípios científicos ao invés de livre escolha. A extensão da definição de "deficiência mental" ameaçava colocar toda a Humanidade sob as leis da loucura, disse Chesterton, e essa ideia recebeu alguma força filosófica daquelas teorias psicológicas, comuns ao longo do século XX, que sugerem sermos todos um pouco loucos e a "normalidade", tanto quanto o senso comum, inexistente.

Na medida em que o cientificismo envolve a tentativa de reduzir toda a realidade a um único aspecto da verdade, é uma heresia entre muitas, multiplicadas sem controle, na Modernidade. O próprio uso de Chesterton das palavras

---

[341] CHESTERTON, G.K. *Eugenics and Other Evils, op. cit.*, p. 8-9.
[342] *Ibid.*, p. 9.

"ortodoxia" e "heresia" envolve a adoção de uma ideia pré-moderna, de uma visão integrada e equilibrada do mundo, que não pode ser injustamente chamada de medieval. Assim, a ideia de uma "mente comum" encontra sua plena realização na civilização medieval, cuja maior expressão filosófica é o tomismo. Tomás de Aquino foi, para Chesterton, o filósofo do senso comum. Como ele disse em sua biografia *São Tomás de Aquino* (1933), e como vimos no primeiro capítulo deste livro:

> Desde o começo do mundo moderno no século XVI, o sistema de filosofia de ninguém realmente correspondeu ao senso de realidade de todos; ao que, se deixado por conta própria, os homens comuns chamariam de senso comum. Cada um começou com um paradoxo; um ponto de vista peculiar, exigindo o sacrifício do que eles chamariam de ponto de vista lógico. Essa é a única coisa comum a Hobbes e Hegel, a Kant e Bergson, a Berkeley e William James. Um homem deveria acreditar em algo que nenhum homem normal acreditaria, se de repente fosse proposto para sua simplicidade; assim como essa lei está acima do correto, ou o correto está fora da razão, ou as coisas são apenas como as pensamos, ou tudo é relativo a uma realidade inexistente. O filósofo moderno afirma, como uma espécie de homem de confiança, que se uma vez lhe concedermos isso, o resto será fácil; ele endireitará o mundo, se uma vez lhe for permitido dar uma guinada na mente[343].

Na medida em que a filosofia moderna é filosofias modernas, ela reflete e auxilia na quebra da realidade, na desintegração da crença e na fragmentação da sociedade. A mente comum, no entanto, é acessível e pertence a todos, não sendo de forma alguma uma qualidade privada, mesmo quando expressa em termos substanciais, sutis, memoráveis e, às vezes, sofisticados apenas por alguns (isso é muito diferente da ideia de uma elite de especialistas, profissionais, burocratas, políticos, cientistas ou acadêmicos tomando decisões por outras pessoas consideradas incapazes; é a diferença entre liderança e gestão). A conclusão de Aquino, por exemplo:

---

[343] CHESTERTON, G.K. *St. Thomas Aquinas*. Londres: Hodder and Stoughton, 1933, p. 172–173.

[...] é o que se chama de conclusão do senso comum; [...] é seu propósito justificar o senso comum, embora o justifique em uma passagem que, por acaso, é de uma sutileza incomum. O problema dos filósofos posteriores está em sua conclusão, tão sombria quanto sua demonstração; ou que chegam a um resultado que traz o caos[344].

O tomismo é a filosofia da sanidade, pois é integrador, universal, sensível e reiterativo do entendimento comum da experiência, enraizada nos sentidos e refinada pela razão. Tanto para Chesterton como para Tomás de Aquino, uma realidade objetiva não existe meramente como um dogma remoto; pode ser apreendida por todos os seres humanos sãos, por meio dos sentidos e da razão, ambas bases do senso comum. Sanidade é uma integridade universal, que conecta o homem e Deus, matéria e mente, coração e alma. A diferença, diz Chesterton, entre São Tomás e Hegel é simples: "São Tomás estava são e Hegel estava louco" e "a filosofia tomista está mais próxima do que a maioria das filosofias da mente do homem comum".

Pelo menos, desde os *Hereges* Chesterton possuía a ideia de que é a religião, e não a ciência, a protetora das condições, tanto mentais quanto culturais, dentro das quais o senso comum pode existir. Como filosofia do senso comum, o tomismo incorpora os dois aspectos que observamos anteriormente, o senso comum no geral e no particular, ou em sua autoridade quantitativa e qualitativa. Senso comum é aquilo geralmente considerado verdadeiro, em questões nas quais é competente para julgar, e é a faculdade de percepção do indivíduo, por meio da qual ele é capaz de fazer tais julgamentos. A decadência da religião leva a um ceticismo, não apenas confinado à existência ou não de Deus. Uma vez que a religião desaparece, todas as coisas são colocadas em dúvida, incluindo o homem. Um dos aspectos mais importantes do pensamento religioso de Chesterton é sua apreensão da natureza milagrosa do homem. Alguns anos mais tarde, seguro dentro do recinto de sua fé e religião católica, a expressão mais completa da mente comum do Ocidente, Chesterton examinou a questão: "O Humanismo é uma Religião?" (Por "humanismo" ele quis dizer a religião secular, o "Novo Humanismo" de Irving Babbitt [1865-1933], mas aspectos do que ele diz são aplicáveis também ao humanismo bastante diferente de John Dewey

---

[344] *Ibid.*, p. 178.

[1859-1952] e aos "humanistas" do final do século XX). Chesterton reconhece a necessidade de, em sua época (1929), defender o humano, ameaçado pela ciência, que reduz o homem a um animal inteligente, movido por compulsões inconscientes:

> Esta luta pela cultura é, acima de tudo, uma luta pela consciência, o que alguns chamariam de autoconsciência, porém, de qualquer forma, contra o mero subconsciente. Precisamos de uma reunião das coisas realmente humanas. Vontade, que é a moral, memória, que é tradição, cultura, que é a economia mental de nossos pais[345].

Entretanto, Chesterton não concorda com os humanistas conservadores, como Babbitt, que pensam poder realizar essa manifestação sem religião: "Não acredito no humanismo como um substituto completo do superhumanismo"[346]. Todas as coisas boas que os humanistas desejam preservar, em última análise, traçam seu curso para algo além do humano:

> O fato é este: o mundo moderno, com seus movimentos modernos, está vivendo de seu capital católico. Está usando, e esgotando, as verdades restantes do antigo tesouro da cristandade; incluindo, é claro, muitas verdades conhecidas na antiguidade pagã, mas cristalizadas na cristandade[347].

Incluídas entre essas antigas verdades pagãs estão os *insights* sobre a natureza do homem, a lei de sua natureza, por exemplo, porém Chesterton nos lembra que essas ideias "murcham muito rapidamente nas mãos modernas", tendo sido arrancadas das antigas e medievais. Chesterton prossegue, observando a morte do liberalismo e "a velha visão republicana da natureza humana", que ele viu revivida na Revolução Francesa com um efeito salutar no século XIX. O sentido de sacralidade do homem desapareceu na dura Modernidade que ele vê, por exemplo, na eugenia, e Mencken (1880-1956):

---

[345] CHESTERTON, G.K. *The Thing*. Londres: Sheed and Ward, 1931, p. 22.
[346] *Ibid.*
[347] *Ibid.*

Aqui está uma observação monumental do sr. H.L. Mencken: "Eles (ele se refere a certos pensadores liberais ou ex-liberais) perceberam que os idiotas por quem eles suaram para salvar, não querem ser salvos, e não vale a pena salvá-los"[348].

A tendência do humanismo a que Chesterton se opõe aqui é o movimento de afastamento da fé na democracia em direção a uma nova elite aristocrática, que governará a massa da Humanidade, para o bem ou para o mal. O tom liberal desapareceu, mas, diz Chesterton, "embora tenha evaporado como tom, [ele] ainda existe como credo"[349]. Credo este que é o catolicismo, a religião do senso comum.

Em contraste com o cristianismo, esse humanismo secular, alega Chesterton, provavelmente não dominará as pessoas e, portanto, não durará. Seu problema é o mesmo do projeto de cultura de Matthew Arnold (1822-1888) no século XIX. O humanismo afundará em seu próprio ceticismo sobre a natureza humana, tanto quanto em suas dúvidas de uma origem sobre-humana. É essencialmente flagrante:

> Em suma, desconfio de experimentos espirituais fora da tradição espiritual central, pela simples razão de achar que não duram, mesmo conseguindo se espalhar. No máximo, eles representam uma geração; mais comumente, por uma temporada, e no mínimo, um clique. Não creio que tenham o segredo da continuidade, pois um velho democrata, antiquado e trêmulo como eu, pode ser desculpado por atribuir alguma importância à última questão, a de cobrir a vida comum da Humanidade[350].

Em sua fé no comum, Chesterton está no pólo oposto a Nietzsche (1844-1900), ao tipo de loucura intelectual que, ao saudar a morte de Deus, leva à destruição do homem:

> Nietzsche representa mais proeminentemente esta reivindicação pretensiosa dos exigentes, e tem uma descrição em algum lugar — uma descrição muito

---

[348] *Ibid.*, p. 25.
[349] *Ibid.*
[350] *Ibid.*, p. 32.

poderosa no sentido puramente literário — do nojo e desdém que o consomem ao ver o povo comum, com seus rostos comuns, suas vozes comuns e suas mentes comuns[351].

Chesterton aponta a ironia de que Nietzsche é fraco e defende uma "aristocracia de nervos fracos". O homem comum se separou daqueles que o governam e a consequência paradoxal, alega Chesterton, é que no século do homem comum, como no curso da modernidade em geral, o homem comum é perseguido:

> A emancipação moderna foi realmente uma nova perseguição ao homem comum. Se emancipou alguém, fê-lo de maneiras bastante especiais e estreitas para o homem incomum. Deu uma espécie de liberdade excêntrica a alguns *hobbies* dos ricos e, ocasionalmente, a algumas das loucuras mais humanas dos cultos. A única coisa que proibiu foi o senso comum, como seria entendido pelo povo[352].

Esta é a consequência do desaparecimento do senso comum como a ideia operativa de que, à medida que proliferam as bandeiras dos vários "ismos" das verdades desintegradas, prolifera a perseguição, à medida que a humanidade se faz caber nas abstrações. Isso pode se tornar um negócio sangrento e terrível, mas talvez, a longo prazo, o efeito do ceticismo seja como uma espécie de corretivo negativo, como Chesterton coloca nesta passagem profética:

> Nós, que somos cristãos, nunca conhecemos o grande senso comum filosófico inerente a esse mistério, até que os escritores anticristãos o indicaram para nós. A grande marcha de destruição mental continuará. Tudo será negado. Tudo se tornará um credo[353].

Isso é ainda mais verdadeiro no Pós-Modernismo hoje do que no tempo dele. Talvez, quanto mais a sociedade se desintegre, mais ela cultive o desejo de integração e, eventualmente, seu renascimento.

---

[351] *Heretics*, p. 185.
[352] CHESTERTON, G.K. *The Common Man*. Nova York, NY: Sheed and Ward, 1950, p. 1.
[353] *Heretics*, p. 305.

Em certo sentido, o homem comum é o oposto do homem privatizado ao qual a Modernidade deu origem e, assim como o senso comum está inseguro nela, o mesmo ocorre com o homem comum (Chesterton observa que, apesar da muito alardeada "liberdade" da Modernidade, "o homem comum não quer fundar uma seita. É muito mais provável, por exemplo, querer fundar uma família"[354]). Hoje em dia, o homem privatizado se preocupa mais consigo mesmo do que com os outros, com seus direitos e não com seus deveres, com sua própria vida e não com a de sua família, com sua própria realização e não com a comunidade. Ele é antidemocrático, pois é incapaz, ou desinteressado, da troca de pontos de vista exigida pela democracia. Ele não se preocupa em votar. Existem muitos como ele, mas talvez seja muito menos universal do que se supõe. Talvez ele esteja apenas na moda, e visível. Se for assim, então, o homem comum continua sendo a norma, embora não seja divertidamente estranho, e não sirva para ilustrar ou promover a filosofia da época, como ela se manifesta na mídia e em outros redutos da visão de mundo pós-moderna. Se ele ouvisse a verdade de que ainda está são, ao invés de um tipo de homem louco vivendo em um mundo louco, ele seria uma força a ser considerada.

---

[354] *The Common Man*, p. 1.

CAPÍTULO 10

T. S. Eliot

DA FRAGMENTAÇÃO À UNIDADE

> *HAMLET: Que obra é um homem, quão nobre na razão, quão infinito nas faculdades, na forma e no movimento, quão expresso e admirável, na ação como um anjo, na apreensão como um deus: a beleza do mundo, o exemplo de animais — e, no entanto, para mim, o que é essa quintessência de pó? O homem não agrada a mim [...]*
> WILLIAM SHAKESPEARE, HAMLET, ATO II, CENA 2.

> *O senso comum não significa, é claro, a opinião da maioria, ou a opinião do momento; não é algo que se possa alcançar sem maturidade, estudo e pensamento.*
> *A sua falta produz aquelas filosofias desequilibradas, como o behaviorismo, do qual ouvimos muito. Uma filosofia puramente "científica" termina negando o que sabemos ser verdade [...]*
> T. S. ELIOT, "FRANCIS HERBERT BRADLEY", 1927

> *E o fogo e a rosa são um.*
> T. S. ELIOT, "LITTLE GIDDING", 1942

Levou algum tempo para que G.K. Chesterton e T.S. Eliot superassem suas antipatias pelo estilo literário um do outro. Chesterton confundiu as primeiras poesias de Eliot com uma manifestação da decadência do *fin de siècle* [fim do século], um recuo doentio da vida e uma ausência da vitalidade saudável que Chesterton queria afirmar, como em sua resposta a "Os Homens Ocos" (1925) de Eliot:

> Algum desprezo; alguma risadinha; alguma afetação;
> Na juventude em que rimos, e cantamos.
> E eles podem terminar choramingando,
> Mas nós terminaremos com um estrondo[355].

Após a recepção de Eliot na Igreja da Inglaterra em 1927, uma espécie de reaproximação começou entre eles, quando Eliot e Chesterton (e C.S. Lewis, como veremos) se encontraram em um território cada vez mais comum. Em certo sentido, no entanto, esse foi um entendimento de que eles sempre estiveram juntos ao abordar (embora de maneiras diferentes) a consciência fragmentada e o mundo desintegrado da Modernidade. Eliot, mais do que Chesterton, reconhecia em si mesmo os aspectos da consciência ocidental dividida, enquanto o escritor inglês havia se colocado decididamente em oposição a ela desde sua conversão. Entretanto, é um erro enxergar a poesia inicial de Eliot simplesmente como uma expressão confessional de sua situação interior, por mais que a poesia se baseie em sua própria experiência. Mais formalmente do que isso, Eliot se coloca em uma posição filosófica objetiva e está sempre tentando escapar do meramente pessoal[356]. Sua poesia inicial fala poderosamente por uma geração, principalmente porque ele busca expressar um mal-estar generalizado por meio do monólogo dramático impessoal (no que diz respeito ao poeta). O título original de *A Terra Desolada* (1922), *He Do the Police in Different Voices* [Ele Faz a Polícia em Diferentes Vozes], representa o todo da poesia inicial de Eliot; o poeta traz a cidade decadente (*polis* ao invés de *police*) à vida — ironicamente, uma frequente morte em vida — por meio de diferentes vozes que nunca podem ser identifica-

---

[355] Chesterton em sua última transmissão de rádio, citado em: PEARCE, Joseph. *Literary Converts: Spiritual Inspiration in an Age of Unbelief*. São Francisco, CA: Ignatius Press, 1999, p. 188.
[356] Cf. ELIOT, T.S. "Tradition and the Individual Talent". *In*: KERMODE, F. (Ed.). *Selected Prose of T.S. Eliot*. Londres: Faber, 1975, p. 37.

das (pelo menos, completamente) com o próprio poeta, em um exercício de ventriloquismo poético.

A poesia permite espaço para o leitor falar através do poema também, e seu fascínio sem fim reside, em última análise, em sua profundidade espiritual, na qual o leitor pode ver seu próprio desenvolvimento espiritual correndo em paralelo com Eliot falando em seu lugar. Desse modo, tornou-se típico dos leitores de Eliot traçar, através das obras coletadas, uma jornada do coração das trevas ao coração da luz. É uma sugestão que o próprio Eliot faz com o arranjo de *Poemas Escolhidos* (1954), organizado por ele mesmo, implicando uma busca de sentido em um mundo fragmentado e estiolado. A fragmentação, nos primeiros poemas, geralmente assume a forma de não comunicação no nível verbal e emocional. Sempre há uma sensação de ambiguidade pessoal e geral, como se os problemas filosóficos estivessem sendo representados nos dramas da consciência humana individual. O que une as várias personas em, digamos, "A Canção de Amor de J. Alfred Prufrock" (1915), ou o rapaz em *Retrato de uma Senhora*, ou as várias vozes de *A Terra Desolada*, é uma busca, em última análise, religiosa. Em termos da vida de Eliot, isso se completa no cristianismo ortodoxo e na perspectiva cultural mais ampla resultante dele. Os pontos de vista filosóficos tornam-se a base de um sentido religioso emergente como sendo a única esfera possível para a integração pessoal e comunitária. Este tema de integração se reflete em toda a *oeuvre* de Eliot de filosofia, poesia e crítica social; a integração do privado e do público; sujeito e objeto; mente e matéria; talento individual e tradição literária; linguagem e realidade; pensamento e sentimento; tempo e eternidade; alma e comunidade. O eu lírico cético e sombrio, trancado em si mesmo, quem Chesterton achava tão desagradável, torna-se o "homem público sorridente" dos últimos anos de vida.

Embora a poesia inicial nos pareça, inicialmente, apresentar um sentido romântico tardio de não comunicação emocional, é útil, como mostrou Benjamin Lockerd[357], ver a poesia inicial de Eliot também no contexto de seus estudos de doutorado. Os estudos de Eliot envolviam a crítica ao materialismo científico de F.H. Bradley (1846-1924), Henri Bergson (1859-1941) e Alfred

---

[357] Em LOCKERD, Benjamin. *Aethereal Rumours: T.S. Eliot's Physics and* Poetics. Cranbury, NJ: Associated University Presses, 1998. Sou particularmente grato, neste capítulo, a este excelente livro.

North Whitehead (1861-1947). *Aparência e Realidade* (1893) de Bradley era, particularmente, o sujeito da tese de Eliot. Bradley atacou qualquer tentativa de transformar a física em metafísica e mostrou que, em contraste com a ciência, a poesia e a religião "lidam com a experiência direta"[358]. Eliot, como Bradley, concluiu que "quando a ciência é tomada como o todo da verdade, perdem-se elementos essenciais da verdade"[359]. Isso não quer dizer que Eliot desprezasse a investigação científica; todo o teor de seus escritos é alcançar, na literatura, a precisão da expressão, sentimento e pensamento lógico, como na analogia, retirada da ciência e usada por Eliot em "Tradição e Talento Individual" (1919), da mente do poeta comparada a um filamento de platina usado feito um catalisador para uma reação entre dois gases. As possibilidades da ciência, bem como um sentido de suas limitações inerentes à esfera material, intrigaram Eliot. Sua própria busca — aquela na qual ele embarcou em Harvard — era responder à questão de como o coração espiritual do universo se relaciona com sua personificação? Ou como a vida humana é coerente em seus aspectos físicos e espirituais? Uma parte significativa da resposta envolve a maneira como nós, como indivíduos e como civilização, entendemos a natureza da própria matéria.

    O dualismo objetividade e subjetividade, que Bradley e Eliot consideraram insatisfatório, e que está por trás da famosa formulação do poeta da "dissociação da sensibilidade"[360], encontra raízes filosóficas na divisão cartesiana entre mente e corpo. A partir de Descartes, a filosofia ocidental é composta por aqueles que enfatizam a realidade exclusiva da matéria e aqueles que enfatizam a da experiência subjetiva. No simbolismo, Eliot encontrou uma poética que pudesse expressar a continuidade do sujeito e do objeto, e que refletisse as noções de realidade absorvidas por ele em seu estudo dos filósofos pré-socráticos e também de Aristóteles. O simbolismo implica a unidade do significante e do significado. O seu exemplo supremo, prenúncio da conversão posterior de Eliot, é o sacramento eucarístico, no qual a hóstia não representa meramente o corpo de Cristo, *é* o corpo de Cristo. A conexão entre o mundo natural e o espiritual, implícita em um simbolismo sacramental, coloca um abismo entre Eliot e o pós-estruturalismo, no qual todos os signos são arbitrários. Embora tivesse

---

[358] *Ibid.*, p. 22.
[359] *Ibid.*, p. 23.
[360] Kermode, *op. cit.*, p. 266.

concordado que as palavras são signos arbitrários, ele sabia que os símbolos apontam para uma continuidade nas relações dentro do mundo natural.

O simbolismo dos primeiros poemas aponta para uma verdade oculta no mundo em que o eu lírico e, até certo ponto, o próprio Eliot, acha elusivo. Por exemplo, *Prufrock e Outras Observações* (1917) revela a alma de um homem sob a pressão do materialismo científico. Prufrock fala de si como "anestesiado sobre uma mesa"[361], "preso a uma parede e inquieto"[362], "como se uma lanterna mágica tivesse jogado os nervos em padrões em uma tela"[363]; radiografado, dissecado, privado de liberdade e fé em uma vida emocional, por um universo materialista e cientificista. Prufrock representa, como outras vozes no volume de 1917, a alma do homem aprisionada e reduzida por uma visão materialista, que não reconhece sua natureza espiritual. Portanto, reforça um falso dualismo, uma consciência desintegrada, impossibilitada de se conectar. Como diz Benjamin Lockerd, "o materialismo científico separa o homem moderno da natureza e o reduz a ela"[364]. A este respeito, os primeiros poemas de Eliot, embora obliquamente, têm o mesmo argumento que C.S. Lewis teria em *A Abolição do Homem* (1943): a vitória final sobre a natureza, para o homem cientificista, é a redução de si mesmo à mera matéria.

Prufrock e as outras "consciências" dos poemas de 1917 habitam um universo "esfumaçado" do qual estão dissociadas e que as reduz, suja e oprime. A própria alma se torna "amarelada", uma substância física semelhante a uma pele, "esticada pelos céus"[365], o Universo consiste em "mundos" que "giram como mulheres antigas/ coletando combustível em terrenos baldios"[366]. A imagem aqui é do vazio entre os átomos, ou dentro dos próprios átomos, seres humanos trabalhando, essencialmente, de forma tão determinística quanto formas mais simples de matéria. A consciência separada vê apenas objetos materiais nos "espaços das trevas"[367]:

---

[361] ELIOT, T.S. "The Love Song of J. Alfred Prufrock". In: *The Complete Poems and Plays of T.S. Eliot.* Londres: Faber, 1969, p. 13.
[362] *Ibid.*, p. 14.
[363] *Ibid.*, p. 16.
[364] Lockerd, *op. cit.*, p. 96.
[365] Eliot, *op. cit.*, p. 23.
[366] *Ibid.*
[367] *Ibid.*, p. 24.

> Eu não conseguia ver nada por trás dos olhos daquela criança.
> Eu vi olhos na rua
> Tentando espiar através das venezianas iluminadas,
> E um caranguejo uma tarde em uma piscina,
> Um caranguejo velho com cracas em suas costas,
> Agarrou a ponta de uma vara que o segurava[368].

Os olhos não têm visão em um universo essencialmente morto, e como quando Prufrock se imagina como "um par de garras irregulares/ Correndo pelo fundo de mares silenciosos"[369], não há diferença aparente entre os humanos e as criaturas do "lodo protozóico"[370] de onde emergimos no início da narrativa da evolução. Associações aleatórias de partículas existem em um vazio escuro e se movem deterministicamente dentro dele. Nessas paisagens urbanas, o ser humano existe com os quatro elementos, que são poluídos e poluentes. A consciência humana, ou alma, está oprimida e desesperada, confusamente incapaz de se conectar com um mundo composto apenas de matéria morta.

O volume de 1920 desenvolve a imagem da desintegração que é consequência das posições filosóficas modernas do materialismo, por um lado, ou do idealismo, do outro. Gerontion acredita que ele será como as outras faces estranhas dos poemas, "rodopiado/ Além do circuito do urso trêmulo/ Em átomos fraturados"[371]. Ao dramatizar a vida e a morte, o poema oferece um contraste curioso com "O sonho de Gerôncio" de Newman, e representa a visão do homem na filosofia modernista em oposição ao cristianismo católico. Ambos Gerôncio e Gerontion são homens comuns, percebidos de pontos de vista radicalmente diferentes, e ambos os conscientes de si mesmos de maneiras distintas. No volume de 1920, assim como nos poemas de 1917, há um retrocesso na visão do homem, conforme ele retorna ao "lodo protozóico" por meio de uma série de animais, particularmente, símios e macacos: "Cabras e macacos" está na epígrafe de "Burbank com um Baedeker: Bleistein com um charuto" e, infamemente, Bleistein está em uma pose simiesca:

---

[368] *Ibid.*, p. 25.
[369] *Ibid.*, p. 15.
[370] *Ibid.*, p. 40.
[371] *Ibid.*, p. 39.

Uma flexão flácida dos joelhos
E cotovelos com as palmas viradas para fora[372].

Contudo, é um irlandês de Boston, ao invés de um judeu de Chicago, a imagem melhor desenvolvida por Eliot do homem involuntário: Sweeney Erect, uma figura hilária e terrível. Ele é uma criatura de impulsos, grosseiramente físicos e impelido por uma energia sexual violenta, vista saindo da água com as "garras irregulares" de Prufrock que ele ainda é essencialmente, pelo menos no nível espiritual. O mundo da religião, implícito na epígrafe de "Burbank": "*nil nisi divinum stabile est; caetera fumus*"[373] [Nada é eterno senão Deus; todo o resto é fumaça], está distante do mundo do volume de 1920. Os padres são "lagartas"[374], Cristo é um "tigre"[375], a igreja é um "hipopótamo"[376] "na velha névoa miasmal"[377]. A imagem de fumaça (ou névoa, ou neblina) representa o universo materialista de átomos e sem nada entre eles. Os primeiros poemas não sugerem o que o próprio Eliot pensava da Humanidade, mas o que ela faz de si mesma quando falha em dar sentido à sua realidade espiritual (nesse sentido, a leitura de John Carey de Eliot em *Os Intelectuais e as Massas* [1992] parece muito longe do alvo).

No volume de 1920, no lugar em que Eliot reduz, satiricamente, as pretensões do materialismo e mostra algumas das formas ao mesmo tempo hediondas e absurdas que a Humanidade assume quando passa a acreditar em um fragmento tão isolado da verdade, em *A Terra Desolada* vemos um projeto construtivo de uma visão do homem em direção a alguma revelação divina. O poema é um monte de fragmentos, de imagens quebradas (e, nas palavras de C.S. Lewis, descartadas). Em termos antropológicos, assim como Frazer usou o mito para nos mostrar por que o cristianismo não é verdadeiro, vemos Eliot fazendo o oposto, usando velhas histórias para mostrar como o homem desenvolveu vislumbres da verdade. Eliot sai da cidade e das paisagens mentais urbanas dos primeiros poemas, indo para o deserto, retornando à natureza. As vozes da cidade continuam, no entanto, a ser ouvidas. A ciência ali fabrica dentaduras

---

[372] *Ibid.*, p. 40.
[373] *Ibid.*
[374] *Ibid.*, p. 54.
[375] *Ibid.*, p. 37.
[376] *Ibid.*, p. 49.
[377] *Ibid.*, p. 50.

e abortos (ver "Um Jogo de Xadrez") e intensifica a separação entre o homem e a natureza. O processo natural, o ritmo das estações, é aquele de que se alienam os habitantes do terreno baldio: "Abril é o mês mais cruel"[378]. A presença constante dos quatro elementos reitera a realidade da matéria e, enquanto nos primeiros poemas, os quatro elementos são constantemente dissociativos, turvos e poluentes, em *A Terra Desolada* eles se movem no sentido da integração. As cinco partes de *A Terra Desolada* sugerem nem tanto a tragédia quanto, como mostrou Benjamin Lockerd, o uso de Eliot dos filósofos pré-socráticos para encontrar uma forma de conhecimento além do empirismo científico confinado à matéria. Os filósofos pré-socráticos debateram qual era o elemento primário; para Heráclito (c.540-470 a.C.), o mais importante deles era o fogo[379], o que corresponde à energia em física moderna. Os antigos também falavam de um quinto elemento, ou quintessência, uma espécie de ar rarefeito ("pneuma", que significa, também, espírito) às vezes visto como fogo. O quinto elemento era conhecido como o éter, e os "rumores etéreos"[380] na parte final de *A Terra Desolada* sugerem a representação de uma dimensão espiritual, sem a qual a matéria se torna opressora e, em última análise, destrutiva da consciência humana.

    Com o éter, Eliot consegue se opor às noções atomísticas inerentes ao materialismo, noções estas que sustentam que entre os átomos existe apenas um vácuo, um vazio no coração das coisas. É uma ideia que se presta ao niilismo mas, paradoxalmente, transforma o materialismo atomístico em uma espécie de idealismo; como disse Evelyn Underhill (1875-1941) em *Misticismo*, para o materialista atomista "a matéria não é mais sólida do que uma tempestade de neve"[381]. Para Eliot, não apenas o materialismo é desesperador, ele é essencialmente falho como uma forma de olhar para o universo físico — e é o tema do olhar satírico nos volumes de 1917 e 1920. *A Terra Desolada* foi muito além de uma crítica essencialmente negativa dos tempos, ao estabelecer rumores de uma revelação espiritual, seja ocidental ou oriental, e a necessidade de algum tipo de visão espiritual e religiosa do mundo, que preencheria a vaga desumanizante do

---

[378] *Ibid.*, p. 61.
[379] Cf. poema de Gerard Manley Hopkins, "That Nature is a Heraclitean Fire, with the Promise of the Resurrection" ["A Natureza é um Fogo Heracliteano, com a Promessa da Ressurreição"].
[380] Eliot, *op. cit.*, p. 74.
[381] Lockerd, *op. cit.*, p. 125.

materialismo. Eliot na época estava pensando em conversão ao budismo. Imagens da morte e ressurreição de Cristo sugerem que a presença física não seja tão simples quanto pensamos. Finalmente, o uso do mito hindu por Eliot sugere que, de fato, o mundo da matéria seja consideravelmente mais misterioso do que sugere o materialismo.

No *Quatro Quartetos* (1941), uma das principais obras poéticas da mente conscientemente cristã de Eliot, os elementos e a quintessência, que teriam sido meramente "rumores" em *A Terra Desolada*, tornam-se presentes em toda parte. Heráclito também é uma presença importante aqui. A primeira epígrafe de "Burnt Norton" é uma expressão da mente comum em oposição às tendências desintegradas do subjetivismo: "Embora o *Logos* seja comum, a maioria vive como se tivesse um entendimento particular"[382]. Para Heráclito, nem os elementos individuais, que são realmente formas diferentes da mesma quintessência, nem os seres humanos individuais são realmente separados:

> A ênfase de Heráclito na unidade subjacente dos elementos vai com uma ênfase na unidade do conhecimento em uma lei natural objetiva ordenada pelo *Logos* divino[383].

Paradoxalmente, o antigo Heráclito permite o envolvimento de Eliot com o moderno, na forma da física pós-newtoniana. No universo newtoniano, com suas leis causais da termodinâmica, a força (ou energia) atua sobre a matéria inerte, o que é essencialmente dualístico. Eliot estava ciente de que Einstein, com a teoria da relatividade, e Max Planck (1858-1947), com a teoria quântica, estavam mostrando que, nos extremos do mundo físico, matéria e energia são iguais. Esta nova física, fazendo o mundo material parecer misterioso novamente, ressoou na mente de Eliot como Heráclito, para quem a física e a metafísica não eram totalmente separadas — algo muito diferente das tendências no materialismo do século XIX (e naqueles que ainda aderem a seus princípios hoje) para fazer a ciência física substituir a metafísica.

No lugar em que *A Terra Desolada* afirma a necessidade de uma revelação espiritual, e a presença do Cristo ressuscitado é uma profecia da compreensão

---

[382] *Ibid.*, p. 200.
[383] *Ibid.*

do ser humano como parte, mas não restrito, ao mundo da matéria, *Quatro Quartetos* expande filosoficamente o significado da Encarnação. Os quatro poemas movem-se repetidamente sobre os mesmos temas, aprofundando (ou intensificando, significativamente, não importa qual) o sentido do significado, e a abordagem de alguma verdade última além das palavras. O tempo e o mundo espacial da natureza incorporam essa verdade mais profunda; como Lockerd coloca:

> *Quatro Quartetos* sugere que tudo no mundo é uma encarnação da realidade espiritual. Essa noção é consistente com o pensamento de Heráclito, para quem a física não está separada da metafísica, bem como com o pensamento cristão sobre o mundo físico[384].

Encarnação, Eliot diz em "Os Salvamentos Secos", é onde "a união impossível/ Das esferas da existência é real"[385]. Enquanto a teoria da relatividade e a teoria quântica sugerem que, em algum nível, matéria e energia são iguais, a linguagem da física pós-newtoniana não é diferente da linguagem teológica, por ser capaz de resolver dualidades. O determinismo científico do século XIX, baseado em paradigmas de causalidade, com forças agindo sobre a matéria inerte, e implicando um mundo dualístico de sujeitos e objetos, é visto como minado pela própria ciência. A resolução da dicotomia cartesiana mente-matéria é também uma resolução da divisão entre as artes e as ciências que deveriam, como as diferentes estações em *Quatro Quartetos*, ser a revelação, em diferentes modos, da mesma realidade.

Como Coleridge, Eliot se torna um poeta que vira profeta e, do ponto de vista do humanista cristão, como Coleridge, se opõe às tendências desintegradoras de sua época. A prosa de Eliot dá continuidade, na esfera pública, ao projeto de reintegração iniciado no volume de 1917. *A Ideia de uma Sociedade Cristã* (1939) ecoa habilmente o uso de Coleridge da palavra "ideia" em *On the Constitution of Church and State* [*Sobre a Constituição da Igreja e do Estado*]; e Eliot tem em mente o modelo anglicano de uma nação, na qual a Igreja e o Estado e, até certo ponto, a alma e a comunidade estão formalmente integrados. A conversão de Eliot (como ele a via) à forma anglicana de catolicismo deve ser vista como

---
[384] *Ibid.*, p. 225.
[385] Eliot, *op. cit.*, p. 190.

um sinal daquilo a que ele se refere em seus escritos sobre cultura, sociedade e religião: uma compreensão destes formando um todo e sendo mais completamente integrados quando conectados pela língua comum do inglês. *A Ideia* de Eliot é influenciada de maneira importante, como ele diz, por Christopher Dawson (1889-1970) e Jacques Maritain (1882-1973) ("especialmente seu *Humanisme Intégral*")[386], e representa o trabalho de alguém que não é um teólogo, ou um filósofo político, ou um economista, mas sim, em suma, o "leitor comum", assim como outros temas deste livro. *A Ideia de uma Sociedade Cristã* é um exemplo particularmente útil do que constitui um reflexo da mente comum:

> Não estou escrevendo para estudiosos, mas para pessoas como eu. Alguns defeitos podem ser compensados por algumas vantagens. E o que deve guiar alguém, estudioso ou não, não é o conhecimento particularizado, mas a colheita total de pensar, sentir, viver e observar os seres humanos[387].

Onde a poesia de Eliot fornece uma crítica das tendências desintegradoras no materialismo científico, sua crítica social contrapõe tendências semelhantes no liberalismo. E como tal, continua o trabalho de Coleridge e Newman:

> Que o liberalismo possa ser uma tendência para algo muito diferente de si mesmo, é uma possibilidade em sua natureza. Pois é algo que tende a liberar energia, ao invés de acumulá-la, a relaxar, ao invés de fortalecer[388].

Eliot enxerga o avanço do projeto industrial e utilitário visto no século XIX por seus antecessores, em palavras que permanecem relevantes e proféticas ainda hoje:

> Ao destruir os hábitos sociais tradicionais das pessoas, ao dissolver sua consciência coletiva natural em constituintes individuais, ao licenciar as opiniões dos mais tolos, ao substituir a instrução pela educação, ao encorajar a inteli-

---

[386] ELIOT, T.S. *The Idea of a Christian Society*. Londres: Faber, 1982, p. 42.
[387] *Ibid.*, p. 43.
[388] *Ibid.*, p. 49.

gência ao invés da sabedoria, o arrivista ao invés do qualificado, ao fomentar uma noção de sucesso cuja alternativa é uma apatia desesperada, o liberalismo pode preparar o caminho para a sua própria negação: o controle artificial, mecanizado ou brutalizado, que é um remédio desesperado para seu caos[389].

Por "consciência coletiva" pode-se, até certo ponto, ler "mente comum", a antítese de não apenas "constituintes individuais", o mundo atomizado dos primeiros poemas e *A Terra Desolada*, mas também do "controle" que os sistemas políticos modernos, abertamente no Oriente, ou veladamente no Ocidente, têm tentado desde a Segunda Guerra Mundial. Portanto, embora o projeto liberal envolvesse a libertação do ser humano das restrições da tradição, ele termina nas consequências desumanizantes do industrialismo e do materialismo, que fomentou e foi fomentado pelo liberalismo:

> Quanto mais industrializado for o país, mais facilmente uma filosofia materialista florescerá nele, e mais mortal essa filosofia será. A Grã-Bretanha foi altamente industrializada há mais tempo do que qualquer outro país. E a tendência do industrialismo ilimitado é criar corpos de homens e mulheres — de todas as classes — separados da tradição, alienados da religião e suscetíveis à sugestão de massa: em outras palavras, uma multidão. E uma turba não será menos turba se for bem alimentada, bem-vestida, bem abrigada e bem disciplinada[390].

Este é o fim irônico do individualismo liberal: uma população monótona, estúpida, sensual, aquisitiva e desumanizada.

Outro aspecto da crítica de sua época em *A Ideia de uma Sociedade Cristã* é a ênfase de Eliot na relação entre Humanidade e natureza. Eliot torna explícito aqui o que está implícito na poesia, dessa forma, a *Ideia* pode atuar como um comentário sobre a poesia de Eliot:

> Podemos dizer que a religião, distinta do paganismo moderno, implica em uma vida em conformidade com a natureza. Pode-se observar que aquela vida

---
[389] *Ibid.*
[390] *Ibid.*, p. 53.

natural e a vida sobrenatural têm uma conformidade uma com a outra, que nenhuma tem com a vida mecanicista[391].

As vidas humanas separadas dos elementos na poesia inicial podem, portanto, ser vistas como sintomáticas de uma sociedade, em última análise, desconectada da fonte da natureza:

> Quero dizer apenas que uma atitude errada em relação à natureza implica, em algum lugar, uma atitude errada em relação a Deus, e a consequência é uma condenação inevitável. Por muito tempo, só acreditamos nos valores surgidos de um modo de vida mecanizado e urbanizado; seria bom que enfrentássemos as condições permanentes nas quais Deus nos permite viver neste planeta[392].

A observação de Eliot não é meramente ecológica, uma preocupação com uma natureza objetiva e externa com a qual, segundo o ambientalista moderno, estamos em conflito. Eliot está além da distinção sujeito-objeto; antes, vê o homem em relação à natureza e em relação à sua própria natureza de uma maneira ligada ao meio ambiente:

> A luta para recuperar o sentido de relação com a natureza e com Deus, o reconhecimento de que mesmo os sentimentos mais primitivos deveriam fazer parte de nossa herança, parece-nos ser a explicação e justificativa da vida de D.H. Lawrence, e a desculpa para suas aberrações[393].

É também uma explicação para a prevalência do mito nos primeiros poemas, especialmente em *A Terra Desolada*, para a recuperação para o homem urbanizado de suas raízes espirituais na natureza, por mais que isso possa ser um processo indesejável e doloroso.

São, para Eliot, as interrelações entre religião e natureza que produzem uma cultura, como ele mostra em seu *Notas para a Definição de Cultura* (1949). "Cultura é a única coisa que não podemos almejar deliberadamen-

---
[391] *Ibid.*, p. 80.
[392] *Ibid.*, p. 81.
[393] *Ibid.*

te"[394], diz Eliot, apesar das maquinações dos planejadores do pós-guerra, com sua fé no "controle". A cultura, no indivíduo ou na sociedade como um todo, depende da integração de uma série de fatores — maneiras, educação, intelecto, sensibilidade — que, por si só, não podem conferir ou criar cultura. Além disso, a cultura de um indivíduo é mutuamente dependente daquela da sociedade:

> A desintegração cultural pode ocorrer após a especialização cultural: e é a desintegração mais radical que uma sociedade pode sofrer[395].

Seguindo Dawson, Eliot deixa claro que a religião é a fonte de uma cultura. Novamente, a prosa posterior pode ser vista como iluminadora da poesia anterior. A cultura é a personificação física e material do que a religião torna possível:

> Podemos ir mais longe e perguntar se o que chamamos de cultura e o que chamamos de religião de um povo não são aspectos diferentes das mesmas coisas: a cultura sendo, essencialmente, a encarnação (por assim dizer) da religião de um povo[396].

Sem religião, a cultura se desintegra, e sem religião ou cultura, a Humanidade é deixada no "tédio e desespero"[397] dos quais lembramos nos primeiros poemas. Sem os laços religiosos unindo o conhecimento e a sociedade, há uma fragmentação com especialistas e elites que não possuem uma mente comum. A este respeito, a sociedade liberal secular, de tendência socialista controladora, apenas controlará diretamente os indivíduos atomizados e deixará de produzir a comunidade de mente e cultura, que uma religião compartilhada produziu indiretamente. Tanto *A Ideia de uma Sociedade Cristã* quanto *Notas para a Definição de Cultura* são análises instrutivas dos estados de espírito produtores de políticas que estimulam o "tédio e o desespero" de um povo separado da natureza, da religião e da fonte de ambas.

---

[394] ELIOT, T.S. *Notes Towards the Definition of Culture*. Londres: Faber, 1962, p.19.
[395] *Ibid.*, p. 26.
[396] *Ibid.*, p. 28.
[397] *Ibid.*, p. 34.

Eliot constantemente nos diz em sua prosa o que não quer dizer, e tem o cuidado de não se reduzir a um escaninho que expressa parte da verdade. Descrevê-lo, entretanto, como um humanista cristão é preciso, sem ser redutor. O humanismo inicial de Eliot é tão importante quanto seus estudos em Harvard em F.H. Bradley, e procede do mesmo lugar e época. Em Harvard, Eliot foi influenciado pelo humanismo de Irving Babbitt e Paul Elmer More. Como More, e diferente de Babbitt, Eliot passou do humanismo ao cristianismo, sem abandonar seu humanismo:

> Não estou atacando o humanismo: deveria ser mais hostil a um catolicismo sem humanismo. Só quero dizer que o humanismo é um ingrediente, na verdade necessário, em qualquer catolicismo adequado[398].

Evelyn Waugh disse sobre seu romance *Um Punhado de Pó* (1934) que tirou seu título de *A Terra Desolada*, o qual "era humanista e continha tudo o que eu tinha a dizer sobre humanismo"[399]. Para Waugh, não era suficiente para um homem incorporar as graças de um cavalheiro pós-cristão sem uma compreensão da própria graça. Por fim, Waugh compartilhou a posição de Eliot; seu herói Tony Last é deixado tão nu e tremendo diante do abismo quanto qualquer um dos personagens de *A Terra Desolada*. Da mesma forma, o humanismo de Babbitt era maior, mais integrador do que o humanismo liberal e secular de nossa própria época, o que teria chamado de "humanitarismo":

> Contra o humanista, Babbitt opõe o humanitário. O humanista luta para desenvolver, por um ato de vontade, a natureza superior do homem; o humanitário, ao contrário, acredita no "trabalho externo e no *laissez faire* interno", ganho material e emancipação dos controles morais. O humanista deseja trabalhar na alma do homem. O humanitário, porém, busca a satisfação dos apetites. Francis Bacon representou para Babbitt o aspecto utilitário do humanitarismo, a ânsia de poder sobre o homem e sobre a natureza física. Rousseau defendia o lado sentimental do humanitarismo, o impulso traiçoeiro de que-

---

[398] KIRK, Russell. *Eliot and His Age*. Peru, IL: Sherwood Sugden and Co., 1984, p. 140.
[399] GALLAGHER, Donat (Ed.). *The Essays, Articles and Reviews of Evelyn Waugh*. Londres: Methuen, 1983, p. 304.

brar o que Burke chamara de "o contrato da sociedade eterna", substituindo a obrigação moral pela adoração de um egoísmo irresponsável[400].

A mente de Babbitt era integrativa, mas não chegou a uma confissão religiosa. Eliot, no entanto, deveria continuar a tradição crítica tirada de Babbitt, para enriquecer, por sua vez, a tradição do humanismo cristão integrador.

Nesse sentido, como vimos, é útil considerar os escritos de Eliot como um todo. Assim como podemos ver as primeiras poesias de Coleridge (a quem Eliot conscientemente se assemelha) se desenvolvendo — naturalmente, por assim dizer — em uma prosa que comenta muitos dos temas da poesia, o é em Eliot. Em suas ideias essenciais, sejam filosóficas, religiosas, literárias ou sociais, as obras de Eliot manifestam uma continuidade de tal forma que a mudança (por exemplo, sua conversão), quando ocorre, é um produto do pensamento maduro construído sobre o previamente conhecido. Mudança não é reversão, mas fruição e como tal, o pensamento de Eliot reflete, na mente individual, a mente comum, digamos, da Igreja na doutrina de desenvolvimento de Newman. A mente comum, da qual Eliot compartilhou, é integrativa da verdade ao invés de dualista. Isso é evidente, mais do que em qualquer outro livro sobre Eliot, em *A Era de T.S. Eliot* (1971) de Russell Kirk. Neste, o autor demonstra a integridade do pensamento de Eliot e também como ele se posiciona, em sua integridade e totalidade, como antitético ao "tempo torto" do século XX.

---
[400] Kirk, *op. cit.*, p. 29.

CAPÍTULO 11

C. S. LEWIS

E A NATUREZA DO HOMEM

*Assim para São Tomás de Aquino como para Bracton, o poder político [...]
nunca é livre e nunca tem origem.
Sua função é fazer valer algo que já existe [...]*
C. S. LEWIS, LITERATURA INGLESA NO SÉCULO XVI, 1954

*Parte do motivo da popularidade de Lewis é sua suposição de que quase todos
os homens bons que já pensaram honestamente compartilham convicções
universais, as quais podem diferir em detalhes, mas não em substância. Ele
sentiu que a amoralidade, o agnosticismo e o ateísmo de grande parte da
cultura do século XX, especialmente da cultura do modernismo, equivaliam a
uma aberração dentro da tradição histórica do senso comum, e que seus
adeptos eram, nos termos de Agostinho, a quem ele cita, "divorciados, por
alguma loucura, do communis sensus do homem".*
MICHAEL D. AESCHLIMAN, THE RESTITUTION OF MAN:
C.S. LEWIS AND THE CASE AGAINST SCIENTISM, 1983

O humanista cristão, profundamente consciente do passado vivo, enxerga com um olhar crítico a época em que vive. Ele reconhece que a Idade de Ouro, o lugar feliz, sempre permanecerá apenas como uma ideia, e as tentativas de tornar esse estado real no plano sublunar serão para sempre frustradas pela condição da queda do homem. Portanto, o humanismo cristão se limita a um projeto de conservação do que é bom na tradição social, política e religiosa, e inclui a tarefa de melhoria na qual a transformação é impossível. Na verdade, a tentativa de transformar a natureza humana decaída por meios sociais e políticos, como em tantos projetos "progressistas" do século XX, ou ignoram ou tentam coagir as intratáveis realidades da Humanidade. A resposta é, então, tentar refazer o humano, forçando sua acomodação ao ideal. Uma compreensão tradicional da natureza humana e sua lei, e uma disposição tradicional em relação à natureza (ou criação) como um todo, torna o humanista cristão cético em relação ao que T.S. Eliot chamou de "sistemas tão perfeitos que ninguém precisará ser bom"[401]. À medida em que a crença no poder desses sistemas representa a falta de imaginação, o humanismo cristão mostra a importância da imaginação moral em qualquer concepção e em resposta à misteriosa realidade da sociedade humana.

  C.S. Lewis (1898-1963) compartilhou essa capacidade imaginativa com T.S. Eliot, apesar de suas marcantes diferenças de temperamento e, mais importante, de sua atitude em relação à modernidade. Lewis era, como G.K. Chesterton, mais obviamente crítico ao Modernismo na arte e na literatura do que Eliot. O poeta se alinhou com o Classicismo (apesar de alguns aspectos românticos tardios, especialmente nos primeiros poemas), enquanto Lewis se identificou com o Romantismo (apesar de mergulhado nos clássicos, tanto de literatura quanto filosofia). Como Eliot, no entanto, o treinamento inicial de Lewis foi principalmente em filosofia e, tal qual o poeta, ele veio ao cristianismo por meio da redescoberta. Ambos passaram a compartilhar uma posição pública anglicana, mas suas diferenças ilustram o fato do cristianismo e o humanismo cristão incluirem muitas variações humanas, além das bases para uma crença comum. Lewis e Eliot compartilhavam uma poderosa faculdade imaginativa, evocada pelo desafio do colapso ocidental iniciado na Grande Guerra, na qual Lewis

---

[401] ELIOT, T.S. "Choruses from The Rock". *In: The Complete Poems and Plays of T.S. Eliot*. Londres: Faber, 1969, p. 159.

lutou. Ambos continuaram a abordar as causas e a analisar os sintomas do colapso ocidental durante e após a Segunda Guerra Mundial. Entre eles, abordaram diferentes lados da mente ocidental: o americano Eliot, mais hierático e aristocrático, apelou à consciência europeia; o anglo-irlandês Lewis, franco e simples, encontrou seguidores ainda mais devotados na América do que em casa. E ambos eram anglicanos, porém, Lewis atrai mais os evangélicos e Eliot, os católicos.

A condução da guerra no século XX, como motivo de controvérsia com o espírito da época, é tão significativa para Lewis (e também para seu amigo, J.R.R. Tolkien) quanto o foi para Edmund Burke na época da Revolução Francesa. O pacto nazi-soviético apareceu para Evelyn Waugh, outro escritor cristão, como "a Era Moderna nas armas"[402], frase esta que ecoa a caracterização de Burke na segunda das "Cartas sobre uma Paz Regicida" (1797) sobre o jacobinismo como uma "doutrina armada". O contexto da Segunda Guerra Mundial produziu algumas das considerações mais importantes de Lewis sobre a lei natural. Ele começou dando palestras no rádio entre 1941 e 1945, e que foram coletadas e organizadas no livro *Mero Cristianismo* (1952). *A Abolição do Homem* (1945), provavelmente terminado em 1943, era complementar à sequência de romances conhecida como a Trilogia Espacial, juntamente com *Literatura Inglesa no Século XVI* (1954), do qual grande parte tinha terminado quando deu as palestras Clark em Cambridge, em 1944, e o ensaio "On Ethics" ["Sobre a Ética"], que também tocou na natureza e na lei natural; todas essas obras mencionadas mostram Lewis como um mestre de diferentes formas e linguagens, explicando um assunto que claramente o entusiasmava muito, e em uma época na qual as ideias tradicionais da natureza e da lei natural pareciam sob grave ameaça e uma reconsideração seria salutar. Para Lewis, como para Tolkien (1892-1973), a Segunda Guerra Mundial foi uma continuação da modernidade militante, enfrentada e sobrevivida por eles nas trincheiras de Flandres.

Tolkien se opôs ao fato de Lewis se estabelecer como um teólogo amador, pois acreditava que tais coisas deveriam ser deixadas para os profissionais. Entretanto, ao falar como um cristão leigo para um público geral, Lewis nos lembra que, dentro da mente comum, não apenas um professor leigo é capaz de falar de uma maneira eficaz e informada sobre as coisas espirituais, mas a pessoa

---

[402] WAUGH, Evelyn. *Men at Arms*. Londres: Penguin, 1964, p. 12.

comum também está interessada e é capaz de ouvir. Lewis fala como um homem comum falando para homens e mulheres comuns. Ele fala em uma linguagem comum, não demótica, mostrando habilidade consumada em argumentos lógicos e a habilidade de interpretar questões complexas em linguagem simples, com clareza de pensamento. Como vimos, isso é particularmente característico da tradição humanista cristã em inglês, a tradição de Thomas More, Jonathan Swift e de Samuel Johnson — este, o herói de Lewis. E também na tradição do senso comum inglês. Como pontuou Michael Aeschliman:

> Lewis estava convencido de que cada pessoa era, em essência, *homo sapiens*, o conhecedor moral e filosófico, destinado a viver feliz e atenciosamente — feliz porque atenciosamente — em comunidade com seus companheiros. Esta era a tendência "natural" elementar com a qual toda criatura humana foi dotada por seu Criador, por mais que possa ter sido enfraquecida ou maculada pelo egoísmo pecaminoso, por reivindicações excessivas para si mesmo[403].

A mente integradora de Lewis operava no nível social, inclusivo e democrático, no sentido chestertoniano. *Mero Cristianismo* resume este aspecto do trabalho de Lewis.

Há ecos do estilo chestertoniano no primeiro tomo do *Mero Cristianismo*, em "Certo e Errado — uma Pista para o Significado do Universo". Embora mais simples do que o estilo de Chesterton — talvez por causa do menor uso do poder cumulativo do paradoxo —, há o mesmo tom de razão comum, em linguagem simples, e o caráter coloquial de uma voz pessoal falando com outra pessoa. O contexto de uma guerra pela civilização também se faz sentir:

> Essa lei era chamada Lei da Natureza porque as pessoas pensavam que todos a conheciam por natureza e não precisavam ser ensinados. Não significava, é claro, que você não poderia encontrar um indivíduo estranho aqui e ali que não soubesse, assim como você encontra algumas pessoas daltônicas, ou sem ouvido para música. Contudo, considerando a raça como um todo, eles pensaram ser óbvia para todos a ideia humana de comportamento decente. E

---

[403] AESCHLIMAN, Michael D. *The Restitution of Man: C.S. Lewis and the Case Against Scientism*. Grand Rapids, MI: Eerdmans, 1998, p. 6.

acredito que eles estivessem certos. Se não estivessem, todas as coisas ditas sobre a guerra seriam um disparate. Qual era o sentido de dizer que o inimigo estava errado, a menos que o Certo seja uma coisa real, no fundo conhecido pelos nazistas tão bem quanto por nós, e que deveriam ter praticado? Se eles não tivessem noção do que entendemos por certo, então, embora ainda tivéssemos que lutar contra eles, não poderíamos culpá-los mais por isso do que pela cor de seus cabelos[404].

Aqui vemos a linguagem simples, o pensamento claro, a ilustração do lugar-comum, e o poder argumentativo que distinguem o professor Lewis em relação ao seu público. Sua abordagem é integradora para todos os seres humanos, incluindo aqueles em seu público, o inimigo do tempo da guerra e as civilizações do passado, em um argumento melhor desenvolvido em *A Abolição do Homem*: "Se alguém se der ao trabalho de comparar o ensino moral de, digamos, os antigos egípcios, babilônios, hindus, chineses, gregos e romanos, o que realmente o impressionará será como eles são semelhantes uns aos outros e aos nossos"[405]. Como Eliot, Lewis arfima que, na realidade, existe uma civilização ao invés de civilizações, e seu inimigo é a barbárie em muitas formas.

Aqui também Lewis se opõe à nova ideia da natureza humana, criadora de tanto barbarismo moderno:

> Agora, essa Lei ou Regra sobre o Certo e o Errado costumava ser chamada de Lei da Natureza. Hoje em dia, quando falamos das "leis da natureza", geralmente nos referimos a coisas como gravitação, ou hereditariedade, ou as leis da química. Porém, quando os pensadores mais antigos chamavam a Lei do Certo e do Errado de "Lei da Natureza", eles realmente se referiam à Lei da Natureza Humana. A ideia era que, como todos os corpos são governados pela lei da gravitação e os organismos pelas leis biológicas, a criatura chamada homem também tem sua lei — com esta grande diferença: um corpo não poderia escolher se obedeceria à lei da gravitação ou não, mas um homem pode escolher entre obedecer à Lei da Natureza Humana ou desobedecê-la[406].

---

[404] LEWIS, C.S. *Mere Christianity*. Nova York, NY: Macmillan, 1981, p. 5.
[405] *Ibid.*
[406] *Ibid.*, p. 4.

Além disso, Lewis afirma que a palavra "lei", quando usada para a gravitação, por exemplo, está sendo usada metaforicamente. É realmente descritivo do que as coisas na natureza devem fazer. Uma versão dessa ideia também se aplica aos seres humanos hoje em dia: o homem apenas age por necessidade, sendo basicamente como uma pedra agindo sob a compulsão da gravidade. Para Lewis, no entanto, ao ler a Lei Natural como um dos últimos resquícios do "Homem do Velho Ocidente", a lei moral nos aponta para a realidade do universo e a mente pessoal por trás dela. Suas frases finais no primeiro tomo de *Mero Cristianismo* novamente traçam o paralelo com o conflito sobre certas verdades morais básicas de meados do século XX: "A maioria de nós superou o pensamento ilusório do pré-guerra sobre a política internacional. É tempo de fazermos o mesmo em relação à religião"[407]. A implicação aqui é a percepção de Lewis sobre um sentido de guerra no próprio coração do universo.

A Abolição do Homem (1944) faz alusões aos inimigos e ao contexto da guerra, mas vai muito além da identificação do "inimigo" com os nazistas. Além de ser, novamente, uma defesa da ideia tradicional de lei natural, este livro é uma análise do totalitarismo generalizado presente, não apenas nos sistemas nazista e soviético, mas também os mais próximos de nós:

> Não estou aqui pensando apenas, talvez nem sobretudo, naqueles que são nossos inimigos públicos no momento. O processo que, se não for controlado abolirá o Homem, avança rapidamente entre Comunistas e Democratas, não menos do que entre Fascistas. Os métodos podem (a princípio) diferir em brutalidade, porém, muitos cientistas de olhar brando por trás dos *pince-nez*, muitos dramaturgos populares, muitos filósofos amadores entre nós, significam, a longo prazo, exatamente o mesmo que os governantes Nazistas da Alemanha[408].

Lewis está se opondo a um afastamento geral do velho Ocidente, especialmente na educação, área em que um novo tipo de condicionamento utilitário sem valor está substituindo a indução tradicional dos valores herdados. O sub-

---

[407] *Ibid.*, p. 28.
[408] LEWIS, C.S. *The Abolition of Man*. Nova York, NY: Harper Collins, 2001, p. 73–74.

jetivismo está substituindo a continuidade de sujeito e objeto (que tanto preocupava T.S. Eliot) e um sentido de respostas corretas a questões como a pessoa humana. Toda a ideia da lei natural é vista por Lewis como sendo central para o problema moderno do homem, e em um mundo onde ele é visto como essencialmente parte de uma visão naturalista do universo, onde não há nada além da realidade física: a natureza do homem não é, exceto pela sua complexidade, especialmente diferente da natureza dos animais, vegetais e minerais. Sem a ideia da lei natural, a lei da natureza do homem, ele está à mercê dos "condicionadores", os "inovadores" — a versão moderna dos "sofistas, economistas e calculadores" de Burke[409]. Como Burke em *Reflexões sobre a Revolução na França*, Lewis argumenta a partir das consequências remotas das coisas terríveis que acontecem em sua própria época. Ele olha para o futuro e, profeticamente, vê um estado totalitário e cientificista, com controle total sobre a condição física de seus habitantes humanos. É a visão de um pesadelo, o que preocupou os escritores de ficção científica ao longo do século XX e, como veremos, seria tratada ficcionalmente por Lewis em *Uma Força Medonha* (1945).

Tal qual Chesterton escrevendo sobre hereges e heresia modernos, Lewis mostra que o pensamento moderno envolve a extração de aspectos da verdade do todo, a natureza real das coisas (para a qual Lewis usa a palavra chinesa "*Tao*"), e eleva-as à condição de verdade absoluta:

> Nunca houve, e nunca haverá, um juízo de valor radicalmente novo na história do mundo. O que pretendem ser novos sistemas, ou (como eles agora os chamam) "ideologias", todos consistem em fragmentos do próprio *Tao*, arbitrariamente arrancados de seu contexto no todo, e então inchados à loucura em seu isolamento, mas ainda devendo ao *Tao*, e somente a ele, a validade que possuem [...] A rebelião de novas ideologias contra o *Tao* é uma rebelião dos galhos contra a árvore; se os rebeldes pudessem ter sucesso, descobririam terem se destruído[410].

O "*Tao*" é a palavra de Lewis para uma realidade integrada, envolvendo a verdadeira natureza do homem e do universo, e a relação correta entre os dois.

---

[409] BURKE, Edmund. *Reflections on the Revolution in France*. Londres: Penguin, 1968, p. 170.
[410] Lewis, *The Abolition of Man*, p. 43.

Os desenvolvimentos na compreensão do *Tao* podem ser comparados aos desenvolvimentos na linguagem:

> Um grande poeta, que "amou e foi bem-educado em sua língua materna", também pode fazer grandes alterações nela, mas suas mudanças de linguagem são feitas no espírito da própria língua: ele a trabalha por dentro. A linguagem que sofre as mudanças, também as inspira. Isso é algo diferente — tanto quanto as obras de Shakespeare são diferentes do inglês básico. É a diferença entre a alteração de fora; entre o orgânico e o cirúrgico[411].

Pode-se acrescentar, como Lewis sugere em outro texto, que isso seja verdade também para o desenvolvimento do corpo humano, da mente humana e da cultura e civilização. O *Tao* é também o próprio *Logos*, sem o qual não pode haver razão, linguagem, comunicação ou entendimento:

> Uma mente aberta, em questões não fundamentais, é útil. Contudo, uma mente aberta sobre os fundamentos definitivos da razão Teórica, ou Prática, é idiotice. Se a mente de um homem está aberta para essas coisas, que pelo menos sua boca esteja fechada. Ele não pode dizer nada com propósito. Fora do *Tao* não há motivo para criticar o *Tao* ou qualquer outra coisa[412].

O pré-modernismo resoluto de Lewis é inteiramente oposto ao pós-modernismo, e ele concordaria com Roger Scruton sobre a "desconstrução":

> Quando finalmente o véu é levantado, percebemos uma paisagem maravilhosa: um mundo de negações, um mundo no qual, onde quer que procuremos a presença, encontramos ausência, um mundo não de pessoas, mas de ídolos vazios, um mundo que oferece, nos lugares onde buscamos ordem, amizade e valor moral, apenas o esqueleto do poder. Não há criação neste mundo, embora seja cheio de inteligência — uma inteligência ativamente implantada na causa do Nada. É um mundo de não-criação, sem esperança, fé ou amor, já

---

[411] *Ibid.*, p. 45.
[412] *Ibid.*, p. 48.

que nenhum "texto" poderia significar essas coisas transcendentais. É um mundo no qual a negação foi dotada com o instrumento supremo — poder e intelecto — transformando a ausência na presença que tudo abrange. É, em resumo, o mundo do Diabo[413].

A Abolição do Homem, escrito por um pré-modernista na Modernidade, aponta para os desenvolvimentos tardios do modernismo, ou os primeiros desenvolvimentos do pós-moderno. O mundo do pós-moderno torna-se o mundo do pós-humano. O fim do projeto baconiano, a conquista da natureza, é a "destruição da natureza do próprio homem por homens que rejeitaram e trabalharam contra sua própria humanidade":

> Saindo do *Tao*, eles entraram no vazio. Nem são seus súditos necessariamente homens infelizes. Eles não são homens de forma alguma, são artefatos. A conquista final do homem provou ser a abolição do homem[414].

A lei natural coloca o homem acima da natureza; sua remoção, em nome da conquista da natureza, paradoxalmente reduz o homem à natureza e, portanto, esta o conquista. Existem implicações políticas para toda essa mudança filosófica:

> Tenho muitas dúvidas sobre a história nos mostrar um exemplo de homem que, tendo saído da moral tradicional e alcançado o poder, tenha usado esse poder com benevolência. Estou inclinado a pensar que os Condicionadores odiarão os condicionados[415].

Como Thomas More também sabia,

> Somente o *Tao* fornece uma lei de ação humana comum, que possa abranger governantes e governados da mesma forma. Uma crença dogmática no valor

---

[413] SCRUTON, Roger. *An Intelligent Person's Guide to Modern Culture*. Londres: Duckworth, 1998, p. 127-128.
[414] Lewis, *The Abolition of Man*, p. 64.
[415] *Ibid.*, p. 66.

objetivo é necessária para a própria ideia de um governo que não seja a tirania, ou uma obediência que não seja a escravidão[416].

Apesar de toda a antipatia de George Orwell por C.S. Lewis e seu cristianismo, suas visões de um futuro científico totalitário, composto na época da Segunda Guerra Mundial, não eram muito diferentes. A visão violenta de Orwell do futuro, "uma bota estampada em um rosto humano — para sempre"[417], a vontade nietzschiana de poder esmagando os valores humanos de piedade, compaixão, simpatia e assim por diante, é notavelmente próxima à de Lewis em *A Abolição do Homem* e em *Uma Força Medonha* (como veremos no próximo capítulo, no entanto, o humanismo de Orwell carece da dimensão cristã).

Lewis deu a *Uma Força Medonha* o subtítulo "Um Conto de Fadas Moderno para Adultos". Ele tem afinidade com um grande número de escritores do século XX, além de *1984* de Orwell. Como sátira política e ficção científica, é igual aos "romances científicos" de H.G. Wells (1866-1946), com batalhas cósmicas travadas em ambientes domésticos todos os dias, até mesmo nos condados perto de casa. Tal um romance de ideias, também é semelhante aos romances de Chesterton, como *A Estalagem Volante* (1914), e na medida em que envolve o sobrenatural invadindo o cotidiano, é como os romances de Charles Williams (1886-1945) e, claro, as próprias histórias de Nárnia de Lewis. Em uma perspectiva mais ampla, vemos a influência do *Utopia* de More e do *Viagens de Gulliver* de Swift como sátiras da ideologia e da sociedade. Ainda mais para trás, há conexões a serem feitas com a literatura da Idade Média e com as visões oníricas de realidades alternativas, tais como *Piers Plowman* [*Piers, o Lavrador*] (c.1370-90), com sua mistura de fantasia e vida real, incluindo o estado da sociedade.

Walter Hooper (1931-2020)[418] repara que Lewis gostava de ficção científica desde que leu Wells e Jules Verne (1828-1905) quando menino, e a Trilogia Espacial de Lewis mostra a influência de David Lindsay (1876-1945) (*Uma Jornada para Arcturus* [1920]), Olaf Stapledon (1886-1950) e J.B.S. Haldane (1892-1964). O tema central da Trilogia Espacial é uma resposta à posição filosófica

---
[416] *Ibid.*, p. 73.
[417] ORWELL, George. *Nineteen Eighty-Four* [1984]. Londres: Penguin, 1954, p. 215.
[418] HOOPER, Walter. *C.S. Lewis: The Companion and Guide*. Londres: Harper Collins, 2005, p. 205ff.

dos dois últimos escritores mencionados: a abordagem naturalista do universo e a ideologia (ou heresia) do cientificismo, a moderna torre de Babel pela qual o homem alcançará o domínio dos Céus e da Terra e de todos os que neles se encontram. Vemos aqui outra vertente da escrita de Lewis, de palestras em rádio e em universidades e ficção científica. Como outros grandes expoentes da tradição cristã humanista, Lewis é um mestre das várias formas, com uma compreensão integrada e habilidade em diferentes ramos da literatura.

Muito da ação de *Uma Força Medonha* acontece em Bracton College, na fictícia Universidade de Edgestow, no interior da Inglaterra, ironicamente "fundada em 1300 para apoiar dez homens eruditos, cujas funções eram orar pela alma de Henry de Bracton e estudar as leis da Inglaterra"[419]. Nomes de lugares e pessoas neste romance são significativos. Em *Literatura Inglesa no Século XVI*, Lewis mostra como, naquele tempo, a doutrina absolutista do direito divino dos reis veio a substituir a antiga política medieval baseada na lei natural. Como vimos em nossa discussão anterior sobre Thomas More, *De Legibus et Consuetudinibus Angliae* [Sobre as Leis e Costumes da Inglaterra] escrito por Henry de Bracton no século XIII, na época das revoltas entre os barões e o rei João (1166-1216), afirmou as obrigações do governante de ouvir seus súditos, e que a lei fornece limites para o que o rei pode fazer. Como escreve Lewis:

> Assim para São Tomás de Aquino como para Bracton, o poder político (seja atribuído ao rei, aos barões, ou ao povo) nunca é livre e nunca tem origem. Sua função é fazer valer algo que já existe, algo dado pela razão divina, ou presente no costume existente. Por sua fidelidade em reproduzir esse modelo, deve ser julgado. Se tenta ser original, produzindo novos erros e acertos independentemente do arquétipo, torna-se injusto e perde seu direito à obediência[420].

O Bracton College representa esse modelo medieval mais antigo na Inglaterra, contra o qual o N.I.C.E. (National Institute of Coordinated Experiments [Instituto Nacional de Experimentos Coordenados]) funciona, um poder abstraído de tudo o que o torna humano. Bracton é o cenário de uma batalha

---

[419] LEWIS, C.S. *That Hideous Strength*. Londres: Harper Collins, 2005, p. 6.
[420] LEWIS, C.S. *English Literature in the Sixteenth Century, Excluding Drama*. Oxford: OUP, 1973, p. 48.

entre as relíquias de uma civilização humana tradicional e um sistema de educação e a modernidade em forma totalitária. Lord Feverstone, que conhecemos em *Perelandra* (1943) como o cúmplice de Weston, Dick Devine, está ansioso para traçar as linhas de batalha:

> Entretanto, é a questão principal no momento: de que lado se está — obscurantismo ou Ordem. Realmente parece que agora temos o poder de nos entrincheirarmos como espécie por um período bastante impressionante, de assumir o controle de nosso próprio destino. Se a Ciência realmente tiver liberdade, pode agora assumir o controle da raça humana e recondicioná-la: tornar o homem um animal realmente eficiente[421].

A apresentação do Bracton College envolve também uma sátira sobre o estado da educação na época de Lewis, em que era mais importante debater sobre se o assunto era tradicional ou moderno, técnico e científico. O que não é diferente do debate antigos *versus* modernos em Swift, e assim como com este, a preocupação de Lewis é o que constitui uma educação humanitária.

Os polos opostos do romance são Belbury e Saint Anne's-on-the-Hill. Belbury, o quartel-general do N.I.C.E., é "uma florida mansão eduardiana, construída para um milionário admirador de Versalhes. Nas laterais, parecia ter brotado uma extensão generalizada de edifícios de cimento mais novos [...]"[422]. É uma falsa extensão da plutocracia moderna, com acréscimos concretos brutalistas. Saint Anne, por outro lado, é uma aldeia tradicional inglesa, nomeada em homenagem à mãe da Virgem Santíssima, e a casa senhorial lá, com um jardim, é a sede da Companhia, que se opõe ao N.I.C.E. A linguagem dos lugares também é diferente: a grosseira, mal-educada, maquinadora em Belbury; e a cortês, bem-humorada e deferente na mansão de Saint Anne. Há guerra contra a natureza em Belbury e harmonia com ela em Saint Anne, que se parece com a Última Casa Amiga, a Casa de Elrond, em *O Senhor dos Anéis* (1954-55) de Tolkien (o nome "a Companhia" também ecoa Tolkien[423]), um lugar de paz e ordem natural.

---

[421] Lewis, *That Hideous Strength*, p.42.
[422] *Ibid.*, p. 57.
[423] Aqui o autor faz menção à sociedade do anel, grupo formado por Frodo e outras personagens de Tolkien, no livro I da trilogia *O Senhor dos Anéis*. (N. E.)

A linguagem, especialmente a de Wither, o vice-diretor do N.I.C.E., é usada para ocultar o significado, adiá-lo constantemente, de modo a manter Mark Studdock ignorante de sua posição, seu salário e seu propósito como membro do N.I.C.E. A linguagem de Wither é uma sátira magistral à linguagem da evasão profissional entre políticos, funcionários e gerentes, em todos os níveis da sociedade moderna. Aqui, há ecos novamente da linguagem orwelliana de *1984*, e até de um estado de pesadelo kafkiano, no qual as evasões da linguagem são usadas para controle político e para a criação de um mundo sem sentido, onde só existe poder.

O tratamento da natureza em *Uma Força Medonha* ilustra o ponto que, tanto na mente de Lewis quanto na de Tolkien, há uma interconexão profunda na maneira como o homem trata sua própria natureza e a natureza "externa" das coisas vivas, particularmente a terra, árvores e animais. A espoliação de Bragdon Wood, dentro dos limites do Bracton College (e o local de descanso de Merlin), e a destruição da vila de Cure Hardy, representam a "liquidação dos anacronismos" nas mãos dos projetos modernos, mecanicistas e burocráticos com os quais a sociologia de Studdock se encontra em algum (embora desconfortável) acordo:

"Eu digo, você sabe, haverá um fedor diabólico sobre isso. Cure Hardy é famoso. É um local lindo. Existem os asilos do século XVI, uma igreja normanda e tudo mais", diz Mark.

"Exatamente", responde Cosser. "É aí que você e eu entramos. Precisamos fazer um relatório sobre Cure Hardy. Vamos dar um passeio e dar uma olhada amanhã, mas podemos escrever a maior parte do relatório hoje. Deve ser muito fácil. Se for um local bonito, você pode apostar que é insalubre. Esse é o primeiro ponto a enfatizar. Então, precisamos descobrir alguns fatos sobre a população. Você descobrirá, acho, que consiste quase inteiramente dos dois elementos mais inegáveis: pequenos locatários e trabalhadores agrícolas"[424].

A sátira aqui funciona em vários níveis. É perceptível a violação do método científico, por aqueles que se consideram cientistas, em favor de uma agenda política. Há também a contradição envolvida no aperfeiçoamento da

---
[424] *Ibid.*, p. 105.

Humanidade com a destruição de tudo o que é humano na cultura e na civilização: como tal, a passagem vai ao cerne da contradição dentro da própria Modernidade. Uma "nova vila modelo" (pensa-se aqui nas "novas cidades" britânicas do pós-guerra, todas altamente eficientes, mas sem alma, e construídas para carros ao invés de pessoas) será construída quando a antiga for erradicada. Pode-se pensar também em Isengard, após a corrupção de Saruman, em *As Duas Torres* (1954) de Tolkien. Significativamente, Saruman é destruído pelos *ents*, que simbolizam o espírito da natureza voltando-se contra seu algoz.

A libertação dos animais, mantidos para vivissecção pelo N.I.C.E., no devaneio vindo no clímax do livro, e os animais que convivem livremente no solar de Saint Anne, simbolizam a harmonia que se estende para fora, quando o homem está em harmonia com sua própria natureza. Isso é visto também na mistura de homens e animais antropomórficos em *As Crônicas de Nárnia* (1950-56), e procede de uma ideia coerente. Como tal, não é "caótica" como Tolkien pensava. Na medida em que a oposição à lei de sua natureza significa morte, o que se segue é a morte não só dele mesmo, porém de todas as coisas vivas. O desprezo do homem por si mesmo termina em desprezo por toda a Criação — e vice-versa.

Embora seja uma mistura irregular para alguns críticos, *Uma Força Medonha* é um romance notavelmente fértil e estimulante. Como disse A.N. Wilson:

> Se *Uma Força Medonha* carece da coesão imaginativa da ficção posterior de Lewis, ainda continua sendo uma grande conquista. Existem tantos momentos mais do que somente "bons", mas distintamente lewisianos, que vêm das profundezas [...] Embora a culinária de Lewis possa ser áspera, você nunca esquece seu sabor[425].

O padrão estrutural característico de guerra e conflito envolve também uma oposição entre passado e futuro. Junto com a profunda compreensão imaginativa de Lewis da essência da situação moderna, está sua profunda compreensão imaginativa da mente pré-moderna. O modelo medieval cósmico, que ele descreve amplamente e com tanta simpatia em *A Imagem Descartada* (1964), é ressuscitado juntamente com a visão pré-moderna de Merlin, a qual

---

[425] WILSON, A.N. *C.S. Lewis: A Biography*. Nova York, NY: W.W. Norton and Co. Inc., 2002, p. 4.

torna a sátira incisiva e o humor, perspicaz (ao contrário da maioria das ficções distópicas, a de Lewis tem humor). Lewis substitui uma visão animada da natureza por uma mecânica, retornando à sensibilidade ainda existente no século XVI:

> Por trás de toda a literatura estudada neste volume está a concepção mais antiga da Natureza. A *Orquestra* de Davies nos dá a imagem certa do universo elizabetano ou henriquino, vibrando com vida antropomórfica, dança, cerimonial, um festival, não uma máquina[426].

Lewis chega ao ponto de dizer que essa sensibilidade funciona mais profundamente do que podemos supor quando lemos as imagens da natureza em Shakespeare ou Wyatt: elas não são apenas metáforas ou vaidades, mas realidades espirituais, em uma ordem de percepção diferente da nossa mecanicista. Quando lemos Lewis sobre a natureza, sentimos que o modelo pré-moderno do Universo não foi, de modo algum, descartado por ele. A natureza é uma coisa viva.

Sendo o humanismo um aspecto da Modernidade, do século XVI em diante, Lewis o achou desagradável, e pode parecer perverso descrevê-lo como qualquer tipo de humanista cristão ou outro (a palavra "humanista" para Lewis, como a palavra "conservador" para Chesterton, parece ter provocado uma espécie de protesto reflexo). Como Lewis argumentou em *Literatura Inglesa no Século XVI*, aqueles autores do século XVI que chamamos, em retrospecto, de humanistas, estavam unidos na rejeição do escolasticismo e na preferência por autores latinos clássicos sobre os medievais. A preferência pelo latim agostino em relação ao medieval era, em muitos aspectos, uma inclinação puritana ao invés de se opor ao puritanismo: "os puritanos e os humanistas muitas vezes eram o mesmo povo"[427]. De muitas maneiras, Lewis perturba nossas categorias neste trabalho, apontando, por exemplo, que nem todos os puritanos eram protestantes: "More e Fisher tinham essas características ['puritanas'] em um grau muito mais elevado do que a maioria dos protestantes"[428]. Ele também nos alerta para não

---
[426] Lewis, *English Literature in the Sixteenth*, p. 4.
[427] *Ibid.*, p. 18.
[428] *Ibid.*

dividir o século XVI em "dois campos: o conservadoramente supersticioso e o progressista, ou esclarecido. Nem mesmo seria possível supor que eles teriam concordado com nossa dicotomia"[429]. A distinção entre magia e ciência, a título de exemplo, nem sempre é aplicável; a ciência baconiana era semelhante à magia na busca pelo mesmo fim — controle da natureza para fazê-la cumprir as ordens do homem. A palavra "humanista" também implica uma preferência por letras "humanas" ao invés de escritos "divinos", novamente implicando em escrita da Era Pagã em vez de Cristã, e é claro que Lewis não aceitou a avaliação dos humanistas ingleses sobre si mesmos, nem aceitou sua visão da inferioridade da escrita medieval em relação à clássica. Os aspectos pagãos, cerebrais e antimedievais do humanismo, junto com seu frio "nortista", estão todos presentes no humanismo americano de Irving Babbitt e T.S. Eliot — o que Lewis também achou desagradável. Os humanistas, essencialmente, são muito racionais. O posfácio de *O Regresso do Peregrino* (1933) ecoa as conclusões de *A Abolição do Homem* sobre a realidade da natureza humana:

> Com o "Norte" e o "Sul" ["a mancha de todas as fronteiras, o relaxamento de todas as resistências, sonho, ópio, escuridão, morte, e o retorno ao útero"] um homem tem, suponho, apenas uma preocupação: evitá-los, e manter a Estrada Principal. Não devemos "dar ouvidos ao super-sábio ou ao gigante tolo". Não fomos feitos para ser nem cerebrais, nem viscerais, mas Homens. Não bestas, nem anjos, mas Homens — ao mesmo tempo, racionais e animais[430]

A perturbação de Lewis com categorias obsoletas, embora envolva a invenção de categorias de pensamento, é criativa, e reflete o poder de sua imaginação, bastante coleridgeana em seu alcance criativo, e sempre disposta a integrar novos conjuntos.

Nesse sentido, C.S. Lewis é um dos maiores humanistas cristãos a escrever em inglês. Ele não faz falsas distinções e não se contenta com modos obsoletos de pensamento. O próprio Lewis é um *microcosmo* porque o homem o é; todas as coisas estão interconectadas e inter-relacionadas. A palavra "humanista", em seu caso, aplica-se também ao seu interesse pela natureza do homem e

---
[429] *Ibid.*, p. 5.
[430] LEWIS, C.S. *The Pilgrim's Regress.* Grand Rapids, MI: Eerdmans, 1992, p. 207.

ao seu interesse pelas letras humanas (tanto como estudioso, quanto como escritor criativo). Como um pré-moderno, não ocorreu a ele que estivesse excluído do domínio das letras divinas, não mais do que para Thomas More; sendo ambos leigos, capazes de escrever a partir de uma concepção de consciência semelhante. Como More, a mente de Lewis era essencialmente medieval e, como T.S. Eliot em *Quatro Quartetos*, ele nos aponta para uma visão re-espiritualizada da realidade material, uma imagem da natureza como viva, não apenas em um sentido orgânico, mas, de alguma forma, como o homem, compartilhando da natureza espiritual de Deus. A dificuldade do homem, particularmente com o crescente desenvolvimento da ciência e da tecnologia, tem sido distinguir, por um lado, entre aqueles aspectos de seu controle sobre a natureza que se desenvolvem e realçam a ambos juntos e assim refletem uma cooperação criativa com o Criador; e, por outro lado, aqueles aspectos de seu controle sobre a natureza que diminuem e empobrecem a ambos e, portanto, refletem uma cooperação com o diabo. Os escritos de C.S. Lewis fornecem um guia inestimável quanto ao potencial do homem, seja para o bem ou para o mal, o que é hoje ainda maior do que era em seu tempo.

CAPÍTULO 12

Russell Kirk

e as Aventuras na Normalidade

Todas as ideias acrescentadas, fornecidas a partir do figurino de uma imaginação moral, que o coração possui e o entendimento ratifica conforme necessário para cobrir os defeitos de nossa natureza nua e trêmula, e para elevá-la à dignidade em nossa própria estimativa, devem ser expostos como uma moda ridícula, absurda e antiquada.
Edmund Burke, Reflexões de uma Revolução na França, 1790.

Assim como será no futuro, foi no nascimento do Homem.
Existem apenas quatro coisas certas desde o início do Progresso Social.
Que o Cão volta ao seu Vômito e a Porca lavada voltou à Lama,
E o dedo enfaixado do Insensato queimado vai balançando de volta ao Fogo;
E depois que isso for realizado, e o admirável mundo novo começa
Quando todos os homens são pagos para existir e nenhum homem deve pagar por seus pecados,
Tão certo quanto a Água vai nos molhar, tão certo quanto o Fogo vai queimar,
Os Deuses dos Provérbios Populares retornam, com terror e matança!
Rudyard Kipling, "Os Deuses dos Provérbios Populares", 1919.

O que é único e vívido na vida e obra de Russell Kirk (1918-1994) é a sua muito bem refletida identificação do humanismo cristão com uma filosofia política conservadora. Digamos que, onde C.S. Lewis e J.R.R. Tolkien — ambos com quem Kirk tinha muito em comum — a palavra "conservador" é evitada (de uma forma que não é menos significativa do que na sua rejeição por Chesterton), para Kirk "conservador" resume e defende toda uma atitude perante a vida, incluindo a religiosa, a filosófica, a política, a literária e a cotidiana. Assim sendo, contudo, o conservadorismo é a integração do humanismo da mente cristã com a teoria política, ao invés de um programa político específico. Para Kirk, conservadorismo é uma posição política natural do homem comum, guiado pelo senso comum, pela fé e, principalmente, pelo que chama — emprestado de Burke — de sua "imaginação moral". Entre todas as frases recorrentes e citações incorporadas, características do estilo envolvente de Kirk, nenhuma é mais importante do que essa. Em Kirk vemos de maneira mais profunda a ênfase humanista cristã na imaginação, aplicada ao negócio de viver e pensar de uma forma, sobretudo, prudente. Em se tratando do seu entendimento político conservador, Kirk está em muitos aspectos mais próximo de Eliot do que de Lewis ou Tolkien, mas ele conseguiu desenvolver esse entendimento mais completamente do que o poeta americano, ou qualquer outro humanista cristão do século XX.

Vimos, em um capítulo anterior como o uso da frase "o figurino da imaginação moral" por Burke[431] vem no contexto de uma ampla alusão teatral. Burke é capaz de dizer que "a prerrogativa do homem é ser, em grande medida, uma criatura de sua própria autoria"[432] porque ele sabe — e Kirk o segue nisso — que o ser humano começa sua autoformação na imaginação, um processo que leva, em termos cristãos, à sua redenção, ou seja, a um ato co-criativo com Deus. A autoformação vista especialmente em Burke e Eliot[433], encontramos também em Kirk. Todos usam personagens retóricos; todos desempenham um papel público; todos têm uma imaginação de si mesmos, a qual pode parecer falsa para contemporâneos que os interpretam mal. Entre-

---
[431] BURKE, Edmund. *Reflections on the Revolution in France*. Londres: Penguin, 1968, p. 171.
[432] *Ibid.*, p. 189.
[433] Ver também More e Disraeli.

tanto, nada poderia ser mais errado, basta entendermos sua autoformação em termos de jogo. Para o humanista cristão, ao contrário do pós-modernista, o jogo não é transgressivo ou subversivo. As regras do jogo, o roteiro do drama, ou o papel que assumimos, são dados para serem reconhecidos como uma autoridade externa. Assim, o jogo, ou drama, leva o jogador a um processo recreativo, produto da tensão ocorrida entre os limites das regras e a liberdade do jogador. Nesse jogo de papéis, o humanista cristão envolve-se consigo mesmo e com os outros para trazer ordem na alma e na comunidade — outra das frases favoritas de Kirk.

O sentido de jogo de Kirk também segue a tradição romântica do reencantamento de um mundo enfraquecido. Como Eliot, ele identifica o tédio como uma característica saliente da experiência humana na Modernidade:

> O espectro de um tédio planejado colossal — sem classes, sem fronteiras, sem raízes, privado de poesia, de consciência histórica, de imaginação e mesmo de emoção; uma Terra Desolada governada, se é que pode ser governada, por uma "elite" de enfadonhos positivistas, behavioristas e técnicos, sem conhecer padrões ou aspirações, exceto aqueles de seu estreito comércio. Um mundo totalmente empobrecido em espírito e, portanto, em breve empobrecido em carne — esta aparição espreita pelas calmas páginas de repreensão de *Notas para uma Definição de Cultura*[434].

O século XX vê a culminação das esperanças de Jean-Jacques Rousseau, Jeremy Bentham e Karl Marx (1818-1883) em um mundo livre do costumeiro, do espiritual e, em última análise, do humano. Deixado apenas com o material e o sensacional, o homem rapidamente se cansa dessas coisas e só pode desejar a auto-aniquilação. Em oposição a isso, Kirk postula uma vida de prazer, baseada não no sensacionalismo, mas nos prazeres mais elevados da cultura. Ele gostava de citar Walter Bagehot (1826-1877):

> A essência do Toryismo é o prazer. Fale sobre as maneiras de espalhar um Conservadorismo saudável por todo o país; dê palestras dolorosas, distribua folhetos cansativos [...]; mas no que diz respeito a comunicar e estabelecer seu

---

[434] KIRK, Russell. *Eliot and His Age*. Peru, IL: Sherwood, Sugden and Co., 1984, p. 337.

credo, experimente um pouco de prazer. A maneira de manter os velhos costumes é aproveitar os velhos costumes[435].

A sensação de prazer de Kirk é criativa, evidente especialmente em seu estilo literário, em suas várias personas e em sua ficção. É em seus romances e contos que podemos, talvez, enxergar melhor a imaginação moral de Kirk em ação, em um envolvimento criativo e agradável com a Modernidade. Suas palestras e folhetos (embora nunca dolorosos ou cansativos), aquelas obras na história das ideias que o tornaram famoso, cultivam e encontram satisfação em um produto cultural. A vida de Kirk foi uma obra de arte redentora: o homem de letras em sua mansão italiana, construída na aldeia deprimida de Mecosta, na devastada "terra desolada" do centro de Michigan, dando, ou atraindo para si, títulos ressonantes e personagens coloridos: "pai do conservadorismo americano moderno"; "*tory* boêmio"; "romântico crepuscular"; "mestre fantasma, ou mago de Mecosta"; andando com seu chapéu de aba larga, capa e bengala, na tentativa de manter a modernidade cinzenta à distância — todas essas são características de uma consciência essencialmente literária ao invés de política. A improbabilidade de Russell Kirk é parte da maneira como ele abre perspectivas a possibilidades culturais, envolvendo a restauração dos meios de um gozo saudável da vida.

Antes de considerarmos a realização literária de Kirk, pode ser útil considerá-lo no contexto de sua crítica literária. A sua força como crítico literário, ao invés de sua força como teórico político, é sua compreensão da história das ideias. Tanto a política de Kirk quanto sua crítica ganham perspectiva por meio de uma compreensão do normal, do comum, das leis da natureza humana. Isso se torna particularmente claro em *Enemies of the Permanent Things: Observations of Abnormity in Literature and Politics* [*Inimigos das Coisas Permanentes: Observações de Anormalidade em Literatura e Política*] (1969)[436]. O livro ilustra perfeitamente a conexão humanista cristã e kirkiana entre literatura e política, e nos lembra que a crítica do escritor de seu tempo oferece uma perspectiva da sociedade que deveria ser indispensável para os políticos. Entretanto, na

---

[435] BAGEHOT, Walter. HUTTON, R.H. (Ed.) *Literary Studies*. Vol. II. Londres: Longmans, 1898, p. 13.
[436] Ver também KIRK, Russell. "The Perversity of Recent Fiction". *In*: *Redeeming the Time*. Wilmington, DE: ISI Books, 1998.

Modernidade, há frequentemente uma inclinação e uma tentativa prática de estabelecer o anormal: "Na maioria das vezes, estou preocupado aqui com o desafio moderno de padrões duradouros na literatura e na política. Embora de vez em quando eu deva sugerir meios para restaurar os verdadeiros padrões, meu objetivo principal é o diagnóstico"[437]. Kirk também faz considerações em seu livro sobre como escritores, tais Tolkien, Lewis, Charles Williams e o escritor de ficção científica Ray Bradbury (1920-2012), usam fantasia e mito para lembrar as pessoas das normas das quais sua sociedade se afasta (podemos acrescentar aqui que o uso da fantasia é especialmente característico de muitas obras literárias na tradição humanista cristã, começando com *Utopia* de More). De forma útil, Kirk localiza as normas em uma discussão sobre costume e senso comum:

> O senso comum é "consenso", ou acordo geral sobre os princípios fundamentais — uma palavra um tanto maculada pelos políticos nos últimos anos. Na grande maioria de nossas decisões normativas, submetemo-nos ao consenso da Humanidade, isto é, sentimo-nos obrigados a pensar, e a nos comportar como homens decentes sempre pensaram e se comportaram. Conformidade com os costumes — chame de preconceito, se quiser — torna a virtude de um homem seu hábito, como Burke expressou essa ideia [...] O costume e o senso comum constituem um empirismo imemorial [...][438]

A literatura e a política (especialmente a ideologia) na Modernidade trabalham contra as normas, considerando-as intelectualmente erradas e, portanto, irrelevantes. Enquanto escritores do século XIX "presumiam que o escritor tinha uma obrigação moral com a normalidade, isto é, explícita ou implicitamente, limitado por certos padrões duradouros de conduta pública e privada", na Modernidade, os escritores tendem a olhar para o homem

> [...] como se ele fosse apenas um bruto — ou, na melhor das hipóteses, brutalizado por instituições. Em nosso próprio tempo, e especialmente na América, vimos o aumento da popularidade de uma escola de escritores mais niilistas do

---

[437] KIRK, Russell. *Enemies of the Permanent Things.* Peru, IL: Sherwood Sugden and Co., 1984, p. 15.
[438] *Ibid.*, p. 35.

que os niilistas russos jamais foram: a literatura dos *merds*, de repulsa e denúncia[439].

Kirk aqui ecoa Chesterton, que escreveu sobre Herink Ibsen (1828-1906) e os "realistas" do século XIX (em contraste com os escritores cristãos do passado):

> Agora caímos pela segunda vez, e apenas o conhecimento do mal permanece para nós [...]. Um grande e silencioso colapso, e um enorme desapontamento silencioso caiu, em nosso tempo, sobre nossa civilização do Norte[440].

Esta ainda é a tendência predominante vista por Kirk e, em última análise, leva leitores e cidadãos ao tédio.

A visão do inferno que a Modernidade, e especialmente a ideologia política, abre para nós pode ser descrita com eficácia por escritores humanistas como George Orwell em *1984*. Entretanto, a mensagem final daquele livro poderoso e perspicaz é de desespero:

> Orwell via a Igreja em descrédito e desordem, intelectual e moralmente empobrecida. E ele não tinha fé. Ele não sabia dizer como a corrupção total do homem e da sociedade seria produzida. Ele não podia nem mesmo se referir à intrusão do diabólico [na visão aterrorizante de O'Brien do futuro da Humanidade]. Porém, ele poderia descrever um reino vindouro de desgoverno, maravilhosamente como as visões de São João, o Divino. Ele viu, além da ideologia, a aproximação da inversão dos dogmas humanitários. Todas as normas da humanidade seriam desafiadas e contaminadas. Contudo, porque ele não conseguia se fazer acreditar em princípios de ordem duradouros, ou em uma Autoridade que transcendesse a racionalidade privada, ele ficou desesperado no final[441].

O escritor humanista cristão, ao contrário do humanista liberal que Orwell essencialmente era, é salvo da visão do desespero — "a imagem do fu-

---

[439] *Ibid*, p. 43.
[440] CHESTERTON, G.K. *Heretics*. Londres: Bodley Head, 1905, p. 32.
[441] Kirk, *Enemies*, p. 139. O'Brien é o torturador do protagonista, Winston Smith, em *1984*.

turo [...] uma bota estampada em um rosto humano — para sempre"[442] — pelo conhecimento de que o caminho leva do Inferno ao Céu por meio do Purgatório. E esta é uma esperança para a sociedade e também para os indivíduos. Muito da escrita imaginativa do século XX envolve a visão do Inferno, de um mundo sem Deus, consequência lógica do Seu desaparecimento, tão memoravelmente anunciado por Nietzsche a partir da visão de mundo moderna. Nesse sentido, não há questão mais significativa para o escritor moderno. Vimos como em Eliot (para Kirk, a principal figura literária de sua época) a jornada é feita do Inferno até o Céu na estrutura de *Poemas Escolhidos*. Em outros escritores cristãos do século XX, como Graham Greene (1904-1991) e Evelyn Waugh, vemos em ação um processo redentor semelhante na ordenação de seu material pelo escritor. Como colocou Flannery O'Connor (1925-1964): "Descobri, em suma, lendo meus próprios escritos, que meu tema na ficção é a ação da graça em um território amplamente dominado pelo demônio"[443]. Essas palavras aplicam-se muito bem às obras de ficção, nada desprezíveis, de Russell Kirk. Ele sabia que a saída do Inferno, na alma e na comunidade, era essencialmente uma obra da imaginação moral.

    O primeiro trabalho de ficção imaginativa de Kirk a ser publicado foi *Old House of Fear* [*A Velha Casa do Medo*] (1961); um "romance gótico", como ele o chamou, que envolve, como outras histórias dele, uma viagem do mundo moderno da América para um mundo europeu mais antigo, ou gótico, mais próximo do passado e cheio de "sombras ancestrais". A jornada ao passado escocês é particularmente importante tanto na arte de Kirk quanto em sua vida. O herói, Hugh Logan, deixa um Michigan industrializado em nome de seu cliente, Duncan McAskival, que deseja comprar uma ilha ancestral nas Hébridas, depois de fazer milhões de dólares e sofrer dois ataques cardíacos. Seu coração é atraído de volta à Escócia de forma muito semelhante à figura de Burt Lancaster (1913-1994) no filme *Momento Inesquecível* (1983). Logan acaba derrotando os sombrios vilões que buscam destituir o dono da ilha e sua casa de mesmo nome, casa-se com a jovem herdeira e triunfa sobre o espírito da Modernidade. Com esta história de aventura, a atmosfera e o enredo lembram a de outros romancistas *tory*, sobretudo Walter Scott e John Buchan (1875-1940),

---

[442] *Ibid.*
[443] O'CONNOR, Flannery. *Mystery and Manners*. Londres: Faber, 1972, p. 118.

com quem Kirk se parece em termos de história. O vilão de Kirk, Edmund Jackman, tem a urbanidade e o orgulho de um vilão de Buchan, como Lumley em *The Power House* [*A Casa do Poder*] (1916), ou Medina em *Os Três Reféns* (1924): cosmopolita, *déraciné* [deslocado] e desdenhoso da humanidade comum. Jackman tem um passado marxista, mas gradualmente abandonou os seus primeiros sentimentos humanitários. O marxismo o levou ao desespero e ao niilismo. Na tentativa de roubar a casa e a ilha dos legítimos proprietários e de seus dependentes semifeudais, Jackman representa a tentativa da ideologia marxista de despojar a sociedade do humano:

> Jackman e Royall se entreolharam em silêncio. Naquele momento, Logan quase sentiu um pouco de pena deles. Ambos devem ter sido muito bem-criados e educados — muito bem mesmo. Que falhas de caráter ou falsas voltas intelectuais os haviam levado a este negócio implacável, ele não sabia dizer. Eles podem ter começado, como outros, cheios de sentimentalismo humanitário. E então, talvez, a ideologia demoníaca, com seus imperativos e seus dogmas inexoráveis, sua caricatura religiosa séria, os levou ao horror. O fanatismo ideológico fez de Jackman o homem-bode, dominado pela luxúria, mas não a luxúria pelos corpos das mulheres. A de Jackman era a *libido dominandi*, a atormentada busca por poder que não cessa até a morte. E na chama dessa ânsia por poder, Jackman e Royall seriam queimados, hoje ou na próxima semana, ou no próximo mês; eles estavam no fim de sua barganha com o diabo, e o demônio reivindicaria o seu[444].

O simbolismo é abundante neste romance. Os personagens são representativos e característicos dos temas e tipos kirkianos. Jackman e Royall são "dois artistas da desintegração"[445] e Carnglass, a ilha-cenário do romance, é "o microcosmo da existência moderna"[446], "o lugar mais antigo do mundo, e o mais lindo"[447]. Mary MacAskivall, a jovem beldade de cabelos cor de fogo, é uma das várias mulheres não convencionais, naturais e fortes da ficção de Kirk; Hugh Logan é um jovem americano robusto, reavivando o mundo mais antigo

---
[444] KIRK, Russell. *Old House of Fear*. Grand Rapids, MI: Eerdmans, 2007, p. 142–143.
[445] *Ibid.*, p. 143.
[446] *Ibid.*
[447] *Ibid.*, p. 159.

e romântico que está descobrindo. A batalha política é uma extensão de uma luta espiritual mais profunda, e o campo de batalha está em uma cultura tradicional pela qual se luta.

Em *A Creature of the Twilight: His Memorials* [*A Criatura do Crepúsculo: Seus Memoriais*] (1966), o campo de batalha político é a África e a cultura tradicional está desfigurada pelas maquinações da Guerra Fria (1947-1991). O segundo romance de Kirk apresenta seu personagem fictício mais interessante: Manfred Arcane. Como o nome sugere, ele é um herói quase byroniano, por vezes moralmente ambíguo: cínico, aristocrático, atormentado e atraente, com mais do que um sopro noturno sobre ele. Ele representa um mundo alienado, mas ainda poderoso em suas tradições. Ele também é teatral e fala em uma linguagem formal, um tanto artificial, porém rica. Em muitos aspectos, ele é outro dos papéis de Kirk, um *alter ego*, atraindo títulos ressonantes como "Pai das Sombras", profético, tendo visto o abismo, e uma figura humana e romântica o suficiente para ser atraído por um conhecimento do sombrio. Ao mesmo tempo, Arcane nunca fica inteiramente sem o humor vindo da dramatização e da atuação (neste livro e em outras histórias de Kirk, há mais do que um toque de outro escritor norte-americano barroco e pseudo-vitoriano, o canadense Robertson Davies [1913-1995]. Como Davies, Kirk é adepto a não utilização de apenas tipos de ficção gótica, mas também os do melodrama vitoriano). Embora Arcane anuncie na abertura de "seus memoriais", "Todos os meus dias fiz o mal. Tendo conhecido a divindade três vezes, nenhum homem pode suportá-la totalmente são", ele é essencialmente uma figura redentora, o que fica mais evidente à medida que se desenvolve como personagem nas histórias posteriores, como no romance, *Lord of the Hollow Dark* [*Senhor da Escuridão Oca*] (1979). Arcane é um trapaceiro, porém também um católico, perfeitamente ciente do pecado, corajoso defensor da cultura tradicional e de tudo o que nos impede do tédio. Ele reflete a crítica de Kirk à visão democrata e neoconservadora do "excepcionalismo" americano, a crença quase religiosa de que a América tem um destino humano de exportar liberdade e instituições democráticas para todo o mundo. Como Arcane diz à ingênua dra. Mary Jo Travers, do Corpo da Paz:

> "Não, doutora angelical", continuei, "vocês, alegres americanos, ignoram a existência de qualquer destino possível, exceto o seu próprio destino manifesto. O sr. T. William Tallstall imagina, apesar de certos episódios nesta terra, que

um dia, dentro de pouco tempo, Hamnegri será os EUA de cara negra, com dois partidos políticos moderados, paz e igualdade gerais, subúrbios verdes, todas as casas com piscina, automóveis além do número, todas as crianças na escola, a maioria dos adolescentes atrasados na faculdade, televisão triunfando, propaganda de marca, refrigerantes, consenso, consenso, consenso. O colonialismo acaba, o americanismo transplantado dura para sempre [...]"[448].

A crítica de Arcane (e de Kirk) à política pós-colonial dos EUA é que ela falha em levar em consideração a diversidade cultural e da tradição, e também esconde certas realidades econômicas:

Ó glorioso Hamnegri de amanhã, democrático, ocidentalizado, harmonioso, enfadonho e totalmente impossível! E, também importante, o óleo de Hamnegri será transportado em petroleiros para os Estados Unidos, e uma grande corporação americana vai controlar esse óleo [...][449]

Há ecos de *Furo! Uma História de Jornalistas* (1938) de Waugh e também de *Malícia Negra* em *A Creature of the Twilight*, embora o estilo "barroco" de Kirk seja bastante diferente do brilho formal mais controlado do escritor inglês. Na medida em que o romance de Kirk é composto por escritas de diferentes tipos — cartas, entradas de diário, comunicados, transcrições — é uma conquista considerável em termos de forma, e bastante diferente de seu *Old House of Fear*. Assim como Eliot faz "a polícia em vozes diferentes" em *A Terra Desolada*, Kirk tenta algo bastante novo, um "romance barroco" que é também uma comédia de humor negro, uma história de aventura e uma sátira política. E esta, na medida em que é dirigida contra o liberalismo americano, e também contra os objetivos totalitários, é incomumente sutil. O liberalismo e o totalitarismo se alinham contra a cultura tradicional, assim como fazem na teoria política de Kirk.

Manfred Arcane também aparece no terceiro e último romance de Kirk, *Lord of the Hollow Dark*, um "romance místico" no qual o autor retorna à Escócia. Em muitos aspectos a obra de ficção mais ambiciosa de Kirk, este ro-

---

[448] KIRK, Russell. *A Creature of the Twilight*. Nova York, NY: Fleet, 1966, p. 166–167.
[449] *Ibid*, p. 167.

mance completa a redenção de Arcane e o revela como o filho ilegítimo de Lord Balgrummo, em cuja casa a ação da história ocorre. O romance faz ainda mais uso de simbolismo do que *Old House of Fear*, e em sua representação de danação, purgatório e salvação para diferentes personagens, com rituais diabólicos e percepções agudas de tendências anormais na Modernidade, o livro tem afinidades óbvias com *Uma Força Medonha* de C.S. Lewis. Como este livro, o de Kirk poderia ser chamado, nas palavras de Lewis, de "Um Conto de Fadas Moderno para Adultos", em que o sobrenatural é aceito como parte do real e o Cosmos é visto como essencialmente uma ordem moral ao invés de simplesmente material. Existe até uma jornada ao submundo, nas cavernas escondidas e habitadas embaixo do alojamento de Balgrummo, incluindo um riacho subterrâneo, cheio de águas purificadoras e batismais. O romance também é um comentário interessante sobre alguns dos primeiros poemas de Eliot. Os personagens de Gerontion, Sweeney, Madame Sosostris, Marina, Coriolan e o diabólico sr. Apollinax, entre outros, aparecem aqui como máscaras representando (como em Eliot) estados espirituais desordenados e anormais. Como tal, *Lord of the Hollow Dark* é uma leitura esclarecedora da poesia inicial de Eliot, que (como vimos) é menos uma imagem da condição espiritual do poeta do que do pesadelo de um mundo sem Deus. Há uma profunda visão religiosa neste último romance de Kirk, no qual um sentido da realidade do mal é contrabalançado por uma crença na realidade maior que é a da redenção. O livro em si é um ritual, um drama de significado religioso, no qual os personagens representam papéis dados a eles, inicialmente pelo sr. Apollinax mas, no final das contas, pelo próprio Kirk (Arcane, no entanto, é o papel que sentimos estar mais reservado a ele mesmo). Sr. Apollinax, até certo ponto, constitui uma sátira às convulsões religiosas dos anos 1960 e 1970. Como Manfred Arcane (disfarçado de Archvicar Gerontion) relata:

> Há menos de doze anos, a pessoa que chamamos de Apollinax era um padre da igreja romana em Londres. Ele tinha sido completamente, talvez abstrusamente, educado em teologia. Ocorreu-lhe uma grande mudança, em alguns aspectos não muito diferente da profunda alteração das suposições que afetou tantos clérigos romanos, então e mais tarde. Ele imaginou ter penetrado no *sanctum sanctorum*, e o havia encontrado vazio. Entretanto, ao contrário da maioria, ele não foi arrastado para o vórtice do modernismo e do materialismo

[...] Era como se, no vazio Santo dos Santos, uma voz invisível, o Grande Inquisidor, tivesse proclamado a ele, "Tudo é permitido" [...] Logo ele renunciou aos seus votos, tornou-se um fanático pela transformação radical da sociedade, gritando, marchando, manifestando-se. Quase ao mesmo tempo, ele começou a sair com mulheres [...][450].

Junto com os detalhes do consumo de drogas (e tráfico de drogas), em parte dos rituais satânicos de Apolinax vemos Kirk entrelaçando ordenadamente a sátira social sobre os sintomas recentes de anormalidade com os elementos tradicionais do romance gótico. É uma visão particularmente satisfatória que liga (como faz *Uma Força Medonha* de Lewis) a velha loucura da magia oculta à nova magia dos controles de Estado. O "ponto de interseção do momento atemporal com o tempo", outra expressão de Eliot de que Kirk faz uso estrutural nesta história, não pode ser assegurado por magia, mais do que pelo controle do Estado. Como Madame Sosostris disse a Marina, é apenas

[...] um pouco tolo imaginar que algum Simon Magus pudesse lhe dar isso. Pois um momento atemporal, minha jovem, normalmente lhe encontra de forma inesperada, quando você está distraída. E vem da fé, da esperança, da caridade, de ter feito seu trabalho no mundo, da felicidade das pessoas que você ama, ou simplesmente como um presente da graça. Não pode ser montado às pressas por algum mágico, ou ordenado por algum estatista[451].

Kirk nos lembra: é nos negócios comuns da vida cotidiana, de acordo com nossos motivos humanos mais elevados, que o eterno se enraíza.

Os contos de Kirk também mostram a presença do eterno nos dramas do cotidiano e também ilustram o afastamento humano e o retorno às normas — o que Kipling chamou de "Os Deuses dos Provérbios Populares", que retornam a nós em um julgamento de fogo caso não dermos atenção a eles. A crença e compreensão de Kirk em fantasmas inclui uma meditação sobre os possíveis aspectos do mundo natural que ainda não entendemos, e noções parcialmente adquiridas do *Quatro Quartetos* de Eliot — as quais levamos em consideração em

---

[450] KIRK, Russell. *Lord of the Hollow Dark*. Nova York, NY: St. Martin's Press, 1979, p. 143–144.
[451] *Ibid.*, p. 253.

um capítulo anterior. Espíritos fantasmagóricos podem ocupar esferas de existência nas quais o atemporal se conecta com o tempo. A mente de Kirk, como a de Eliot, estava imaginativamente alerta para as possibilidades da física moderna, mesmo quando ele negou, como Lewis, que a ciência pudesse abarcar toda a realidade. Entretanto, mais significativamente, talvez, as histórias fantasmagóricas de Kirk apresentam dramas do espírito humano se envolvendo com decisões morais e pecados passados, participando do julgamento vindo após as normas que nos guiam para a beatitude. Em suas histórias vemos a imaginação moral em sua forma mais vívida, mais característica e (indiscutivelmente) mais poderosa. Sua filosofia recebe o poder da parábola, e um alcance mais amplo que a de um professor ou político. Eles nos mostram, de forma imaginativa, a resposta à questão da filosofia "Como viver?"; o filósofo conservador nda é se não está preocupado com o passado, e Kirk mostra em suas histórias a forma como o passado vive no presente. Talvez nenhuma linha signifique mais para Kirk do que "a comunicação/ Dos mortos é marcada pelo fogo além da linguagem dos vivos" de Eliot[452]. Suas histórias testemunham essa verdade, despertando-nos para as realidades da existência humana escondidas sob o tédio da Era Moderna. Entretanto, à medida em que Kirk (e Chesterton, Tolkien e Lewis) é um produto desta, podemos dizer que ele e outros ajudaram o século XX a redescobrir os prazeres morais da imaginação.

Como a literatura de Tolkien e Lewis, a de Kirk foi uma resposta à guerra e aos efeitos de duas guerras mundiais no século XX. O próprio Kirk foi um soldado na Segunda Guerra Mundial, assim como Tolkien e Lewis foram na Primeira Guerra Mundial. Ele experimentou os efeitos do mundo mecanizado na cultura e chegou a uma conclusão semelhante à dos outros humanistas cristãos mencionados. Ele redescobriu toda uma tradição e deu-lhe forma em *A Mentalidade Conservadora* (1953) e tocou um acorde em um momento receptivo à sua mensagem. Como Kirk colocou em suas memórias, chamadas apropriadamente de *The Sword of Imagination* [*A Espada da Imaginação*] (1995):

> [...] no início dos anos 1950, o Ocidente e grande parte do resto do mundo precisavam de uma renovação conservadora. O ritmo da mudança tinha sido

---

[452] ELIOT, T.S. "Little Gidding". In: *The Complete Poems and Plays of T.S. Eliot*. Londres: Faber, 1969, p. 192.

rápido demais — na política, na moral, na tecnologia, nas mudanças de população, nos métodos de produção, nos padrões de vida — desde 1914, digamos, ou talvez durante os dois últimos séculos. Duas guerras mundiais devastaram metade do globo, causando ainda mais danos por meio da destruição de costumes, instituições e padrões de vida estabelecidos do que por meio de sua devastação física. Uma série de revoluções violentas havia estabelecido oligarquias esquálidas ou ditaduras muito mais opressivas do que os regimes que haviam derrubado. O reinado da lei, as tradições de civilidade, o senso de comunidade e a própria família foram abalados, mesmo nos países que escaparam da guerra e da revolução. Claramente, este era um momento para a restauração da ordem pública e pessoal, para se estabelecer e curar feridas[453].

Com as obras de Kirk no pensamento político, começando com *A Mentalidade Conservadora*, sua ficção é uma contribuição para uma literatura do senso comum ou, para usar outra de suas expressões favoritas de Eliot, das "coisas permanentes"; essas são as normas da vida humana. Tanto como professor quanto como escritor, Kirk deu testemunho do ideal de Newman de um cavalheiro: "Um homem liberalmente educado tem um grande estoque de conhecimento geral e senso comum; entusiasmo ignorante não pode refazer o mundo [...]"[454]. Kirk ajudou, mais do que qualquer outro escritor americano de sua época, a restaurar o presente por meio do figurino do passado, ao nos remodelar as ideias que constituíam, na frase de Burke, "a cortina decente da vida". Ao redescobrir a realidade na literatura de Russell Kirk, descobrimos que, em meio ao tédio da Modernidade, pode valer a pena viver.

---

[453] KIRK, Russell. *The Sword of Imagination*. Grand Rapids, MI: Eerdmans, 1995, p. 145.
[454] *Ibid.*, p. 79.

Conclusão

Perspectivas para a Mente Comum e uma Política de Humanismo Cristão

O desafio para os cristãos em qualquer época é reinterpretar a mente comum em novas circunstâncias e aplicar o modelo de uma visão integrada (como visto, por exemplo, no mundo medieval) em tempos que sempre parecem "pouco propícios". Um primeiro passo seria encontrar um caminho para uma política de consciência ao invés de ideologia. Nesse sentido, o cristianismo é um presente especial para o mundo. Como o historiador cristão Christopher Dawson (1889-1970) escreveu:

> [...] a tradição cristã fez da consciência da pessoa individual um poder autônomo, que tende a enfraquecer a onipotência dos costumes sociais e a abrir o processo social a novas iniciativas individuais[455].

---

[455] DAWSON, Christopher. "The Recovery of Spiritual Unity". *In*: RUSSELLO, G.J. (Ed.). *Christianity and European Culture: Selections from the Work of Christopher Dawson*. Washington, DC: CUA, 1998, p. 243.

Isso nos lembra que as perspectivas de uma dimensão cristã para o nosso futuro comum devem repousar, principalmente, em nada mais forte ou mais frágil do que a consciência de cada cristão, que deverá segui-la ativamente, em qualquer esfera da sociedade onde se encontre. Em *A Ideia de uma Sociedade Cristã*, T. S. Eliot deixa claro que nenhum de nós sabe como será uma futura cultura cristã; em muitos aspectos, será muito diferente de nossa própria cultura e haverá também aspectos dos quais não gostamos muito. O modelo descartado da Idade Média, então, não é tanto um modelo, mas uma fonte de inspiração, um padrão de integração para a pessoa e a sociedade, a alma e a comunidade. Tudo o que o cristão pode fazer é argumentar em favor de certos princípios na esperança fervorosa de darem frutos na estação e que o princípio da consciência é o fundamento sobre o qual giram outras questões. Entretanto, aqui já existe uma batalha a ser travada, porque, como Dawson novamente afirma:

> Esta ruptura psicológica com a velha tradição cristã europeia é uma coisa muito mais séria do que qualquer revolução política ou econômica, pois significa não apenas o destronamento da consciência moral, mas também a abdicação da consciência racional inseparavelmente ligada a ela[456].

Nesta análise, a mente comum, que inclui o senso comum, ou a própria razão, não pode sobreviver, ou ser recuperada, sem a consciência moral. "Consciência moral" e "consciência racional" estão inextricavelmente interligadas.

Como Dawson também deixou claro, quanto mais a ideia moral comum desaparece, mais o Estado intervém para preencher a ausência. O processo de secularização na Modernidade — e isso é verdadeiro em qualquer lugar do mundo — envolve o crescimento da responsabilidade do Estado por (ou controle de) áreas da vida que uma vez pertenceram aos indivíduos, ou à religião, ou às instituições educacionais, ou às associações voluntárias, ou aos outros órgãos separados do governo. Dentro do próprio Estado, surge um crescente problema constitucional à medida que as várias instituições ficam, cada vez mais, sob o controle do governo. O princípio do governo limitado perdurou no Ocidente até a Modernidade, mas está constantemente sob ameaça. Como

---
[456] *Ibid.*, p. 247.

CONCLUSÃO | UMA POLÍTICA DE HUMANISMO CRISTÃO

ideia, é mais seguro nos Estados Unidos, onde a religião é mais forte, do que na Europa; no Velho Mundo, o secularismo é mais avançado. Cada vez mais, "o Estado é forçado a reivindicar uma autoridade absoluta e quase religiosa, embora não necessariamente da mesma forma feita pelo Estado comunista"[457]. A religião efetiva na Europa ainda é o liberalismo secular – nele, a moralidade é privatizada e o Estado amplamente tolerante, com indivíduos tomando suas próprias decisões, porém confinados por dogmas democráticos, econômicos e utilitaristas. (A "democracia dos mortos", na formulação de Chesterton, e ecoando Burke, não se aplica. São nossos ancestrais que estão privados de direitos). O Estado liberal atingiu a maioridade nos anos 1960 (altura em que, como veremos, o liberalismo tradicional começou a se destruir) e, desde então, o Estado tradicional está em retrocesso. Entretanto, quanto mais enfrenta os desafios do século XXI, o moderno Estado secular de esquerda parece cada vez menos seguro. Esta pode ser uma oportunidade para o cristianismo e para o humanismo cristão.

A fraqueza inerente do liberalismo secular é sua hostilidade, ou indiferença, à religião e à cultura tradicional originária dela. Paradoxalmente, porém, quanto mais a religião é atacada ou ignorada, mais inseguro se torna o Estado. Como escreveu Dawson:

> As necessidades espirituais do homem não são menos fortes por não serem reconhecidas, e se lhes for negada sua satisfação por meio da religião, eles encontrarão sua compensação em outro lugar e, muitas vezes, em atividades destrutivas e antissociais. O homem espirituosamente desajustado torna-se moralmente alienado da sociedade, e se essa alienação assume a forma de hostilidade ativa, como no anarquista ou no criminoso, ou simplesmente de não cooperação passiva, como no individualista egoísta, é destinada a ser uma fonte de perigo[458].

No "mundo antagonista", para usar a frase de Burke, o Estado se torna tão inseguro quanto todo o mais, mesmo se tornando o mais poderoso por um tempo. A lógica da análise cristã da sociedade é que tudo o que é estabelecido,

---

[457] Dawson, "The Modern Dilemma", *op. cit.*, p. 121.
[458] *Ibid.*, p. 123.

apesar de Deus e da natureza criada, não pode durar muito, pois se separa da fonte universal da vida. Então, no final, o Estado dependente do mero poder, da capacidade de coagir, se tornará vazio, e a religião, de uma forma ou de outra, retornará. Segundo Dawson:

> Pode haver pouca dúvida, penso eu, de que a atual fase de intensa secularização é temporária e será seguida por uma reação de longo alcance. Eu chegaria ao ponto de sugerir que o retorno à religião promete ser uma das características dominantes da era vindoura[459].

Entretanto, será que a nova forma de religião será humanista? O cristianismo e o islamismo são religiões em crescimento no Hemisfério Sul. O Islã é uma força vital na Europa Ocidental, onde parece estar crescendo a uma taxa consideravelmente maior do que o cristianismo. É duvidoso que os valores ocidentais baseados na cristandade possam perdurar com base no secularismo liberal, que nega suas raízes espirituais e religiosas. Se, como as evidências sugerem, a população nativa da Europa Ocidental de ancestralidade cristã não está se reproduzindo, pode ser que o islamismo se torne a principal religião da Europa Ocidental. Como veremos, a maneira como o Ocidente enfrenta o desafio do Islã será um dos compromissos decisivos para seu futuro e, portanto, para uma possível renovação da cultura secular na qual os valores do humanismo cristão poderão florescer.

Apesar das lições duradouras de seu trabalho, o mundo é diferente daquele que Christopher Dawson conheceu quando produziu sua crítica penetrante do período inicial e intermediário do século XX, aproximadamente nos anos anteriores e posteriores à Segunda Guerra Mundial. Seu ensaio "A Secularização da Cultura Ocidental" (1943) aponta para o alcance global dos valores ocidentais seculares, baseados nos impérios ocidentais, porém adverte profeticamente: "Esta é a grandeza e a miséria da civilização moderna: ela conquistou o mundo ao perder sua própria alma, e quando sua alma se perde, ela deve perder o mundo também"[460]. Embora tenha demorado algum tempo, desde que Dawson escreveu essas palavras, para que a fraqueza da hegemonia ociden-

---
[459] *Ibid.*
[460] *Ibid.*, p. 174.

CONCLUSÃO | UMA POLÍTICA DE HUMANISMO CRISTÃO

tal se mostrasse mais plenamente (e o Ocidente se recuperou um pouco de sua posição em 1943, para "vencer" a Segunda Guerra Mundial e a Guerra Fria), suas palavras apontam para a atual fraqueza do Ocidente face ao Islã. Entretanto, parte da força contínua do Ocidente, em um sentido mundano, e sua fraqueza em termos de alma, é colocar sua fé no poder da máquina:

> O grande conflito, que dividiu a Europa no século XX e produziu duas guerras mundiais, é o resultado da aplicação de técnica semelhante em um espírito oposto e para fins opostos: em um caso, ciência e mecanização sendo utilizadas em um espírito comercial para o aumento da riqueza; em outro caso, em espírito militar para a conquista do poder. E à medida que o conflito avança, mais completa se torna a mecanização da vida, até que a organização total pareça ser a condição necessária para a sobrevivência social[461].

Como Dawson corretamente disse, no aspecto acima, há pouco para separar as sociedades totalitárias e liberais, as quais (especialmente desde o fim do comunismo) se assemelham cada vez mais em seu caráter secular e em sua ênfase na mecanização e organização completas. E a guerra continua inabalável, em certo sentido, tomando a forma de uma guerra travada contra a cultura da máquina, por um fundamentalismo islâmico religioso consideravelmente mais primitivo. A cultura da máquina está muito mais avançada do que era em 1943, contudo, as palavras de Dawson ainda têm uma relevância profética:

> [...] o progresso da civilização ocidental pela ciência e pelo poder parece levar a um estado de secularização total em que a religião e a liberdade desaparecem simultaneamente. A disciplina imposta pela máquina ao homem é tão estrita, que a própria natureza humana corre o risco de ser mecanizada e absorvida no processo material. Onde isso é aceito como uma necessidade histórica inevitável, obtemos uma sociedade planejada em um espírito estritamente científico. Entretanto, será uma ordem estática e sem vida, sem um fim além de sua própria conservação e deve, eventualmente, causar o enfraquecimento da vontade humana e a esterilização da cultura[462].

---

[461] *Ibid.*, p. 180.
[462] *Ibid.*, p. 181.

Estas palavras ecoam em nossa própria experiência na era do computador e nos fazem perguntar: do ponto de vista humanista cristão, em que medida a crítica de Dawson à sociedade se validou diante das mudanças no mundo desde sua época? Especificamente, como a máquina continua a desafiar a compreensão cristã do humano?

Desde Dawson, os principais desafios para a cultura tradicional e liberal do Ocidente, e para as perspectivas de uma renovação cristã dentro dela, vieram da revolução dos anos 1960: o fim do comunismo, a era do computador, a ciência e a ética da medicina moderna e a ascensão do fundamentalismo islâmico e do terrorismo islâmico. O liberalismo secular não desapareceu sob as pressões trazidas por esses fatores, porém, foi forçado a se modificar consideravelmente, tornando-se mais difícil e mais doutrinário no processo e confiando mais no uso de poder e coerção — seja militar, legislativo, regulatório ou tecnológico. Todos esses fatores criaram novas pressões nas áreas da vida em que o humanismo cristão, como vimos nos capítulos anteriores, está tradicionalmente envolvido: a lei e a natureza dos seres humanos; linguagem e discurso público; literatura, a imaginação e, mais amplamente, a cultura; educação; e a conexão entre religião e vida pública. Em todas essas esferas, os principais desafios apontados acima se fazem sentir e convidam a uma resposta dos cristãos que, a menos que reafirmem os temas do humanismo cristão, nada farão para impedir a nova era de se tornar algo que não reflita nem o cristão, nem o humano como é entendido na cultura cristã. Ou seja, o futuro pode ser uma nova era das trevas, ou pode ser algo muito mais brilhante, mas seja o que for, não será cristão.

Em uma esfera onde um positivismo utilitarista legal[463] domina, as teorias do direito natural são consideradas superadas. A lei passa a ser tudo o

---

[463] Veja: RICE, Charles E. "Natural Law in the Twenty-First Century". *In*: MCLEAN, Edward B. (Ed.). *Common Truths: New Perspectives on Natural Law*. Wilmington, DE: ISI Books, 2000, p. 299:

> Uma filosofia utilitarista e positivista domina a profissão jurídica americana. "Talvez a expressão mais consistente do positivismo analítico na teoria jurídica" seja a "pura teoria do direito" de Hans Kelsen. O positivismo jurídico "contempla a forma do direito, em vez de seu conteúdo moral ou social [...] limita-se à investigação da lei como ela é, sem levar em conta sua justiça ou injustiça, e [...] ele se esforça para libertar a teoria jurídica completamente de todas as qualificações ou julgamentos de valor de natureza política, social

que o Estado julgar apropriado ao caráter da democracia liberal, pois não há acordo comum na Modernidade sobre o que seja a natureza humana, ou se Deus existe. Contudo, pelo menos dois problemas ocorrem com essa abordagem liberal. Em primeiro lugar, toda a tradição do direito comum, tão essencial ao caráter do Ocidente de língua inglesa e ao curso da democracia liberal, baseia-se na lei natural e em seu efeito de reforço da lei divina conforme interpretada pelo cristianismo. Em segundo lugar, uma forma de positivismo legal autorizada pelo Estado está sujeita aos movimentos do momento presente em uma tirania potencial da "democracia daqueles que, por acaso, estão andando por aí", como disse Chesterton. E quando os mortos e os não nascidos são privados de direitos, pequeno é o passo para a privação de direitos de alguns dos vivos, geralmente os dos fracos — os muito jovens, os deficientes, os velhos, os doentes terminais, aqueles considerados de alguma maneira estranhos para o povo soberano, qualquer que seja a forma determinada para essa abstração. Ambos os problemas do positivismo jurídico utilitário não satisfazem qualquer pessoa cuja perspectiva seja formada em uma tradição religiosa. Para os cristãos, a lei divina (ratificando e completando a lei natural e feita pelo homem) é a autoridade máxima no campo da lei feita pelo homem. Para os muçulmanos, que podem constituir o grupo religioso mais vital na Europa contemporânea, a Lei Sagrada do Alcorão é a autoridade suprema. As várias partes do estabelecimento secular estão alinhadas em completa oposição a essas duas tradições, portanto, o conflito é inevitável entre os dois lados.

  O caráter cristão, construído por mais de mil anos a partir da lei da Inglaterra, é luminosamente argumentado por L.L. Blake em seu livro *The Royal Law* [*A Lei Real*] (2000). A lei é formada na linguagem, enraizada na própria palavra. Assim como as palavras e as leis estão intimamente conectadas, a palavra e a lei (tanto naturais quanto reveladas) são os fundamentos da razão e da conduta corretas. No que Deus está dentro de nós, e também nos transcende, assim é a lei. Contudo, enquanto a lei inglesa tem uma autoridade "de baixo para cima", baseada na consciência cristã comum, a lei romana, a mais forte no

---

ou econômica'. [Edgar Bodenheimer, *Jurisprudence* (Nova York: McGraw-Hill, 1949, p. 285.)]. O positivismo jurídico não oferece nenhuma justificativa para argumentar que uma lei possa ser anulada por injustiça, ao invés de ser considerada meramente imprudente ou inconstitucional.

continente europeu, tem um caráter "de cima para baixo", vinda do príncipe, o representante de Deus na Terra. Há uma tensão em específico na Grã-Bretanha contemporânea, por exemplo, entre sua tradição herdada do direito comum e os ditames da União Europeia, que tem o caráter de um príncipe secularizado. Aquilo que agrada aos Comissários da EU tem força de lei. Na Europa, "direitos e liberdades" são dados por quem está no topo e não na base da democracia liberal. Entretanto, na Grã-Bretanha[464], a liberdade é preexistente à lei feita pelo homem, pois vem da natureza do homem como criatura de Deus. Porém, assim como o príncipe (ou estado secular moderno) pode se afastar da lei de Deus, o mesmo pode acontecer com um povo. Como *lord* Alfred Thompson Denning (1899-1999), ex-Mestre dos *Rolls*, advertiu:

> Se buscamos a verdade e a justiça, não podemos encontrá-la por meio de argumentos e debates, sem ler, nem pensar, mas apenas pela manutenção da verdadeira religião e virtude. A religião diz respeito ao espírito do homem, por meio da qual ele é capaz de reconhecer a verdade e a justiça, enquanto a lei é apenas a aplicação, ainda que imperfeita, da verdade e da justiça em nossos negócios diários. Se a religião morrer na terra, a verdade e a justiça também morrerão. Já nos afastamos muito da fé de nossos pais. Voltemos a isso, pois é a única coisa que pode nos salvar[465].

Tal qual Coleridge nos lembrou também: onde não há visão, as pessoas perecem, a menos que o Senhor guarde a cidade, o vigia guarda em vão. Alguma concepção religiosa da lei é a única estrutura capaz de evitar que a lei esteja inteiramente nas mãos do Estado, ou dos seus controladores, assim sendo impedida de conter, restringir e conservar o Estado. Blake nos lembra em seu livro a forma e a ordem da coroação da rainha Elizabeth II, em 1953, uma parte vitalmente importante da Constituição britânica. Em um ponto da cerimônia, a monarca foi presenteada com a *Bíblia* e as seguintes palavras:

---

[464] Deve-se notar que a lei escocesa é diferente em vários aspectos da lei inglesa, particularmente na maior influência do direito romano. Entretanto, inclui muitos elementos ingleses e, de qualquer forma, a grande maioria dos que vivem na Grã-Bretanha vive sob a lei inglesa.
[465] Lord Denning, citado em: BLAKE, L.L. *The Royal Law: Source of our Freedom Today.* Londres: Shepheard-Walwyn, 2000, p. 15.

CONCLUSÃO | UMA POLÍTICA DE HUMANISMO CRISTÃO

Nossa Graciosa Rainha, para manter Vossa Majestade sempre atenta à Lei e ao Evangelho de Deus, como Regra para toda a vida e governo dos Príncipes Cristãos, apresentamos a vocês este Livro, o que de mais valioso este mundo oferece. Aqui está a sabedoria. Esta é a Lei real. Estes são os Oráculos vivos de Deus[466].

O que, pode-se perguntar, provavelmente constituirá a forma e a ordem da coroação do sucessor da rainha Elizabeth? Por quanto tempo nossos juristas buscarão orientação na lei divina, como fez *lord* Denning e muitos de seus colegas?

Face ao relativismo moral insatisfatório da lei secular, muitas pessoas na Europa Ocidental contemporânea voltam-se para uma fonte diferente de lei divina: o Alcorão. A *sharia* [lei islâmica] já é usada para prover uma forma não oficial de justiça na Inglaterra, e o arcebispo de Canterbury considerou publicamente que a *sharia* pode ser um meio legal aceitável de justiça nas comunidades islâmicas na Grã-Bretanha. Mesmo os não-muçulmanos estão usando tribunais da *sharia* em sua busca por justiça. Assim, surge a perspectiva de sistemas jurídicos paralelos na Grã-Bretanha. Entretanto, o que o Ocidente desenvolveu, com base na separação das esferas de Deus e César, Igreja e Estado, foi colocar a lei secular sob o império da lei divina, sem substituir a lei secular pela lei divina, enquanto o Islã não desenvolveu uma esfera secular separada e semelhante. A esse respeito, Roger Scruton escreveu: "Em poucas palavras, a diferença entre o Ocidente e o resto é que as sociedades ocidentais são governadas pela política e o resto é governado pelo poder"[467]. E, seguindo Burke e Chesterton, Scruton prossegue alegando que a principal fraqueza nas teorias liberais de consenso democrático, derivadas da teoria do contrato social iluminista, é que este é apenas um contrato entre os vivos, excluindo os mortos e os ainda não nascidos. Passado e futuro são ignorados: "O mero 'contrato entre os vivos' é um contrato para esbanjar os recursos da terra em benefício de seus residentes temporários"[14] (sobre isso, a crítica dos ambientalistas a uma abordagem consumista do meio ambiente pode ser uma maneira pela qual a sociedade contemporânea

---
[466] *Ibid.*, p. 89–90.
[467] SCRUTON, Roger. *The West and the Rest: Globalization and the Terrorist Threat*. Wilmington, DE: ISI Books, 2002, p. 7.

começará a olhar para além do presente e considerar a conservação dos recursos naturais pelo bem dos que ainda não nasceram). A democracia liberal busca excluir ideias do bem da esfera pública, privatizando-as: o que você pensa ser bom é simplesmente uma questão de opinião pessoal. Entretanto, essa ideia ignora o fato de que as concepções da maioria das pessoas sobre o bem estão enraizadas na religião e nos costumes, e relacionadas ao bem comum. Tudo isso é reconhecido por cristãos, muçulmanos e judeus. Em questões do bem, o que *eu* penso é realmente uma questão do que *nós* pensamos.

Deveria ser fácil para os cristãos simpatizarem com a crítica muçulmana à banalidade do materialismo ocidental, porque é, antes de mais nada, uma perspectiva religiosa ao invés de uma perspectiva especificamente islâmica. Deve ser possível para os cristãos compreender e simpatizar com o humanismo muçulmano mais especificamente. Porém, os imigrantes muçulmanos no Ocidente estão procurando as próprias liberdades, enraizadas na separação da cristandade dos poderes espirituais e seculares, que se tornaram desenraizados na democracia liberal. Sem uma ordem desenvolvida na política secular, as sociedades islâmicas estão peculiarmente à mercê do despotismo. E na medida em que o Islã tende a um Estado mundial, sem políticas locais firmemente enraizadas, ele é particularmente suscetível às degradadas ideias anticulturais do Ocidente, que fomentaram o terrorismo islâmico. Os contornos da revolução islâmica de Ruhollah Khomeini (1902-1989) têm um caráter inequivocamente marxista, e não devemos nos surpreender que ele tenha passado seus anos de exílio em Paris, onde sem dúvida absorveu ideias revolucionárias. A ameaça do terrorismo islâmico é agravada pelos efeitos da globalização. A menos que seja entendido que nossas liberdades, como membros de qualquer fé, dependem de tradições locais saudáveis de lei e política, apesar das ambições arrogantes das instituições supranacionais, o futuro da tradição cristã no Ocidente estará em jogo em detrimento de todos. Se a tradição da lei inglesa for enfraquecida, a lei cristã, incluindo a do amor ao próximo e o dever de perdão, dará lugar a algo bem diferente e menos humano.

Podemos ver indicações perturbadoras de como esse algo pode ser. O Ocidente está empenhado em reformular a lei com base em ideias liberais que, tendo crescido fora da tradição cristã, agora se voltam contra ela. Um exemplo na prática do significado disso pode ser visto na esfera da bioética; um híbrido de biologia e ética que desafia os pressupostos da ética médica tradicional.

CONCLUSÃO | UMA POLÍTICA DE HUMANISMO CRISTÃO

Trava-se uma grande batalha no campo do direito da medicina e da saúde pela noção do que é ser humano. Este campo de batalha deveria nos fazer pensar sobre *A Abolição do Homem* e *Uma Força Medonha*, de C.S. Lewis. Como Wesley J. Smith mostrou, em seu livro *Culture of Death* [*Cultura da Morte*] (2000), a bioética "enfoca a relação entre medicina, saúde e sociedade"[468]. Em outras palavras, ela se tornou parecida com uma ideologia. Segundo Daniel Callahan (1930-2019), um pioneiro da bioética, essa ideologia "se encaixou perfeitamente com o liberalismo político reinante das classes instruídas na América"[469]. Ao invés de ser uma exploração da ética médica na corrente principal da filosofia clássica e da religião judaico-cristã, a bioética é uma "ética transformadora da biologia"[470]. Esse materialismo é sintetizado na obra do filósofo Peter Singer, que se recusa a discriminar humanos de outros animais, cunhando a palavra "especismo" e distinguindo-os entre "seres" e "pessoas" — em cuja categoria ele coloca alguns dos animais aparentemente mais inteligentes como baleias e peixes (Singer é um filósofo completamente separado da mente comum, e podemos nos lembrar do filósofo moderno de Chesterton que "afirma, como uma espécie de homem de confiança, que se você lhe conceder isso, o resto será fácil; ele endireitará o mundo, se tiver permissão uma vez para dar uma torcida em sua mente"[471]. A torção de Singer é que humanos e animais não são essencialmente diferentes). Para Singer, humanos com deficiências graves e bebês recém-nascidos podem ser excluídos de sua definição de pessoa. Ele é um defensor descarado do infanticídio e da eutanásia, principalmente, mas não apenas, para os inaptos.

Wesley J. Smith também mostra que na Holanda, praticamente o estado liberal arquetípico, a agenda dos bioeticistas já está bem estabelecida. Ele cita evidências da revista médica *The Lancet* que, na Holanda, "cerca de oitenta bebês por ano são mortos por seus médicos, sem consequências legais"[472]. A legalização da eutanásia também está muito próxima, mas o fato saliente é que, de acordo com diretrizes já usadas há algum tempo, os médicos podem realizar a eutanásia e auxiliar no suicídio, sem medo de serem processados. Não é de se

---

[468] SMITH, Wesley. *Culture of Death: The Assault on Medical Ethics in America*. São Francisco, CA: Encounter, 2000, p. 5.
[469] *Ibid.*, p. 6.
[470] *Ibid.*, p. 7.
[471] CHESTERTON, G.K. *St. Thomas Aquinas*. Teddington, Middx: Echo Library, 2007, p. 70.
[472] Smith, *op. cit.*, p. 61.

admirar que na Holanda os idosos muitas vezes têm medo de ir ao médico. A bioética propõe uma compreensão essencialmente física do valor humano. Muitos médicos não prestam mais o juramento hipocrático, o que nos faz lembrar dos médicos na Alemanha, entre 1933 e 1945, que também não o faziam — mas juraram para o Estado. Quanto mais a medicina estiver sob controle do Estado, a lógica da bioética poderia propor algo muito semelhante. Parece claro que o aborto com nascimento parcial, a venda de partes do corpo de fetos abortados, a colheita de órgãos sem consentimento, são todos aspectos da medicina da vida real hoje; todos são endossados por bioeticistas, apesar da lei, da moralidade tradicional e da mente comum. Aspectos da filosofia médica moderna, incluindo a teoria do cuidado fútil, exemplificam um problema mais amplo. Em contraste, a tradição cristã permite o florescimento do trabalho de *dame* Cicely Saunders (1918-2005), como parte do movimento *hospice*[473] [Unidades de Cuidados Paliativos]. Duas visões radicalmente diferentes de saúde emergem, baseadas em premissas totalmente distintas do que é ser um humano. Desafios adicionais são fornecidos pela engenharia genética, clonagem e a pela questão contínua do significado de ser humano, mas também o significado de ser parte da Criação — ou da natureza, como é geralmente entendida. Aqui, novamente, as preocupações ambientalistas de nosso tempo podem ser úteis para a recuperação da visão cristã. Se a "natureza" deve ser tratada com respeito, por que não a natureza humana?

Assim como na esfera do direito e da medicina (e especialmente em sua interconexão), a luta por uma visão cristã da Humanidade ocorrerá na esfera das artes, da literatura e da mídia. O humanismo cristão sempre foi ativo na área do discurso público, no uso da linguagem para testemunhar o *Logos* criador, o Verbo Encarnado. Aqui, novamente, está uma área da vida cada vez mais dominada pela máquina, pelo computador e pela Internet, e novos métodos de comunicação, que afetam a forma como as palavras são usadas. No mundo contemporâneo, especialmente na Europa e na América do Norte, a vida de muitas pessoas é vivida em estreita interação com as máquinas: carros, computadores e telas de televisão, especialmente, mas também na forma de telefones

---

[473] O movimento hospice, fundado por *dame* Cicely Saunders, visa o cuidado de pacientes em estado terminal, ou com doenças progressivas, ajudando a diminuir o seu sofrimento por meio de assistência médica, psicológica, etc, em instituições de internamento. (N.R.)

celulares e outras tecnologias portáteis. Outras pessoas, e todas as outras coisas, são vistas, faladas ou escritas sobre, ou através de uma tela, como em um vidro na escuridão. A realidade deles, como seres humanos, retrocede? Ou as novas formas de linguagem e comunicação apresentam novas oportunidades para uma vida em comum? A verdade provavelmente inclui esses dois elementos — o potencial para meios e fins integradores e desintegradores, dependendo se os seres humanos são capazes de reter sua humanidade no mundo das máquinas, ou se tornarem apenas engrenagens nele. O problema é que, quanto mais invasiva a máquina se torna, mais nossos padrões de pensamento passam a imitá-la ao invés do mundo criado. Nossas metáforas são tiradas da linguagem dos computadores — começamos a falar de nossa "configuração padrão", e assim por diante — e falamos em instituições de "sistemas" e "programas" como se as pessoas fossem partes de uma máquina, a própria instituição. Como o "natural", reafirmando-se no contexto ambiental, se relacionará com o mundo-máquina ao nosso redor? Como o humano será preservado, quando o mundo inanimado das máquinas se tornar cada vez mais indispensável?

  O mundo das máquinas da tecnologia da informação agora se mistura com uma cultura definida pela revolução cultural dos anos 1960[474]. A antiga atitude liberal pós-cristã em relação à cultura, tipificada pela visão de Matthew Arnold (1822-1888) de que a arte poderia se tornar um substituto para o afastamento do mar da fé, não poderia suportar o ataque do Modernismo artístico e do Pós-Modernismo. Assim, os anos 1960 viram o fim do liberalismo do século XIX nas mãos do que o liberalismo se tornara no século XX. Certas decisões legislativas tomadas na América e na Grã-Bretanha durante essa década, afetando a família, a educação e a mídia — a chamada "sociedade permissiva" — significaram o desferimento de um golpe mortal pela esquerda nas velhas devoções liberais de tolerância, decência e amplo aprendizado; todas essas coisas que os liberais moderados e socialistas pensaram estar estendendo a todas as classes da sociedade. Contudo, os anos 1960 não foram um período de novidades, apesar das aparências; não levaram a nada além deles mesmos. Eles foram um fim ao invés de um começo; decadência ao invés de criatividade. Na medida em que foram um período estendido (com cada vez mais fadiga e vazio)

---

[474] Para um estudo penetrante dos anos 1960, veja: KIMBALL, Roger. *The Long March: How the Cultural Revolution of the 1960s Changed America*. São Francisco, CA: Encounter Books, 2000.

até o final dos anos 1970, foram eclipsados pelo realmente novo trazido por Margaret Thatcher (1925-2013), Ronald Reagan (1911-2004) e o papa João Paulo II (1920-2005). Se pensarmos na cultura dominante, por exemplo, na América do final dos anos 1950 em diante, pensamos principalmente em uma licença destrutiva: a promiscuidade e o solipsismo assistido por drogas de Allen Ginsberg (1926-1997), Jack Kerouac (1922-1969) e William Burroughs (1914-1997); a elevação do psicopata por Norman Mailer (1923-2007) a uma figura heroica e emblemática da liberdade rebelde; Timothy Leary (1920-1996) e o LSD. Isso tudo nada mais foi do que uma redescoberta no pós-modernismo do antigo romantismo transgressivo, desencadeado por uma revolução anterior (e definidora): a de 1789. Ainda é uma parte fundamental da Academia e do *establishment* de tendência esquerdista nas artes e na mídia, em que o hedonismo transgressivo está firmemente enraizado e sua banalidade e ofensa rotineira à dignidade do ser humano parecem jamais deixar de divertir. Entretanto, a característica saliente de grande parte da arte dos anos 1960 e 1970 é o quanto dela está trancada em seu próprio tempo, incapaz de falar além dele porque não está enraizada em nada de valor duradouro. Ela termina na loucura que celebra, e nada é tão tedioso no final como a contemplação ou celebração incessante da insanidade.

    Assim como a literatura e a arte da anormalidade envolvem um fascínio pelo satânico (em seu sentido mais amplo, e não em qualquer forma específica de adoração ao diabo), este emerge no pensamento pós-moderno da desconstrução. Os influentes escritos de Jacques Derrida (1930-2004), o arcipreste da desconstrução, afirmam um nada por trás da aparente realidade da linguagem, uma contraparte filosófica do existencialismo niilista da primeira metade do século XX. A subversão da linguagem pode ser vista como a subversão final, já que o significado recua constantemente sob a ação desconstrutiva do estudioso pós-moderno, nada aprendendo de valor e de verdade objetiva. É o exercício de poder cru e destrutivo sobre o *logos*, que é um reflexo do *Logos*. Como deve responder o cristão, que deseja preservar uma tradição do humano e da beleza, verdade e bondade que o acompanham? Alguns podem tentar se envolver com o nada que o pós-modernismo pretende revelar. Uma leitura cristã simpática do pensamento pós-moderno pode argumentar que o projeto iluminista, privilegiando a razão humana desamparada, se revelou vazio, abrindo um momento de oportunidade para os pensadores cristãos:

Deus pode entrar no abismo no coração das coisas, livre das restrições do racionalismo iluminista[475].

Entretanto, isso ainda deixa o reino da natureza e o humano como um espaço sem sentido, onde a única realidade discernível — se alguma coisa é real — é a do poder. Isso é o que toda a tradição do humanismo cristão mostrou ser falsa para o Espírito na Criação, uma ordem vista por Deus como boa.

Mais útil é a redescoberta, por escritores cristãos do século XX, da fantasia literária. É um fato notável que a ficção de J.R.R. Tolkien e C.S. Lewis, inspirados por formas literárias pré-modernas, tenha tido um impacto quase sem paralelo na imaginação popular. *O Senhor dos Anéis*, em particular, pode reivindicar ser o livro do século, tendo um impacto mundial como texto e filme. Os seguidores de Tolkien e Lewis no gênero de fantasia, incluindo aqueles, como Philip Pullman, que não compartilham sua crença cristã, atestam o fato de que a fantasia no século XX (e além) ocupa um lugar de importância na imaginação popular, em proporção ao ocupado pelo realismo literário no século XIX. Embora a ficção científica frequentemente ofereça uma crítica aos usos da ciência pela sociedade, a fantasia abre a possibilidade do sobrenatural em uma cultura que perdeu sua orientação religiosa, e mesmo que as maneiras pelas quais explora o sobrenatural e o espiritual muitas vezes possam ser notórias (como, de fato, sempre foi uma característica do gênero gótico), eles podem abrir mentes e almas para algo mais de acordo com a mente comum. A máquina e o mundo da máquina, provavelmente, e eventualmente, perderão seu domínio, ainda que, no momento, pareçam oferecer uma dimensão de aperfeiçoamento além da decadência e oferecer um substituto para a ressurreição. As pessoas têm uma necessidade embutida de algo além do mito da máquina perfeita e uma cultura de taxidermia[476]. Enquanto a arte moderna, por exemplo, a obra de Damien Hirst, explora alternativas para a crença na ressurreição, anjos continuam aparecendo nela como se para anunciar um retorno ao espiritual.

O cristianismo nada mais é do que uma religião de esperança. Terrorismo islâmico, ateísmo militante, secularismo globalizado, exclusividade do poder estatal, a cultura da morte, a educação utilitária, uma arte do anormal, a

---

[475] Cf. GARNER, Lucy; MOSS, David; QUASH, Ben; WARD, Graham (Eds.). *Balthasar at the End of Modernity*. Edinburgh: T. & T. Clark, 1999.
[476] Cf. *ibid.*, Graham Ward, "Kenosis: Death, Discourse and Resurrection".

mecanização contínua da vida humana, tudo isso aponta para uma era das trevas à frente, na qual a perseguição, a barbárie e a guerra podem promover a destruição do humano. Por outro lado, o renascimento da imaginação, o retorno à natureza e a crescente suspeita do materialismo podem oferecer pontos de crescimento. Uma política de descentralização, subsidiariedade, a limitação do Estado, justiça e lei tradicionalmente entendidas e a autoridade da consciência — isto é, eu mesmo raciocinando sobre questões morais com outros, mortos, vivos e não nascidos, todos os quais são centrais para o humanismo cristão — pode trazer esperanças quanto a um futuro melhor. Os escritores aqui discutidos nos capítulos se opuseram ao espírito da época em seu próprio tempo para dar conforto aos vivos, uma voz aos mortos e a possibilidade de vida aos não nascidos. A visão cristã humanista é sempre a de uma vida digna de ser vivida, de acordo com a natureza criada, e uma casa onde a família, o afeto e a boa companhia desempenham o seu papel no desenvolvimento humano como pessoas e como sociedade. Uma vida que vale a pena ser vivida é aquela de diversidade, variedade, interesse e criatividade, na qual a doçura e a luz da cultura são sustentadas pelas verdades duradouras da religião. É uma visão imaginativa da imitação e administração da criação, na qual a lei, a ordem e o equilíbrio correto entre o público e o privado intensificam a alegria de viver, e com a promessa do Céu como sua conclusão. A conservação da compreensão humanista cristã de uma mente comum deve ser central para qualquer projeto político futuro. Além de tudo, ensina-nos que não é uma causa perdida, pois, como T.S. Eliot disse:

> Se tivermos a visão mais ampla e sábia de uma Causa, não existe uma Causa Perdida, porque não existe uma Causa Ganha. Lutamos por causas perdidas porque sabemos que nossa derrota e consternação podem ser o prefácio para a vitória de nossos sucessores, embora essa vitória em si seja temporária. Lutamos mais para manter algo vivo do que na expectativa de que algo triunfará[477].

---
[477] ELIOT, T.S. "Francis Herbert Bradley". *In*: KERMODE, F. (Ed.). *Selected Prose of T.S. Eliot.* Londres: Faber, 1975)], p. 199–200.

BIBLIOGRAFIA

AESCHLIMAN, Michael D. *The Restitution of Man: C.S. Lewis and the Case Against Scientism*. Grand Rapids, MI: Eerdmans, 1998.

BACON, Francis. PITCHER, J. (Ed.) *The Essays*. Londres: Penguin, 1985.

BAGEHOT, Walter. HUTTON, R.H. (Ed.). *Literary Studies*. Vol. II. Londres: Longmans, 1898.

BLAKE, L.L. *The Royal Law*. Londres: Shepheard-Walwyn, 2000.

BLOOM, Alan. "An Outline of *Gulliver's Travels*". *In*: GREENBERG, R.; PIPER, W. (Eds). *The Writings of Jonathan Swift*. Nova York, NY: Norton, 1973.

BLOOM, H.; TRILLING, L. (Eds.). *Romantic Poetry and Prose*. Nova York, NY: OUP, 1973.

BOSWELL, James. *Life of Johnson*. Boston, MA: Carter, Hendee and Co., 1832.

____. *Life of Johnson* Vol. I. Londres: Heron Books, 1960.

BROWNSON, Orestes. *Selected Political Essays*. KIRK, Russell, (Ed.). New Brunswick, NJ: Transaction, 1990.

____. *The American Republic*. LAPATI, Americo D. (Ed.). New Haven, CN: College and University Press, 1972.

BURKE, Edmund. PAGANO, F. (Ed.). *A Vindication of Natural Society*. Indianapolis, IN: Liberty Fund, 1982.

____. *Reflections on the Revolution in France*. O'BRIEN, Conor Cruise (Ed.). Londres: Penguin, 1968.

____. "Tract on the Popery Laws". In: STANLIS, Peter J. (Ed.). *The Best of Burke: Selected Writings and Speeches of Edmund Burke*. Washington, DC: Regnery, 1963.

____. *A Philosophical Enquiry into the Origin of Our Ideas of the Sublime and Beautiful*. PHILLIPS, Adam (Ed.). Oxford: OUP, 1990.

BUTLER, M. *Romantics, Rebels and Reactionaries*. Oxford: OUP, 1981.

CHAPIN, C. "Samuel Johnson and the Scottish Common Sense School", *The Eighteenth Century* 20, 1, 1979.

CHESTERTON, G.K. *Charles Dickens*. Londres: House of Stratus, 2001.

____. *St. Thomas Aquinas*. Echo Library, Teddington: Middlesex, 2007.

____. *Eugenics and Other Evils*. Londres: Cassell and Co. Ltd., 1922.

____. *Heretics*. Londres: Bodley Head, 1905.

____. *The Common Man*. Nova York, NY: Sheed and Ward, 1950.

____. *The Thing*. Londres: Sheed and Ward, 1931.

____. *Orthodoxy*. Nova York, NY: Doubleday, 1990.

CHURCHILL, Winston. *A History of the English-Speaking Peoples*, Vol. 2. Londres: Cassell, 1974.

COATES, John. *Chesterton and the Edwardian Cultural Crisis*. Hull: Hull University Press, 1984.

COLERIDGE, S.T. *A Lay Sermon, Addressed to the Higher and Middle Classes*. Burlington, VT: Chauncey Goodrich, 1832.

____. *Aids to Reflection*. Nova York, NY: Chelsea House, 1983.

____. *On the Constitution of Church and State According to the Idea of Each*. Londres: Dent, 1972.

____. *Coleridge: Selected Poetry and Prose*. SCHNEIDER, E. (Ed.). Nova York, NY: Holt, Rinehart and Winston, 1966.

CROSBY, John F. "Newman and the Personal". *In*: *First Things* (Agosto/Setembro, 2002). Nova York, NY: Religion and Public Life.

CROWE, Ian (Ed.). *Edmund Burke: His Life and Legacy*. Dublin: Four Courts Press, 1997.

____. "Edmund Burke on Manners". *Modern Age* 39, 4 (Outono, 1997).

DAWSON, Christopher. RUSSELLO, G.J (Ed.). *Christianity and European Culture: Selections from the Work of Christopher Dawson*. Washington, DC: CUA, 1998.

____. *The Spirit of the Oxford Movement*. Londres: The Saint Austin Press, 2001.

DESSAIN, C.S. *John Henry Newman*. Oxford: Oxford University Press, 1980.

DISRAELI, Benjamin. BRAUN, T. (Ed.). *Coningsby*. Londres: Penguin, 1983.

____. *Sybil*. Ware, Herts: Wordsworth Editions Ltd., 1995.

____. *Tancred*. Londres: Peter Davies, 1927.

____. *Vindication of the English Constitution*. Londres: Saunders and Otley, 1835.

ELIOT, T.S. KERMODE, F. (Ed.). *Selected Prose of T.S. Eliot*. Londres: Faber, 1975.

____. *Notes Towards the Definition of Culture*. Londres: Faber, 1962.

____. *The Complete Poems and Plays of T.S. Eliot*. Londres: Faber, 1969.

____. *The Idea of a Christian Society*. Londres: Faber, 1982.

FEUCHTWANGER, Edgar. *Disraeli*. Londres, UK: Arnold, 2000.

GARNER, Lucy; MOSS, David; QUASH, Ben; WARD, Graham (Eds.). *Balthasar at the End of Modernity*. Edinburgo: T. & T. Clark, 1999.

GUY, John. *Thomas More*. Nova York, NY: Oxford University Press, 2000.

HERRERA, R.A. *Orestes Brownson: Sign of Contradiction*. Wilmington, DE: ISI Books, 1999.

HOLLIS, C. *St. Thomas More*. Londres: Burns and Oates, 1961.

HOLMES, R. *Coleridge: Early Visions*. Londres: Harper Collins, 1999.

HOOPER, Walter. *C.S. Lewis: The Companion and Guide*. Londres: Harper Collins, 2005.

HOPKINS, Gerard Manley. PHILIPS, C. (Ed.). *Gerard Manley Hopkins: The Major Works*. Oxford: OUP, 1986.

HOUSMAN, A. E. *A Shropshire Lad*. Londres: The Folio Society, 1986.

JOHNSON, Samuel. GREENE, D.J. (Ed.). *Political Writings*. Indianapolis, IN: Liberty Fund, 1977.

____. *Rasselas. In*: GREENE, D.J. (Ed.). *Samuel Johnson: The Major Works*. Oxford: OUP, 1984.

____. *The Works of Samuel Johnson, LLD*. MURPHY, A. (Ed.). Londres, 1792.

____. *The Works of Samuel Johnson, LLD*. Vol. 4. Oxford: Talboys and Wheeler, 1825.

KER, Ian. "Newman on the *Consensus Fidelium* as 'The Voice of the Infallible Church'". *In*: MERRIGAN, T.; KER., I.T. (Ed.). *Newman and the Word*. Leuven, Belgium: Peeters, 2000.

KIMBALL, Roger. *The Long March: How the Cultural Revolution of the 1960s Changed America*. São Francisco, CA: Encounter Books, 2000.

KIRK, Russell. *Redeeming the Time*. Wilmington, DE: ISI Books, 1998.

____. *A Creature of the Twilight*. Nova York, NY: Fleet, 1966.

____. *Enemies of the Permanent Things*. Peru, IL: Sherwood Sugden and Co., 1984.

____. *Eliot and His Age*. Peru, IL: Sherwood Sugden and Co., 1984.

_____. *Lord of the Hollow Dark*. Nova York, NY: St. Martin's Press, 1979.
_____. *Old House of Fear*. Grand Rapids, MI: Eerdmans, 2007.
_____. *The Conservative Mind*, Seventh Revised Edition. Washington, DC: Regnery, 1985.
_____. *The Sword of Imagination*. Grand Rapids, MI: Eerdmans, 1995.
LARKIN, Philip. Thwaite, A. (Ed.). *Collected Poems*. Londres: Faber, 2003.
LEWIS, C.S. *English Literature in the Sixteenth Century, Excluding Drama*. Oxford: OUP, 1973.
_____. *Mere Christianity*. Nova York, NY: Macmillan, 1981.
_____. *That Hideous Strength*. Londres: Harper Collins, 2005.
_____. *The Abolition of Man*. Nova York, NY: Harper Collins, 2001.
_____. *The Pilgrim's Regress*. Grand Rapids, MI: Eerdmans, 1992.
_____. *The Politics of Gulliver's Travels*. Oxford: The Clarendon Press, 1980.
LOCKERD, Benjamin. *Aethereal Rumours: T.S. Eliot's Physics and Poetics*. Cranbury, NJ: Associated University Presses, 1998.
MACAULAY, Thomas Babington. *Critical and Historical Essays*, Vol. II. Londres: Dent, 1907.
MARIUS, Richard. *Thomas More*. Londres: Arnold, 2000.
MCADAM, E. L.; Milne, G. (Eds.), *Johnson's Dictionary: A Modern Selection*. Londres: Macmillan, 1982.
MCLEAN, Edward B. (Ed.), *Common Truths: New Perspectives on Natural Law*. Wilmington, DE: ISI Books, 2000.
MILL, John Stuart. LEAVIS, F.R. (Ed.). *Mill on Bentham and Coleridge*. Cambridge: CUP, 1980.
MORE, Paul Elmer. *Shelburn Essays: Eighth Series*. Nova York, NY: Phaeton Press, 1967.
MORE, Thomas. GREENE, James J.; DOLAN, John P. (Eds.). *Utopia and Other Writings*. Nova York, NY: Meridian Books, 1984.
_____. *The Last Letters of Thomas More*. SILVA, Alvaro de (Ed.). Grand Rapids, MI: Eerdmans, 2000.
MORRIS, C. *Political Thought in England: Tyndale to Hooker*. Londres: OUP, 1953.
NEWMAN, J.H. *Apologia Pro Vita Sua*. Londres, UK: Sheed and Ward, 1979.
_____. *An Essay in Aid of a Grammar of Assent*. Notre Dame, IN: University of Notre Dame Press, 1979.
_____. *An Essay on the Development of Christian Doctrine*. Notre Dame, IN: University of Notre Dame Press, 1989.
_____. *The Idea of a University*. Notre Dame, IN: University of Notre Dame Press, 1982.
O'CONNOR, Flannery. *Mystery and Manners*. Londres: Faber, 1972.

ORWELL, George. *Collected Essays, Journalism and Letters*. Vol. 4. Londres: Penguin, 1970.

____. *Nineteen Eighty-Four*. Londres: Penguin, 1954.

PAINE, Thomas. *Rights of Man*. Nova York, NY: Alfred A. Knopf, 1994.

PARRY, J. P. "Disraeli and England", *The Historical Journal* 43, 3, 2000.

POPE, Alexander. DAVIS, H. (Ed.). *Pope: Poetical Works*. Oxford: OUP, 1978.

ROPER, John. *The Life of Sir Thomas More*. Londres: Dent, 1932.

SCHENK, H.G. *The Mind of the European Romantics*. Oxford: OUP, 1979.

SCRUTON, Roger. *An Intelligent Person's Guide to Modern Culture*. Londres: Duckworth, 1998.

____. ed., *Conservative Texts: An Anthology*. Londres: Macmillan, 1991.

____. *The West and the Rest: Globalization and the Terrorist Threat*. Wilmington, DE: ISI Books, 2002.

SHAKESPEARE, William. WILSON, John Dover (Ed.). *The Sonnets*. Cambridge: CUP, 1966.

SMITH, Wesley. *Culture of Death: The Assault on Medical Ethics in America*. São Francisco, CA: Encounter, 2000.

STANLIS, Peter J. *Edmund Burke and the Natural Law*. Ann Arbor, MI: University of Michigan Press, 1963.

SWIFT, Jonathan. SCOTT, T. (Ed.). *The Prose Works of Jonathan Swift*, D.D. Vol. III. Londres: G. Bell and Sons, 1898.

____. *The Writings of Jonathan Swift*. GREENBERG, R.A; PIPER, W.B. (Eds.). Nova York, NY: Norton, 1973.

____. *Works of the Rev. Jonathan Swift*. SHERIDAN, T. (Arr.). Nova York: NY: W. Durrell and Co., 1812.

SYLVESTER, Richard S.; MARC'HADOUR, Germain P. (Eds.), *Essential Articles for the Study of Thomas More*. Hamden, CT: Archon, 1977.

TUGWELL, O.P.; SIMON (Ed.). *Albert and Thomas: Selected Writings*. Nova York, NY: Paulist Press, 1988.

WAUGH, Evelyn. *Men at Arms*. Londres: Penguin, 1964.

____. *Essays, Articles and Reviews of Evelyn Waugh*. GALLAGHER, Donat (Ed.). Londres: Methuen, 1988.

WEGEMER, Gerard B. *Thomas More on Statesmanship*. Washington, DC: CUA Press, 1998.

WILLEY, B. *The English Moralists*. Garden City, NY: Anchor Books, 1967.

WILSON, A.N. *C.S. Lewis: A Biography*. Nova York, NY: W. W. Norton and Co. Inc., 2002.

WOLLSTONECRAFT, Mary. *A Vindication of the Rights of Men*. Nova York, NY: Prometheus Books, 1996.

WORDSWORTH, William. "The French Revolution, as it Appeared to Enthusiasts at its Commencement". *In*: HUTCHINSON, Thomas (Ed.). *The Poetical Works of William Wordsworth*. Nova York, NY: Oxford University Press, 1933.

YEATS, W.B. *Collected Poems*. Londres: Macmillan, 1982.

Acompanhe o Ludovico nas redes sociais
https://www.clubeludovico.com.br/
https://www.instagram.com/clubeludovico/
https://www.facebook.com/clubeludovico/

Esta edição foi preparada pela LVM Editora e pela Spress,
com tipografia Baskerville, em setembro de 2021;
e impressa, em outubro de 2021, pela Lis Gráfica
para o Clube do Livro Ludovico.